Prophet 시계열 데이터 분석

시계열 모델 시각화 및 최적화
Prophet 시계열 데이터 분석

초판 발행 2025년 10월 15일

지은이 그렉 래퍼티 번역 임선집 감수 채호창
편집 강민철

발행인 한창훈
발행처 루비페이퍼 등록 2013년 11월 6일 (제 385–2013–000053호)
주소 경기도 부천시 길주로 252 1804호
전화 032_322_6754 팩스 031_8039_4526
홈페이지 www.RubyPaper.co.kr
ISBN 979-11-93083-30-7

- 이 책은 저작권법에 따라 보호받는 저작물이므로 무단 전재와 무단 복제를 금하며,
  이 책 내용의 전부 또는 일부를 이용하려면 저작권자와 루비페이퍼의 서면 동의를 받아야 합니다.
- 책값은 뒤표지에 있습니다.
- 잘못된 책은 구입처에서 교환해 드리며, 관련 법령에 따라서 환불해 드립니다.
  단, 제품 훼손 시 환불이 불가능합니다.

Copyright © Packt Publishing 2023. First published in the English language under the title 'Forecasting Time Series Data with Prophet - Second Edition – (9781837630417)'
Korean Translation Copyright © 2025 by Rubypaper Publishing Co.
This Korean edition published by arrangement with Packt Publishing Ltd, Birmingham through Agency-One, Seoul.

이 책의 한국어판 저작권은 에이전시 원을 통해 저작권자와의 독점 계약으로 루비페이퍼에 있습니다. 저작권법에 의해 한국 내에서 보호를 받는 저작물이므로 무단전재와 무단복제를 금합니다.

저자 소개

그렉 래퍼티(Greg Rafferty)는 샌프란시스코에 있는 구글의 데이터 과학자입니다. 10여 년 동안 페이스북(메타), IBM 등에서 일해온 그는 온라인 교육 플랫폼 코세라(Coursera)에서 비즈니스 데이터 분석가로도 활동해 왔고 이를 통해 데이터 과학 및 분석 분야에서 업계 전문가들과 협업을 이끌어내고 있습니다. MBA 및 공학 학위를 동시에 보유한 그는 데이터 과학 분야에서 전문가 및 일반 사용자 모두와 원활한 커뮤니케이션으로 정평이 높습니다.

목차

01. 시계열 예측 발전사   18

    01-1 시계열 예측 개요   19

        1.1.1 종속 데이터 문제   20

    01-2 이동평균과 지수평활법   22

    01-3 자기회귀누적이동평균(ARIMA)   24

    01-4 ARCH/GARCH   26

    01-5 신경망   27

    01-6 Prophet   29

    01-7 최근 발전 현황   32

        1.7.1 NeuralProphet   32

        1.7.2 구글의 "견고한 대규모 시계열 예측"   33

        1.7.3 링크드인의 SilverKite/GreyKite   34

        1.7.4 우버의 Orbit   34

02. Prophet 시작   36

    02-1 코랩 노트북 파일 다운로드   37

    02-2 간단한 Prophet 모델 구축   38

    02-3 예측 데이터프레임 해석   43

    02-4 구성 요소 플롯의 이해   46

03. Prophet 작동 방식   49

    03-1 페이스북이 Prophet을 구축한 동기   50

    03-2 analyst-in-the-loop 예측   51

    03-3 Prophet 수식   53

        3.4.1 선형 성장   54

        3.4.2 로지스틱 성장   57

        3.4.3 계절성   59

        3.4.4 공휴일   61

PART

01

**Prophet으로
시작하기**

목차

PART 02
계절성, 튜닝, 고급 기능

04. 일별 기준이 아닌 데이터 처리　　66
04-1 월별 데이터 사용　　67
04-2 하루보다 짧은 주기의 데이터 사용　　71
04-3 규칙적인 누락 구간을 가진 데이터 사용　　76

05. 계절성 처리　　84
05-1 가산형 vs 곱셈형 계절성　　85
05-2 푸리에 차수로 계절성 조절　　97
05-3 커스텀 계절성 추가　　101
05-4 조건부 계절성 추가　　106
05-5 계절성 규제　　112
　　5.5.1 전역적 계절성 규제　　114
　　5.5.2 국소적 계절성 규제　　118

06. 공휴일 효과 예측　　121
06-1 기본 국가 공휴일 추가　　122
06-2 기본 지자체(주/도) 공휴일 추가　　128
06-3 커스텀 공휴일 생성　　130
06-4 연휴 생성　　132
06-5 공휴일 규제　　137
　　6.5.1 전역적 공휴일 규제　　137
　　6.5.2 개별 공휴일 규제　　141

07. 성장 모드 조절　　145
07-1 선형 성장 적용　　146
07-2 로지스틱 함수　　149

목차

07-3 포화 예측 로지스틱 성장 적용　　151
　　7.3.1 증가하는 로지스틱 성장　　153
　　7.3.2 변동하는 상한 cap　　158
　　7.3.3 감소하는 로지스틱 성장　　160
07-4 플랫 성장 적용　　163
07-5 커스텀 추세 생성　　168

08. 추세 변경점 조절　　173

08-1 추세 변경점 자동 탐지　　174
　　8.1.1 기본(디폴트) 변경점 탐지　　175
08-2 변경점 규제　　180
08-3 커스텀 변경점 위치 설정　　186

09. 설명 변수 추가　　196

09-1 이진값 변수 추가　　197
09-2 연속형 변수 추가　　203
09-3 계수의 해석　　205

10. 이상값과 특별 이벤트　　210

10-1 계절성 변동을 초래하는 이상값 수정　　211
10-2 넓은 불확실성 구간을 초래하는 이상값 수정　　217
10-3 이상값 자동 탐지　　221
　　10.3.1 윈저화　　221
　　10.3.2 표준편차　　224
　　10.3.3 이동평균　　225
　　10.3.4 오차의 표준편차　　226
10-4 이상값을 특별 이벤트로 모델링　　229
10-5 COVID-19 봉쇄 충격 모델링　　233

목차

11. 불확실성 구간 처리 — 242
11-1 추세 불확실성 모델링 — 244
11-2 계절성 불확실성 모델링 — 251

PART 03 진단과 평가

12. 교차 검증 실행 — 262
12-1 k-폴드 교차 검증 — 263
12-2 순방향 연쇄 교차 검증 — 266
12-3 Prophet 교차 검증 데이터프레임 생성 — 267
12-4 병렬 교차 검증 — 273

13. 성능 지표 평가 — 275
13-1 Prophet 지표의 이해 — 276
    13.1.1 MSE — 277
    13.1.2 RMSE — 277
    13.1.3 MAE — 278
    13.1.4 MAPE — 278
    13.1.5 MdAPE — 279
    13.1.6 SMAPE — 279
    13.1.7 커버리지 — 280
    13.1.8 최적 지표 선정 — 280
13-2 Prophet 성능 지표 데이터프레임 생성 — 281
13-3 불규칙한 컷오프 처리 — 287
13-4 그리드 서치로 하이퍼파라미터 튜닝 — 291

목차

14. Prophet 제품화   298

    14-1 모델 저장하기   299

    14-2 적합 모델 업데이트   302

    14-3 Plotly로 인터랙티브 플롯 생성   306

       14.3.1 Plotly 예측 플롯   310

       14.3.2 Plotly 구성 요소 플롯   311

       14.3.4 Poltly 계절성 플롯   312

부록. Prophet 설치   314

일러두기

2017년에 페이스북(현 메타)은 Prophet('프라핏'으로 발음함) 소프트웨어를 오픈소스로 공개했습니다. 자사 내부 비즈니스 예측 수요가 데이터 분석가의 작업 속도를 압도하자 페이스북 엔지니어들은 이 강력한 분석 도구를 개발했습니다. Prophet 개발자들은 다음 두 가지 문제를 동시에 해결하고자 했습니다. 첫째, 완전 자동화된 예측 기법은 추가적인 지식을 반영하기에는 너무 경직되고 유연성이 없었습니다. 둘째, 데이터 분석가가 일관된 고품질 예측을 하려면 광범위한 전문 지식을 수년간 배워야 하고, 그런 전문가를 구하기도 힘들었습니다. Prophet은 이 두 가지 문제를 성공적으로 해결했습니다.

Prophet은 파라미터 튜닝이나 최적화 과정 없이도 고품질의 결과를 내도록 설계되었습니다. 그리고 조금만 배워도 누구나 직관적으로 모델을 조정해서 분석 결과를 획기적으로 향상할 수 있습니다.

이 책은 Prophet에 대해 알아야 하는 모든 것을 설명합니다. 이를 위해 가장 기초가 되는 모델부터 Prophet의 내부 작동 방식까지 단계적으로 다룹니다. 아울러 Prophet 공식 문서에서 언급되지 않은 고급 기능들을 이 책에 수록해 두었습니다. 또한 책에서 다루는 각 주제마다 온전히 작동하는 예시를 제공합니다. 그래서 이 책은 독자 여러분이 메타의 고도로 숙련된 엔지니어들만큼 Prophet을 잘 활용할 수 있도록 안내하는 것을 목표로 삼습니다.

이 책의 초판이 출간된 이후에 COVID-19 팬데믹이 발생하여 모든 예측 전문가들의 시계열 전망이 뒤흔들렸습니다. 그리고 우리는 아직도 이 새로운 세계에서 시계열 예측을 어떻게 해야 하는지 배우기 위해 고군분투하고 있습니다. 따라서 개정판에서는 이처럼 예기치 못한 이벤트가 발생했을 때 예측을 수행하는 방법을 업데이트하여 실어 두었습니다.

아울러 초판 출간 이후 Prophet은 베타 버전을 벗어나 공식 버전 1을 출시하는 등 많은 업데이트를 거쳤습니다. 이번 개정판에서는 Prophet의 새로운 기능과 변경 사항을 책의 본문과 코드에 업데이트하였습니다.

일러두기

또한 최근에 다수 기업의 데이터 사이언스팀이 자체적으로 사용하던 예측 패키지를 오픈 소스로 공개하였습니다. 이에 발맞춰 우리는 NeuralProphet, 링크드인의 Greykite, 우버의 Orbit 관련 내용을 추가하였고 이들 장단점을 Prophet과 비교해 수록했습니다. 그리고 초판 독자들이 보내준 피드백을 반영하여 Prophet의 수학적 기반에 관한 별도의 장을 추가하였습니다. 이를 통해 여러분은 관련 도메인에서 가장 적합한 예측을 구축하는 방법을 습득하여, 어떻게 예측이 이루어지는지 이해관계자에게 쉽게 설명할 수 있을 것입니다. 전반적으로 이번 개정판은 초판과 대비하여 큰 폭의 업데이트가 이루어졌습니다.

이 책이 필요한 독자

이 책은 파이썬이나 R로 시계열 예측을 하고자 하는 비즈니스 관리자, 데이터 과학자 및 분석가, 머신러닝 엔지니어, 소프트웨어 엔지니어를 위한 것입니다. 책을 최대한 활용하려면 시계열 데이터에 대한 기본적인 이해가 필요하며, 시계열 데이터를 다른 유형의 데이터와 구분할 수 있어야 합니다. 예측 기법에 대한 기초 지식이 있으면 더 도움이 됩니다.

이 책에서 다루는 내용

1장 _ 시계열 예측 발전사

시계열 데이터를 이해하려는 초기 시도부터 오늘날까지의 주요 알고리즘 발전사를 다룹니다.

2장 _ Prophet 시작

Prophet이 컴퓨터에서 작동하는 프로세스를 소개하고 첫 모델을 구축합니다.

일러두기

3장 _ Prophet 작동 방식

페이스북(현 메타)이 자체적인 예측 패키지를 개발한 이유를 설명하고, analyst-in-the-loop 예측 기법의 철학이 Prophet에 어떻게 적용되는지 설명합니다. 이 장은 또한 Prophet 예측 알고리즘의 수식을 소개합니다.

4장 _ 일별 기준이 아닌 데이터 처리

이 장은 앞 2장에서 설명한 접근 방법을 개선해서 일별 기준이 아닌(Non-Daily) 데이터를 처리합니다. 이를 통해 후속 장에서 다양한 시간 기준의 데이터 처리를 가능케 합니다.

5장 _ 계절성 처리

Prophet에서 계절성을 제어하는 방법을 다룹니다. 계절성은 Prophet 모델 구성 요소 중 하나이며 가장 많은 제어 파라미터를 포함합니다. 따라서 이 장은 가장 길면서도 매우 중요한 장입니다.

6장 _ 공휴일 효과 예측

공휴일의 영향을 예측에 반영하는 방법을 설명합니다. 이를 통해 여러분은 기본 공휴일 설정, 지역별로 공휴일 설정 변경, 커스텀 공휴일 생성, 공휴일 효과 규제 방법을 배웁니다.

7장 _ 성장 모드 조절

Prophet의 추세선이 따를 수 있는 세 가지 성장 모드인 선형(linear), 로지스틱(logistic), 플랫(flat) 모드를 설명합니다. 각 모드를 어떤 상황에 적용해야 하는지, 이러한 선택이 향후 예측에 어떤 영향을 미치는지를 배웁니다.

일러두기

8장 _ 추세 변경점 조절
최종 모델의 경직성(rigidity)을 조절하는 방법을 다룹니다. 이를 통해 추세 방향을 자주 바꿀 수 있는 유연한 모델, 혹은 일정한 추세선을 따르는 경직된 모델을 상황별로 구축할 수 있습니다. 또한 상황별로 어떤 모델을 선택해야 하는지, 그리고 이러한 선택이 미래 데이터 예측 시 모델의 불확실성에 어떤 영향을 미치는지 배웁니다.

9장 _ 설명 변수 추가
모델에 변수(regressor)를 추가하는 방법을 설명합니다. 다변량 회귀 분석처럼 Prophet도 여러 개의 변수를 데이터 열(입력 벡터) 형태로 추가하여 예측 모델을 생성할 수 있습니다.

10장 _ 이상값과 특별 이벤트
Prophet 모델에 이상값이 불러 일으키는 두 가지 문제 유형을 보여 줍니다. 그리고 이상값을 자동으로 식별하는 기법과 Prophet을 사용하여 이러한 문제점을 처리하는 방법을 안내합니다.

11장 _ 불확실성 구간 처리
다양한 통계 기법을 통해 모델의 불확실성을 수치로 정량화하는 방법, 이때 사용된 각 방법의 장단점, 그리고 모델에 내재된 리스크를 시각화하는 방법을 설명합니다.

12장 _ 교차 검증 실행
Prophet에서 교차 검증을 실행하는 방법을 설명합니다. 이미 머신러닝 분야의 교차 검증 기법에 익숙하신 분도 있겠지만 시계열 데이터를 사용하는 경우 교차 검증에 대한 다른 접근 방식이 필요합니다. 여기서는 그에 맞는 접근법을 제시하고 Prophet에서 이를 구현하는 방법을 설명합니다.

일러두기

13장 _ 성능 지표 평가

Prophet이 제공하는 성능 지표를 소개합니다. 여러분이 선택한 성능 지표와 교차 검증을 결합하여 그리드 서치를 수행하고 모델을 최적화합니다. 이를 통해 가장 높은 예측 정확도를 달성합니다.

14장 _ Prophet 제품화

책의 마지막 장에서는 Prophet을 실제 운영 환경에서 사용할 때 유용한 추가 기법을 소개합니다. 이를 통해 여러분은 모델을 저장하고 새로운 데이터가 들어올 때 모델을 업데이트할 수 있습니다. 더 나아가 웹 기반 대시보드에서 공유하기 적합한 인터랙티브 차트를 작성하기 위해 Prophet의 Plotly 플롯 함수 사용법을 배웁니다.

이 책을 최대한 활용하려면…

> 책의 모든 코드는 구글 코랩에서 실행이 가능합니다.
> 운영체제는 윈도우, macOS, 리눅스 모두 지원합니다.

이 책의 원서에서는 주피터 노트북 기준으로 코드 실행을 설명하고 있으나, 번역서인 이 책이 제공하는 모든 코드는 구글 코랩(이하 코랩)에서 실행 가능합니다. 즉 코랩 노트북 파일(ipynb 파일)에서 모든 코드가 간편하게 실행됩니다. 특히 원서의 2장에서는 주피터 노트북을 사용하기 위해 아나콘다(Anaconda)나 미니콘다(Miniconda) 설치를 언급하지만 구글 코랩을 사용하면 이런 번거로운 조치 없이도 Prophet이 잘 작동합니다. 책에서는 Prophet 버전 1.1을 사용했습니다. 그리고 파이썬 버전 3.7 이상이 요구되나 코랩을 디폴트로 사용하는 파이썬 버전이 이를 충족하므로 별도의 추가 조치가 필요 없습니다.

일러두기

책에서 사용한 소프트웨어	적용 가능한 OS
Prophet version 1.1	윈도우, macOS, 리눅스
Python 3.7+	

일러두기 표 1 책에서 사용한 소프트웨어 및 OS

이 책의 모든 예제 코드는 파이썬으로 작성되었으나, Prophet은 R에서도 완벽히 호환됩니다. 다만 이 책에서는 R 문법을 다루지 않으므로 R 문법에 대해서는 공식 Prophet 문서를 참고하기 바랍니다(https://facebook.github.io/prophet).

그리고 책의 예제 코드들을 실행하기 위해 파이썬 라이브러리의 일부인 판다스(pandas)와 맷플롯립(matplotlib)에 대한 사전 지식이 있으면 좋습니다. 이는 각기 데이터 처리 및 시각화에 특화된 라이브러리입니다. 때로는 랜덤 데이터를 생성하기 위해 넘파이(numpy) 라이브러리를 사용하지만, 예제를 따라가기 위해 별도로 넘파이 문법을 배울 필요는 없습니다.

참고로 Prophet은 Dask 라이브러리를 활용한 병렬 처리(parallelization)를 지원하나, Dask의 설치 및 사용법 자체는 이 책의 범위를 벗어나므로 다루지 않겠습니다. 여기서 Dask는 대용량 데이터를 병렬 처리할 수 있도록 도와주는 파이썬 라이브러리입니다. 이는 여러 CPU 코어 또는 클러스터에서 분산 작업을 실행할 수 있게 해줍니다. 더 자세한 정보는 Dask 공식 문서(https://docs.dask.org/en/stable)를 참조하기 바랍니다.

마찬가지로 이 책에서 Plotly를 이용해 Prophet의 인터랙티브 시각화 방법을 설명하지만, 이를 Dash 대시보드로 통합하는 방법은 독자가 별도로 학습해야 합니다. 참고로 Dash는 Plotly를 기반으로 한 파이썬 대시보드 웹 애플리케이션 프레임워크입니다. 학습을 시작하기 좋은 자료로는 Dash 공식 문서(https://dash.plotly.com)가 있습니다.

일러두기

예제 코드 및 데이터셋 다운로드

이 책의 예제 코드 파일과 데이터셋은 다음 깃허브에서 다운로드 받을 수 있습니다.

- 번역본 코드: https://github.com/jasonyim2/book7
- 원서 코드: https://github.com/PacktPublishing/Forecasting-Time-Series-Data-with-Prophet-Second-Edition 혹은 https://github.com/PacktPublishing/

팁: 이것만은 알아두세요

원서에서는 중요한 사항을 팁(tip) 상자 글 혹은 중요 팁(important notes) 상자 글에 넣어서 강조하고 있습니다. 후자가 더 중요한 정보를 담고 있습니다. 그리고 파이썬 개념에 익숙하지 않은 독자들을 위해서 역자가 별도로 역자의 팁 상자 글을 달아 두었습니다.

연락처

독자 여러분의 피드백을 환영합니다.

일반 피드백: 책의 내용과 관한 질문은 다음 연락처로 해주시기 바랍니다.

- 번역본 내용: jasonyim@naver.com
- 원서 내용: customercare@packtpub.com

오타 및 에러: 출간 이후 파이썬 및 라이브러리 버전 업그레이드 시 코드 실행 에러가 발생할 수 있습니다. 아울러 책의 오타 발견 시 다음 연락처로 알려주시면 감사하겠습니다.

- 번역본 오타 및 코드 에러: jasonyim@naver.com
- 원서 오타 및 코드 에러: www.packtpub.com/support/errata

01부

Prophet으로 시작하기

이 책의 Part 1은 Prophet의 배경이 되는 시계열 예측 기법의 역사적 발전 과정을 살펴보고, Prophet 프로그램 설치 과정을 안내합니다. 이어서 기본적인 Prophet 예측 모델을 소개하고 예측 결과를 살펴봅니다. 마지막으로 Prophet이 예측을 위해 사용한 수식에 대한 설명으로 마무리합니다.

01 _ 시계열 예측 발전사

02 _ Prophet 시작

03 _ Prophet 작동 방식

01장

시계열 예측 발전사

01-1 _ 시계열 예측 개요

01-2 _ 이동평균과 지수평활법

01-3 _ 자기회귀누적이동평균(ARIMA)

01-4 _ ARCH/GARCH

01-5 _ 신경망

01-6 _ Prophet

01-7 _ 최근 발전 현황

Prophet은 예측을 생성, 시각화, 최적화하는 강력한 도구입니다. 이를 통해 예측 결과에 영향을 미치는 요인을 파악하여 더 자신 있게 의사결정을 내릴 수 있습니다. Prophet은 사용하기 편리한 직관적이고 유연한 인터페이스를 갖추고 있어 초보자와 전문가 모두에게 만족스러운 분석 결과를 제공합니다.

여러분은 시계열 예측 기법의 수식이나 통계에 대한 깊은 지식이 없어도 Prophet의 강력한 기능을 활용할 수 있습니다. 하지만 관련 지식을 갖추면 Prophet이 제공하는 풍부한 기능을 활용해서 최대한의 분석 성과를 얻을 수 있습니다.

Prophet에서 여러분은 모든 문제가 동일한 패턴을 따르는 구조화된 방식으로 작업하게 됩니다. 이를 통해 예측을 최적화하는 시간을 줄이는 대신, 의사결정에 필요한 핵심 통찰을 얻는 데 더 많이 숙고할 수 있습니다.

이 장에서는 시계열 예측의 기본 아이디어를 소개하고, 이어서 Prophet 개발의 디딤돌이 된 주요 모델들의 발전 과정을 살펴봅니다. 또한 여러분은 시계열이 무엇인지 배우고, 왜 시계열 데이터는 일반적인 데이터와 달리 취급해야 하는지 알게 됩니다. 이어서 Prophet을 포함한 가장 강력한 최신 예측 기법들을 확인합니다.

01-1 시계열 예측 개요

시계열이란 시간의 흐름에 따라 순차적으로 수집된 데이터 집합입니다. 예를 들어 x축이 시간 축이고 y축이 빅뱅 이후 오늘날까지 생성된 별의 개수인 경우를 생각해 보십시오. 혹은 y축이 핵반응에서 발생하는 에너지 양을 나타내는 경우를 상정할 수 있습니다. 이 두 경우 모두 시계열 데이터입니다. 스마트폰 날씨 앱에서 보여 주는 향후 일주일의 예상 기온도 시계열 데이터입니다.

이 책에서는 주로 연, 월, 일, 시간별 단위와 관련된 사건(event)에 관심을 갖습니다. 이 모두가 시계열 데이터에 해당됩니다. 미래의 상태 값을 추정하는 것을 예측(forecast)이라 합니다.

날씨를 예측하는 일은 농경 사회의 도래 이후 수천 년간 인류에게 매우 중요한 과제였습니다. 실제로 2,300여 년 전 그리스 철학자 아리스토텔레스는 〈기상학〉이라는 글을 써서 초기 형태의 날씨 예측에 대한 언급을 남겼습니다. '예측'이라는 용어는 1850년대 영국 기상학자 로버트 피츠로이(Robert FitzRoy)가 처음 사용했습니다. 그는 진화론을 발표한 찰스 다윈이 갈라파고스까지 타고 간 배인 비글호의 선장이기도 합니다.

시계열 데이터는 날씨에만 국한되지 않습니다. 의학 분야에서는 1901년 네덜란드의 생리학자이자 의사인 빌럼 에인트호번(Willem Einthoven)이 최초의 실용적인 심전도(electrocardiogram, ECG)를 발명하면서 시계열 데이터 분석을 도입했습니다. 심전도는 우리가 의료 드라마에서 환자 침대 옆 모니터에서 볼 수 있는 익숙한 심장 박동 패턴입니다.

오늘날 가장 인기 있는 시계열 예측 분야는 경제 분야입니다. 주식 시장 동향 분석만 전문으로 내보내는 TV 채널이 있을 정도입니다. 정부는 경제 예측을 활용해 중앙은행의 정책 결정에 자문하고, 정치인들은 자신들의 공약을 개발하는 데 경제 예측을 활용하며, 기업 경영진들은 의사결정을 내리는 데 경제 예측을 참고합니다.

이 책에서는 대기 중 이산화탄소(CO_2) 농도, 시카고의 공유 자전거 이용자 수, 옐로스톤 공원의 늑대 개체 수, 태양 흑점 주기, 강수량, 인스타그램 '좋아요(Like)' 수 같은 다양한 주제를 대상으로 삼아 예측을 수행합니다.

1.1.1 종속 데이터 문제

시계열 데이터는 왜 별도의 접근 방법을 필요로 할까요? 통계적 관점에서 보면 분명한 추세를 갖는 시계열 데이터의 산포도(scatter plot)에서 일직선으로 된 회귀선을 그릴 수 있습니다. 문제는 시계열 데이터 자체가 선형 회귀의 독립성 가정을 위반한다는 데 있습니다. 즉 데이터의 종속성(dependency) 문제가 발생합니다.

이러한 시계열 데이터의 종속성 문제를 예를 들어 도박사가 주사위를 굴리는 상황에 빗대 생각해 보겠습니다. 주사위 숫자 2가 나온 상황에서 '그다음 숫자는 무엇이 나올까요?'라고 묻는 경우에는 데이터가 독립적이라고 말할 수 있습니다. 이전에 주사위를 굴린 결과가 다음 주사위를 굴린 결과에 영향을 미치지 않기 때문입니다. 따라서 이전의 주사위 결과를 아는 것은 별 도움이 되지 않습니다.

이번에는 여러분이 모르는 지구상의 한 장소에서 제가 여러분에게 전화를 걸어 제가 있는 곳의 기온을 맞춰보라고 문제를 냅니다. 여러분이 할 수 있는 최선의 추측은 오늘 기준으로 지구 전체의 평균 기온을 추정하는 것입니다. 이어서 여러분에게 제가 있는 곳의 어제 기온이 섭씨 32도라고 알려줍니다. 그러면 여러분은 어제의 기온이 오늘의 기온과 비슷하리라는 것을 직감적으로 알 수 있습니다. 이 경우에 데이터는 독립적이지 않습니다.

시계열 데이터는 데이터의 순서를 무작위로 섞으면 안 됩니다. 주어진 시간 순서가 깨지기 때문입니다. 즉 시계열 데이터는 순서가 중요하며 독립적이지 않습니다. 이처럼 데이터가 서로 종속적일 경우, 회귀 모델의 결과는 심각하게 훼손됩니다. 심지어 데이터 간에 상관관계가 없을 때에도 우연히 통계적으로 유의미한 결과를 보일 수도 있습니다. 이 현상은 우리가 설정한 신뢰수준보다 훨씬 더 자주 발생할 수 있습니다.

시계열 데이터에서 높은 값 뒤에는 높은 값이 이어서 나오고, 낮은 값 뒤에는 낮은 값이 이어서 나오는 경향이 있습니다. 즉 시계열 데이터에서는 일정 기간 동안 높은 값이나 낮은 값끼리 뭉쳐서 군집을 이루는 현상이 자주 발생합니다. 이로 인해 실제보다 더 많은 상관관계가 존재하는 것처럼 착시 현상이 발생합니다.

타일러 비겐(Tyler Vigen)이 운영하는 웹사이트 '가짜 상관관계'(Spurious Correlations)에서는 이처럼 겉보기에는 유의미해 보이지만 실은 의미가 없는 시계열 상관관계 사례를 소개하고 있습니다. 다음은 그중 하나의 예시입니다.

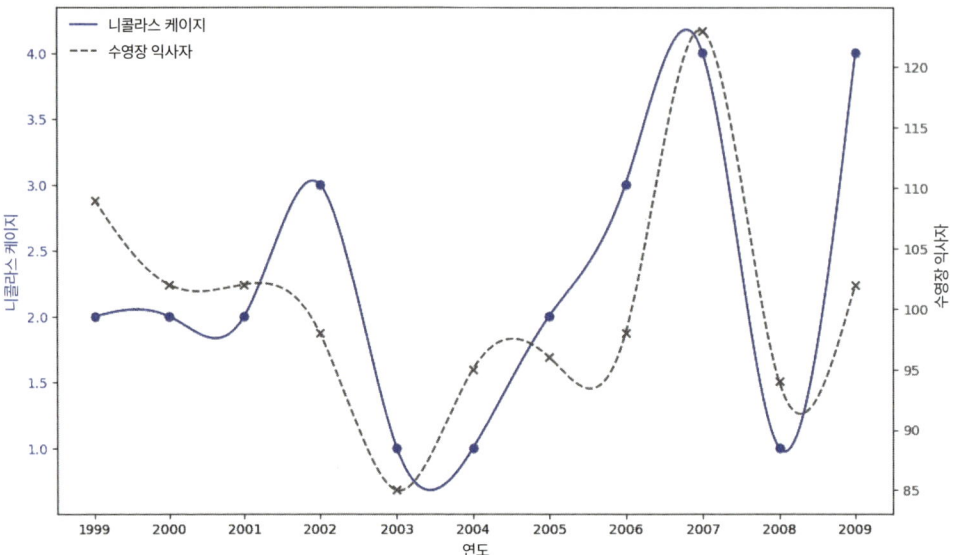

그림 1.1 시계열 데이터의 가짜 상관관계(https://www.tylervigen.com/spurious-correlations)

매년 수영장에서 익사하는 사람의 수는 배우 니콜라스 케이지가 그 해 출연하는 영화 편수와 전적으로 무관합니다. 두 숫자는 서로에게 아무런 영향을 미치지 않습니다. 그러나 시계열 데이터를 독립적인 데이터로 잘못 취급하면, 단순히 우연한 확률로 두 데이터 사이에 유의미한 상관관계가 있는 것처럼 보일 때가 있습니다. 시계열 데이터에서 종속성을 무시할 경우 이러한 무작위적인 상관관계가 발생할 가능성이 훨씬 커집니다.

이제 시계열 데이터가 무엇이고 다른 데이터와의 차이를 알았으니 지금부터는 초기 모델부터 Prophet까지 시계열 모델의 발전사를 살펴보겠습니다.

01-2 이동평균과 지수평활법

가장 간단한 예측 기법은 아마도 이동평균(Moving Average, 약어 MA)일 것입니다. 이동평균은 변동이 큰 데이터를 평탄하게 만들어 직선에 가까운 추세선을 찾기 위해 사용됩니다. 각 데이터 포인트(data point)는 주위 n개의 데이터 값의 평균값으로 조정됩니다.

이때 n을 윈도우 크기(window size)라고 합니다. 예를 들어 윈도우 크기가 10이면 각 데이터 포인트는 그 앞과 뒤의 다섯 개 값의 평균값으로 조정됩니다. 미래의 값을 예측할 때는 당연히 예측값 뒤에 오는 입력 데이터가 없습니다. 이 경우 예측값은 이전 n개 값의 평균으로 계산됩니다. 만일 윈도우 크기가 10이면 예측값은 직전 10개 값의 평균이 됩니다.

이동평균의 핵심은 적절한 균형을 찾는 것입니다. 노이즈를 제거하고 실제 추세를 잘 포착하려면 큰 윈도우 크기가 필요하지만, 반면에 윈도우 크기가 커질수록 평균 계산에 더 많은 이전 값들을 사용하기 때문에 예측값은 과거의 값을 더 많이 반영합니다. 즉 시차(lag)가 커져서 추세에 뒤처집니다. 이에 대한 대안으로 고안된 것이 지수평활법(Exponential Smoothing)입니다. 지수평활법의 기본 아이디어는 기준 시점에서 멀어질수록 데이터 포인트에 기하급수적으로 감소하는 가중치를 적용하는 것입니다. 즉, 최근 값에 더 많은 가중치를 부여하고 오래된 값에 더 적은 가중치를 부여합니다. 이를 통해 예측이 변화에 더 민감하게 반응하면서도 많은 노이즈를 무시할 수 있습니다.

다음에 제시된 시뮬레이션 데이터의 플롯을 보면, 이동평균선이 지수평활선보다 훨씬 더 거친 움직임을 보이지만, 두 선 모두 추세 변화에는 거의 동일한 시점에 반응하고 있습니다.

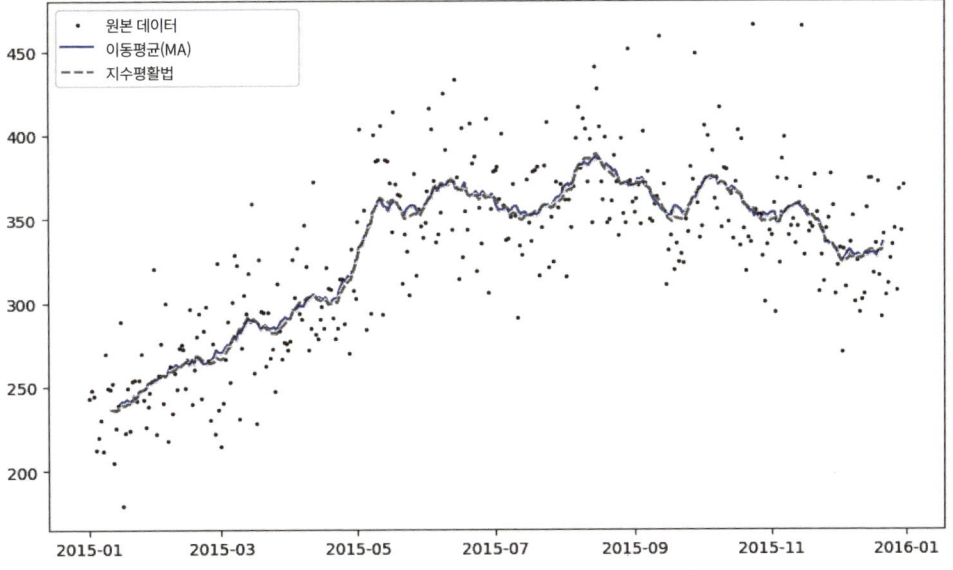

그림 1.2 이동평균(MA) vs 지수평활법

지수평활법은 1950년대에 단순(simple) 지수평활법으로 출발했으며 이 방식은 추세나 계절성을 반영하지 못했습니다. 이후 1957년 찰스 홀트(Charles Holt)가 이중(Double) 지수평활법을 도입하여 추세를 포착해 냈고 1960년에는 그가 피터 윈터스(Peter Winters)와 공동 작업으로 계절성을 반영하도록 개선하였습니다. 이 방식은 오늘날 홀트-윈터스(Holt-Winters) 지수평활법으로 불립니다.

다만 이러한 예측 기법은 새로운 추세를 빠르게 반영하지 못해서 예측값이 실제 변화보다 뒤처지게 되어 장기 예측에는 적합하지 않을 수 있습니다. 또한 조정해야 할 하이퍼파라미터도 많아서 모델 튜닝 과정이 매우 복잡하고 시간이 많이 소요될 수 있습니다.

01-3 자기회귀누적이동평균(ARIMA)

1970년 조지 박스(George Box)와 그윌림 젠킨스(Gwilym Jenkins)는 〈시계열 분석: 예측과 제어(Time Series Analysis: Forecasting and Control)〉라는 책을 발간하여 박스-젠킨스(Box-Jenkins) 모델을 소개합니다. 이 방법은 자기회귀누적이동평균(ARIMA, Autoregressive Integrated Moving Average) 개념을 도입하여 이동평균 개념을 확장한 것입니다. ARIMA는 종종 박스-젠킨스와 혼용되지만, 엄밀하게 말하면 박스-젠킨스는 ARIMA 모델의 파라미터 최적화 기법을 칭합니다.

ARIMA는 자기회귀(AR, Autoregressive), 누적(I, Integrated), 이동평균(MA, Moving Average) 이렇게 세 가지 개념의 약자입니다. 이 중 MA는 앞서 설명한 바 있습니다. AR은 특정 시점의 데이터 포인트 및 그 전후의 시차(lag)를 가진 데이터 포인트들 간의 종속적 관계를 사용합니다. 즉, 이 모델은 과거의 값들을 바탕으로 미래의 값을 예측합니다. 이는 이번 주 내내 날씨가 따뜻했기 때문에 내일도 따뜻할 거라고 예측하는 논리와 유사합니다.

누적(I, Integrated)이 의미하는 바는 원래의 데이터 값을 사용하는 대신에 해당 값과 이전 시점의 값의 차이를 사용한다는 의미입니다. 이는 일련의 연속된 값들을 그 값들의 변화량(차이)으로 변환한다는 것을 뜻합니다. 날씨 예를 계속 들면 이번 주의 기온이 큰 차이 없이 일정했다면, 내일 기온도 오늘과 크게 다르지 않을 것이라고 예측하는 것입니다.

ARIMA 모델의 구성 요소인 AR, I, MA 각각의 구성 요소는 모델의 명시적인 파라미터로 설정됩니다. 전통적으로 p는 사용할 시차 개수를 나타내며 이를 시차 차수(lag order)라 합니다. 원본 관측값을 차분하는 횟수인 차분 차수(degree of differencing)는 d로 표기하며, q는 이동평균 차수입니다. 이를 통해 ARIMA 모델은 일반적으로 $ARIMA(p, d, q)$로 표기되며 이들 p, d, q 모두 음이 아닌 정수값을 갖습니다.

ARIMA 모델의 문제는 계절성을 지원하지 못한다는 점입니다. 여기서 계절성이란 낮에는 기온이 오르고 밤에는 떨어지거나, 여름에 기온이 오르고 겨울에는 떨어지는 등 반복적인 주기를 갖는 데이터의 특성입니다. 이러한 단점을 극복하기 위해 Seasonal ARIMA(이하 SARIMA) 모델이 개발되었습니다. ARIMA 표기법을 이어받아 이 모델은 $SARIMA(p, d, q)(P, D, Q)m$으로 표기됩니다. 소문자 p, d, q는 ARIMA 표기 그대로이고, 대문자 P는 계절성 자기회귀 차수, 대문자 D는 계절성 차분 차수, 대문자 Q는 계절성 이동평균 차수, 소문자 m은 단일 계절성 주기의 타임 스텝(시간 단계) 수입니다.

ARIMA 모델은 다양한 변형 모델이 존재합니다. 벡터 형태의 다변량(multiple) 시계열을 다루는 VARIMA(Vector ARIMA)가 한 예입니다. 또 다른 예로는, 차분 차수를 분수 형태로 설정할 수 있는 모델인 FARIMA(Fractional ARIMA 혹은 ARFIMA)가 있습니다. 두 모델 모두 시간적으로 멀리 떨어진 관측값이 무시할 수 없는 영향력을 미친다는 점에서 장기 메모리를 갖습니다. 아울러 계절성을 반영하는 ARIMA 모델인 SARIMA 모델에 외생 변수 X를 추가한 SARIMAX 모델도 있습니다. 외생 변수 X의 예로서 기온 모델에 추가하는 강우량 변수를 들 수 있습니다.

ARIMA는 일반적으로 매우 우수한 예측 성능을 보이지만 사용하기 복잡하다는 단점이 있습니다. 즉, ARIMA 모델을 튜닝하고 최적화하는 데 종종 계산 비용이 많이 듭니다. 아울러 예측 결과는 분석가의 기술과 경험에 크게 의존합니다. 이러한 특성 때문에 ARIMA는 분석 매뉴얼 절차를 기계적으로 따르는 작업(즉, 확장 가능한 분석 프로세스)이 아니며, 숙련된 전문가가 개별 사례를 분석하는 방식인 ad hoc 분석에 적합한 모델입니다.

01-4 ARCH/GARCH

데이터셋에 담긴 분산이 시간에 걸쳐서 일정하지 않을 때 ARIMA 모델은 이를 제대로 모델링하기 어렵습니다. 특히 경제 및 금융 분야에서 이런 현상이 흔합니다. 금융 시계열에서 큰 수익률(return) 뒤에 큰 수익률이 이어지고, 작은 수익률 뒤에 작은 수익률이 이어지곤 합니다. 전자는 고변동성, 후자는 저변동성이라고 합니다. 이러한 문제를 해결하기 위해 자기회귀 조건부 이분산성(Autoregressive Conditional Heteroscedasticity, 약자로 ARCH) 모델이 도입되었습니다. 이분산성(Heteroscedasticity)은 데이터의 분산 또는 분포가 시간에 따라 달라지는 것을 의미하며 그 반대의 개념은 등분산성(Homoscedasticity)입니다. 이 둘의 차이는 다음과 같이 시각화할 수 있습니다. 참고로 책이 제공하는 이 부분의 코드에는 random 함수가 포함되어 있어서 해당 코드를 실행할 때마다 아래 그림의 결과가 약간씩 달라질 수 있습니다.

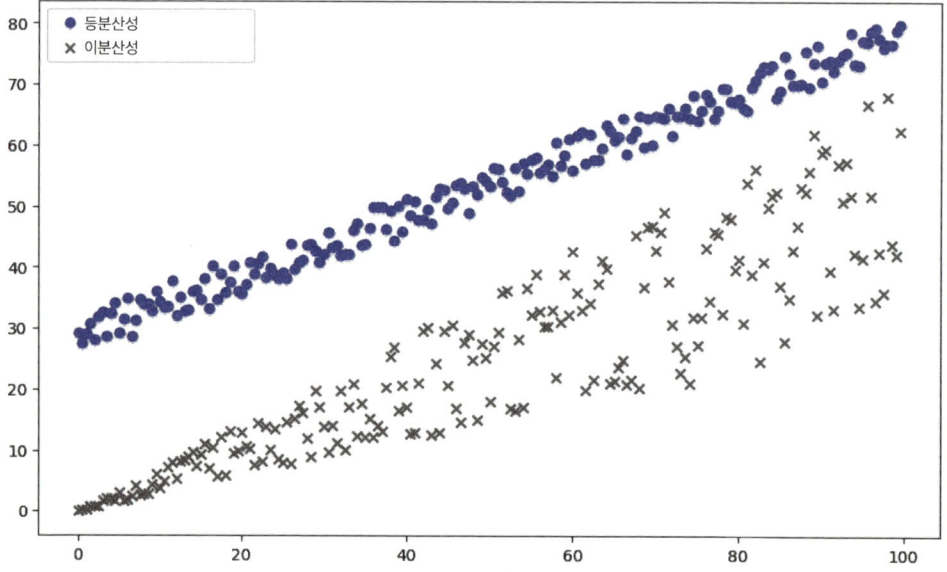

그림 1.3 데이터가 흩뿌려진 정도(Scedasticity)

로버트 엥글(Robert Engle)은 1982년에 조건부 분산을 이전 값의 함수로 설명하여 최초의 ARCH 모델을 제안했습니다. 예를 들어 낮의 전기 사용량은 밤 사용량보다 더 불확실한 변동폭을 보입니다. 따라서 전기 사용량 예측 모델에서는 낮에 높은 분산을 갖고 밤에 낮은 분산을 갖는다고 가정할 수 있습니다.

팀 볼러슬레브(Tim Bollerslev)와 스티븐 테일러(Stephen Taylor)는 1986년 ARCH 모델에 이동평균 요소를 도입하여 Generalized ARCH 모델, 즉 GARCH를 도입했습니다. 전기 사용량 예에서 전기 사용량의 급격한 변화가 특정 시간대에 국한되지 않고 무작위로 발생한다면, 즉 변동성 자체가 예측 불가능하게 랜덤하게 발생한다면 GARCH 모델이 더 적절할 수 있습니다.

하지만 ARCH와 GARCH 모델 모두 추세와 계절성을 다룰 수 없습니다. 따라서 실무에서는 먼저 ARIMA 모델을 사용하여 시계열의 추세와 계절성을 제거한 다음에 ARCH 모델을 사용해서 분산 기대값을 모델링하는 경우가 많습니다.

01-5 신경망

시계열 예측 분야에서 비교적 최근에 도입된 기법 중 하나는 순환신경망(Recurrent Neural Networks, RNN)입니다. 이 기법은 1997년에 젭 호흐라이터(Sepp Hochreiter)와 위르겐 슈미트후버(Jürgen Schmidhuber)가 개발한 LSTM(Long Short-Term Memory) 신경망 구조로부터 출발합니다. LSTM은 신경망이 음성이나 동영상 같은 시퀀스 데이터를 처리할 수 있도록 합니다. 이런 시퀀스 데이터는 이미지처럼 단일 시점의 값으로 구성된 데이터와 확실히 다르기에 처리 방법도 달라야 합니다.

RNN에 순환(Recurrent)이라는 용어가 앞에 붙는 이유는 내부에 루프 구조가 내장되어 있어 이전 정보를 기억하는 메커니즘, 즉 메모리 기능을 갖기 때문입니다. 이를 통해 이전 기의 정보에 대한 접근이 가능합니다. RNN이 아닌 기본적인 신경망도 과거의 보행자 이미지로부터 보행자의 모습을 학습함으로써 거리의 보행자 이미지를 인식할 수 있습니다. 그러나 동영상의 이전 프레임에서 관찰된 보행자의 접근 방식을 토대로 그 보행자가 곧 길을 건널지 말지 여부를 판단하도록 학습시킬 수는 없습니다. 왜냐하면 기본 신경망은 보행자가 도로를 걷는 일련의 이미지 시퀀스를 이해할 능력이 없기 때문입니다. 단기 기억은 컨텍스트(사건의 맥락)를 파악하기 위해 신경망이 일시적으로 보유하는 정보입니다. 그러나 단기 기억은 빠르게 소멸된다는 단점이 있습니다.

초기 RNN은 메모리 문제를 안고 있었습니다. 그 이유는 기억을 유지할 수 있는 시간이 매우 짧았기 때문입니다. "Airplanes fly in the …(비행기가 …에서 난다.)"라는 문장에서는 단순한 RNN도 다음에 나타날 단어가 sky(하늘)라는 것을 쉽게 예측할 수 있습니다. 그러나 다음과 같이 긴 문장에서 "…" 부분에 들어갈 단어를 예측하는 것은 쉬운 작업이 아닙니다.

"I went to France for vacation last summer. That's why I spent my spring learning to speak …"
(나는 지난 여름 방학 동안 프랑스로 갔다. 그것이 내가 봄에 … 을 말하기를 배우는 데 시간을 쓴 이유다.)

즉, RNN은 다음 단어로 French(불어)가 나온다는 것을 쉽게 추측하지 못합니다. 왜냐하면 RNN은 특정 외국어를 지칭하는 단어가 나와야 하는 점은 잠시 이해했다가도, 상대적으로 긴 앞 문구를 지나는 동안에 이 문장이 프랑스를 언급하고 있다는 사실을 잊어버리기 때문입니다. 반면에 LSTM은 이때 필요한 맥락 정보인 컨텍스트를 계속 갖고 있습니다. LSTM 구조는 신경망의 단기 메모리에 더 긴 수명을 부여합니다. 이러한 이유로 LSTM은 장기간에 걸쳐 패턴이 반복되는 시계열 데이터를 다룰 때 뛰어난 성능을 보입니다.

LSTM을 활용한 시계열 예측은 앞서 언급한 기존 시계열 기법에 비교하면 아직 초기 단계에 머물러 있습니다만 잠재적 가능성을 갖고 있습니다. 예를 들어 기존 시계열 기법에 비해 LSTM이 갖는 강점으로 비선형 관계를 포착하는 능력이 뛰어납니다. 반면에 다른 딥러닝 모델과 마찬가지로 LSTM 예측은 방대한 데이터와 높은 연산 능력 및 긴 실행 시간을 필요로 합니다.

또한 LSTM 모델을 구축하려면 모델 구조 설정부터 하이퍼파라미터까지 결정할 요소가 많습니다. 이를 위해서는 숙련된 예측 분석가가 필요합니다. 따라서 예산 및 마감시한이 정해진 대부분의 실무 환경에서는 ARIMA 모델이 더 나은 선택인 경우도 많습니다.

01-6 Prophet

Prophet은 페이스북(현 메타)의 숀 테일러(Sean J. Taylor)와 벤 레텀(Ben Letham)이 기존 시계열 분석 도구에서 자주 발생하던 다음 두 가지 문제를 해결하고자 사내 업무용으로 개발한 분석 도구입니다. 첫 번째 문제는 기존의 자동화된 예측 도구가 지나치게 경직되어 있어서 추가적인 가정을 반영하기 어렵다는 점이며, 두 번째 문제는 더 안정적인 예측 도구를 만들려면 전문적이고 숙련된 데이터 분석가가 반드시 필요하다는 점이었습니다. 당시 페이스북은 사내의 데이터 분석가가 감당 가능한 업무량을 훨씬 넘어선 비즈니스 예측 수요가 물밀듯 들어오고 있어서 이를 처리하지 못해 골머리를 앓고 있었습니다. 이를 해결하고자 Prophet을 개발하였고 2017년에 이를 오픈소스 소프트웨어로 공개합니다.

Prophet은 일반적으로 다음과 같은 특성을 가진 비즈니스 예측 과제 처리에 최적화되어 설계되었습니다.

- (가급적) 최소 1년 이상의 기간을 갖는 시간대별, 일별, 주별 시계열 데이터
- 일별, 주별, 연도별로 반복되는 강한 계절성 효과
- 계절 패턴과 무관하게 비정기적으로 발생하는 공휴일 및 특별 이벤트
- 결측값이나 이상값이 존재하는 데이터
- 신제품 혹은 신규 서비스 론칭 시 발생하는 유의미한 추세 변화
- 추세가 점근적으로 상한 혹은 하한에 수렴하는 경우

기존 방법을 벗어난(Out-of-the-Box) 설계 덕분에, Prophet은 높은 품질의 예측 결과를 제공합니다. 동시에 Prophet은 시계열 데이터 경험이 없는 데이터 분석가도 커스터마이즈하기 쉽고 간편하게 조작할 수 있습니다. Prophet 모델을 튜닝하는 과정 또한 매우 직관적입니다.

본질적으로 Prophet은 가산형(additive) 회귀 모델입니다. 이는 Prophet이 다음과 같은 여러 구성 요소들의 합으로 이루어졌다는 의미입니다.

- 선형 또는 로지스틱 성장 추세 곡선

- 연간 계절성 곡선
- 주간 계절성 곡선
- 일간 계절성 곡선
- 공휴일과 기타 특별 이벤트
- 사용자가 지정하는 추가적인 계절성 곡선(예: 시간대별, 분기별 등)

구체적인 예를 들어서 2000년 1월 1일부터 2003년 12월 31일까지 4년 동안 소규모 온라인 소매점의 매출을 모델링해 보겠습니다. 이 기간 동안 전체적인 추세로서 일간 판매량은 1,000건에서 1,800건으로 꾸준히 증가하는 경향을 보입니다. 그리고 계절적으로 봄철의 판매량은 평균보다 50건 높고, 가을철의 판매량은 평균보다 50건 낮습니다. 요일별로는 화요일에 판매가 가장 저조하고 주말로 갈수록 증가하여 토요일에 최대 판매를 달성합니다. 하루 중 시간대별로는 정오에 판매가 가장 많고, 자정으로 갈수록 점점 감소하는 패턴을 보입니다. 각 개별 구성 요소 곡선은 다음과 같습니다. 각 차트별로 x축 단위가 다른 점에 유의하기 바랍니다.

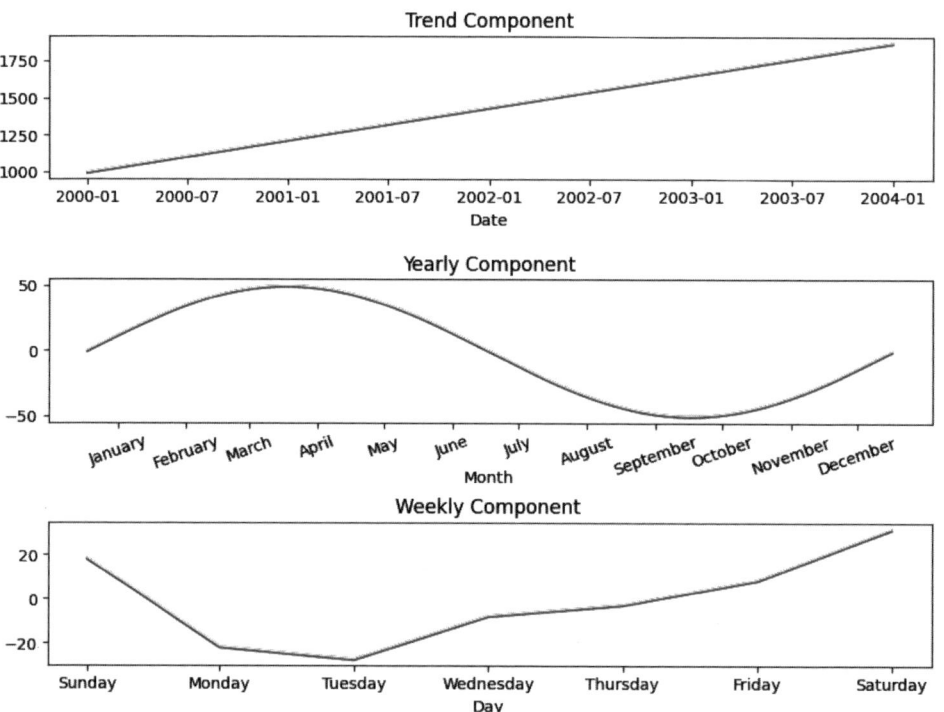

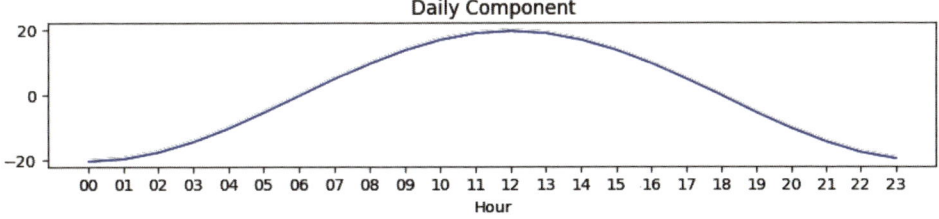

그림 1.4 모델 구성 요소

가산형 모델은 이 네 가지 구성 요소 곡선을 더해서 최종 판매 예측 모델을 구성합니다. 각각의 하위 구성 요소가 더해질수록 최종 예측 곡선은 점점 더 복잡한 형태를 띕니다.

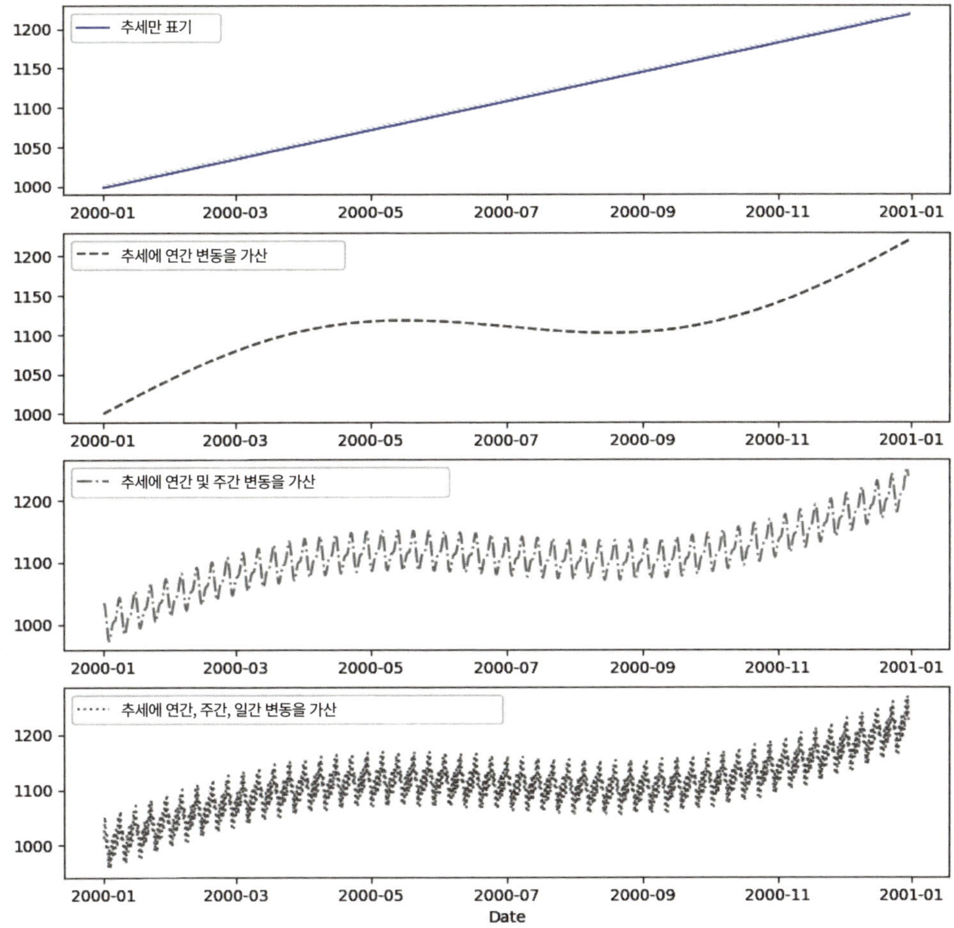

그림 1.5 가산형 모델

이 플롯은 예시로서 주간 및 일간 변동을 더 잘 보기 위해 첫 해(2000년)의 데이터만 표기한 것입니다. 실제 전체 곡선은 분석 기간 4년치를 모두 포함하고 있습니다.

Prophet은 내부적으로 Stan이라는 확률 프로그래밍 언어로 작성되어 있습니다. Stan에 대한 자세한 정보는 https://mc-stan.org에서 찾아볼 수 있습니다. 이 언어는 여러 가지 장점을 갖습니다. Prophet은 이 언어를 통해 적합(fit) 과정을 최적화하여 대개 1초도 안 걸려서 예측 작업을 완료합니다. 또한 Stan은 파이썬 및 R과 모두 호환됩니다. 그래서 Prophet 작업자는 파이썬과 R 두 언어에서 동일한 핵심 적합 과정을 공유할 수 있습니다. 또한 Stan은 베이지안 통계를 사용하기 때문에 Prophet이 미래 예측값에 대한 불확실성 구간을 생성할 수 있습니다. 이를 통해 예측 리스크에 대해 데이터 기반 추정값을 제공합니다.

이러한 특성 때문에 Prophet 사용자는 더 복잡한 예측 기법을 사용해야 얻을 수 있는 결과를 간단한 조작만으로 얻을 수 있습니다. 즉 Prophet은 누구든 쉽게 시작할 수 있는 분석 도구입니다. 초보자는 내부적인 작동 원리를 몰라도 단 몇 줄의 코드만으로 매우 정확한 모델을 구축할 수 있습니다. 그리고 숙련된 전문가는 모델을 심층적으로 분석하여 더 많은 기능을 추가하고 하이퍼파라미터를 조정해서 점진적으로 더 나은 성능을 얻을 수 있습니다.

01-7 최근 발전 현황

Prophet이 오픈소스로 공개된 이후 예측 작업과 관련된 패키지 분야에서 오픈소스 생태계가 활발하게 형성되었습니다. Prophet이 여전히 가장 널리 사용되는 도구이지만 주목할 만한 경쟁 패키지도 몇몇 존재합니다.

1.7.1 NeuralProphet

Prophet은 배우기 쉽고, 데이터를 통한 빠른 예측이 가능하며, 커스터마이즈가 용이해서 인기가 높습니다. 그러나 Prophet도 단점은 있습니다. 그중 핵심적인 한계는 Prophet이 선형 모델이라는 점입니다. 이 장의 앞부분에서 언급한 바와 같이 예측 과제에서 비선형 모델이 필요할 경우 신경망이 자주 활용됩니다. 하지만 신경망 기반 모델을 효과적으로 사용하려면 분석 담당자가 시계열 데이터뿐만 아니라 머신러닝 응용에 대해서도 잘 알고 있어야 합니다. NeuralProphet(https://github.com/ourownstory/neural_prophet) 은 이러한 간극을 메우기 위해 개발된 도구로서 시계열 데이터에만 정통한 분석가도 강력한 신경망 모델을 구축할 수 있도록 지원합니다.

스탠포드 대학의 오스카 트리브(Oskar Triebe)는 오픈소스 커뮤니티의 도움을 받아 수년간 NeuralProphet을 개발하고 최적화해 왔습니다. 참고로 이 책의 집필 시점에서 NeuralProphet은 베타 버전에 머물러 있습니다. NeuralProphet은 Prophet이 사용하는 프로그래밍 언어인 Stan을 파이토치로 대체하여 딥러닝 기법을 활용할 수 있도록 설계되었습니다. NeuralProphet에서 시계열의 자기상관은 자기회귀 신경망(Autoregressive Network, 즉 AR-Net)으로 모델링하고, 시차를 가진(lagged) 변수는 순방향 신경망으로 처리합니다. 프로그래밍 인터페이스는 Prophet과 거의 동일하게 설계되어 있어서 Prophet에 익숙한 사용자라면 NeuralProphet도 어렵지 않게 사용할 수 있습니다.

1.7.2 구글의 "견고한 대규모 시계열 예측"

페이스북이 Prophet을 오픈소스로 공개한 지 불과 두 달 뒤인 2017년 4월 구글은 블로그에 "견고한 대규모 시계열 예측을 향한 탐구(Our quest for a robust time series forecasting at scale)" (https://www.unofficialgoogledatascience.com/2017/04/our-quest-for-robust-time-series.html)라는 포스트 글을 올려서 시계열 예측에 대한 자사의 솔루션을 소개합니다. Prophet과 달리 구글의 예측 패키지는 오픈소스로 공개하지 않았기 때문에 세부 정보를 얻기는 어렵습니다.

Prophet과 구글 접근 방식의 가장 큰 차이점은 구글의 예측 패키지가 성장 추세를 예측하기 위해 앙상블 기법을 사용한다는 점입니다. 시계열 예측 맥락에서 이는 구글이 여러 예측 모델을 적합시키고 이상값을 제거한 후 각각의 모델 결과를 가중 평균하여 최종 모델을 구축한다는 것을 의미합니다.

1.7.3 링크드인의 SilverKite/GreyKite

링크드인은 페이스북과 구글에 비해 오픈소스 예측 커뮤니티에 비교적 뒤늦게 합류한 편입니다. 2021년 5월, 링크드인은 자사의 시계열 예측용 파이썬 라이브러리인 Greykite를 공개했습니다(https://github.com/linkedin/greykite). 이 라이브러리는 Silverkite 알고리즘을 기반으로 하며, Prophet 알고리즘 역시 Greykite 프레임워크 내에서 옵션으로 선택 가능합니다. Greykite는 링크드인의 예측 작업에 도움이 되는 특징, 즉 솔루션이 유연하고 직관적이며 빠른 특징을 갖고 있습니다. 이는 페이스북이 Prophet을 개발할 때 염두에 두었던 특징이기도 합니다.

아울러 Prophet이 베이지안 접근법을 사용해서 모델을 적합시키는 반면에 Silverkite는 릿지 회귀, 엘라스틱넷(Elastic net), 부스팅 트리 모델 등 전통적인 모델을 더 많이 사용합니다. Prophet과 Silverkite 모두 선형 성장을 모델링할 수 있지만, 오직 Silverkite만이 제곱근(square root) 성장과 2차 함수(quadratic) 성장을 지원합니다. 반면에 Prophet은 로지스틱 성장을 처리할 수 있지만 Silverkite는 이를 지원하지 않습니다. 분석가 입장에서 Silverkite의 가장 흥미로운 특징은 외생 변수를 통해 특정 분야의 전문 도메인 지식을 손쉽게 모델에 반영할 수 있다는 점입니다. 또한 Silverkite는 파이썬의 사이킷런(sklearn) 라이브러리를 API로 사용하기 때문에 해당 라이브러리에 익숙한 사용자는 Silverkite를 손쉽게 사용할 수 있습니다.

1.7.4 우버의 Orbit

링크드인이 Greykite 라이브러리를 발표한 것과 같은 시기에 우버는 자체적인 시계열 예측 패키지인 Orbit(Object-Oriented Bayesian Time Series)을 공개했습니다(https://github.com/uber/orbit). 이 도구의 전체 명칭에 '베이지안'이라는 용어가 포함돼 있습니다. 그래서 Orbit은 Prophet과 마찬가지로 베이지안 접근법을 기반으로 합니다. 하지만 Orbit은 Prophet보다 더 일반화된 문제를 풀도록 설계되었습니다. 즉 통상적인 비즈니스 문제와 더 복잡한 통계적 솔루션 사이의 간극을 메우는 것을 지향합니다.

우버의 벤치마크 결과에 따르면 Orbit은 대부분의 예측 문제에서 좋은 성능을 발휘합니다. 그중에서도 대표적인 모델은 마케팅 믹스(marketing mix) 모델입니다. 이 모델은 여러 마케팅 요소가 매출에 미치는 영향력을 정량화합니다. Orbit은 두 가지 주요 베이지안 시계열 모델을 기반으로 구현되었습니다. 즉 LGT(Local Global Trend) 모델과 DLT(Damped Local Trend) 모델이 그것입니다. 우버의 주장에 의하면, Orbit은 Prophet을 포함한 타 시계열 예측 모델 대비 12%에서 60%까지 향상된 예측 성과를 보입니다. 또한 링크드인의 Greykite처럼 Orbit도 파이썬의 사이킷런 라이브러리를 사용하여 신규 사용자도 쉽게 적응할 수 있도록 설계되었습니다.

다음 장에서는 여러분의 컴퓨터에서 Prophet을 실행하고 첫 번째 예측 모델을 직접 구축합니다. 이 책을 끝까지 읽으면 Prophet의 모든 기능을 이해하고 여러분의 예측 작업에 이를 자유롭게 활용할 수 있을 것입니다.

02장

Prophet 시작

02-1 _ 코랩 노트북 파일 다운로드

02-2 _ 간단한 Prophet 모델 구축

02-3 _ 예측 데이터프레임 해석

02-4 _ 구성 요소 플롯의 이해

Prophet은 오픈소스 소프트웨어입니다. 따라서 누구나 Prophet에 새로운 기능을 추가하거나 버그를 수정할 수 있습니다. 그러나 이러한 개방성에는 단점이 있습니다. 마이크로소프트 오피스나 태블로 등을 위시한 폐쇄형 소프트웨어 패키지는 깔끔한 그래픽 인터페이스가 내장된 자체 설치 파일을 제공합니다. 이들 패키지는 설치 후에 손쉬운 인터랙티브 작업 환경을 제공합니다.

반면에 Prophet은 파이썬이나 R 프로그래밍 언어를 통해서 접근하며 여러 오픈소스 라이브러리에 의존합니다. 그래서 특정 문제에 맞춰 Prophet 기능을 조정하거나 완전히 새로운 기능을 추가할 수 있습니다. 그러나 프로그래밍 지식이 없는 사용자에게는 사용성이 다소 떨어져서 Prophet을 익숙하게 사용하기까지 적응 기간이 필요합니다. 이 책은 이러한 적응 과정을 돕기 위해 쓰여졌습니다.

이 장에서는 대기 중 이산화탄소 농도를 모델링하는 예측 모델을 직접 구축합니다. 이 책의 부록에서 여러분이 사용하는 운영체제별로 설치 과정을 자세히 안내합니다

02-1 코랩 노트북 파일 다운로드

여러분은 파이썬 버전 3.7 이상이 실행 가능한 윈도우, macOS, 혹은 리눅스 운영체제 중 하나가 설치된 컴퓨터만 갖고 있으면 됩니다.

> 이 장에서는 chapter_02.ipynb 코랩 노트북 파일을 사용하며 책이 제공하는 깃허브 https://github.com/jasonyim2/book7/tree/main/Chapter02에서 다운로드 받을 수 있습니다. 후속 장의 모든 코랩 노트북 파일도 이 깃허브 URL에서 제공합니다.
>
> <역자의 팁>
> 원서와 달리 본 번역서에서는 Prophet을 구글 코랩에서 실행합니다. 여러분의 컴퓨터 운영체제와 상관없이 인터넷이 가능한 웹 브라우저만 있으면 이 책의 코드를 실행하는 데 무리가 없습니다. 부록의 Prophet 설치 내용은 직접 설치가 필요한 분만 참고하기 바랍니다.

02-2 간단한 Prophet 모델 구축

대기 중 이산화탄소(CO_2) 농도를 직접 측정한 것은 1958년 3월 스크립스(Scripps) 해양학 연구소의 찰스 데이비드 킬링(Charles David Keeling)이 최초입니다. 그는 미 국립해양대기청(NOAA)의 허가를 받아 하와이 마우나로아(Mauna Loa) 화산 북쪽 경사면의 해발 2마일(약 3,200미터) 위치에서 이산화탄소 샘플을 수집했습니다. 참고로 이 위치 및 고도에서는 근처의 공장 등에서 발생하는 이산화탄소 배출이 측정에 영향을 받지 않습니다.

1961년에 킬링은 그동안 수집해 온 데이터를 사용해서 이산화탄소 농도에는 뚜렷한 계절적 변동이 있으며 그 수치가 꾸준히 상승한다는 일명 킬링 곡선(Keeling curve)을 발표합니다. 1974년 5월부터는 미 해양대기청 역시 자체적인 CO_2 농도 측정을 시작했으며 지금까지도 계속하고 있습니다. 킬링 곡선의 형태는 다음과 같습니다.

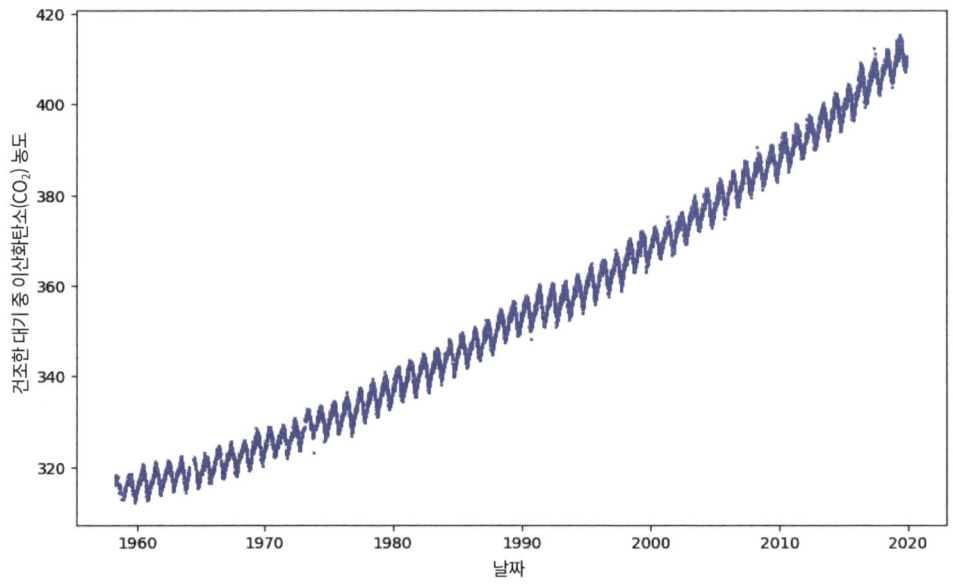

그림 2.1 대기 중 이산화탄소 농도의 시계열 궤적을 보여 주는 킬링 곡선

이 그래프는 뚜렷한 계절성과 지속적인 증가 추세를 담고 있기 때문에 Prophet 모델을 시험해 보기에 적합해 보입니다. 이 데이터셋은 53년 동안 19,000건이 넘는 일별 관측값

으로 구성되어 있습니다. 이산화탄소 농도 측정 단위는 PPM(Parts Per Million)이며 이는 공기 분자 백만 개당 이산화탄소 분자의 개수를 의미합니다.

Prophet 모델을 시작하려면 먼저 필요한 라이브러리인 판다스(pandas)와 맷플롯립(matplotlib)을 불러오고 아울러 prophet 패키지에서 Prophet 클래스를 가져와야 합니다. 참고로 아래 코드 마지막 줄에서 먼저 나오는 prophet 패키지와 뒤에 나오는 Prophet 클래스의 시작 대소문자가 다름에 유의하세요.

```
import pandas as pd
import matplotlib.pyplot as plt
from prophet import Prophet
```

<역자의 팁> 패키지, 라이브러리, 클래스, 판다스, 맷플롯립

패키지와 라이브러리를 설명하려면 모듈을 먼저 설명해야 합니다. **모듈**은 파이썬 코드로 구성된 파이썬 파일(.py)입니다. 반면에 **패키지**는 여러 모듈을 구조적으로 조직한 디렉터리(폴더)입니다. 즉, 패키지는 모듈을 포함하는 컨테이너라 볼 수 있습니다. 라이브러리는 여러 모듈과 패키지로 구성된 더 큰 코드의 집합입니다. 책에 따라 패키지와 라이브러리를 엄격하게 구분하여 사용하기도 하지만 전문 프로그래머가 아닌 일반 독자들은 패키지와 라이브러리를 비슷한 개념으로 인식해도 이 책을 이해하는 데 큰 문제가 없습니다.

클래스(class)는 붕어빵 거푸집 같은 설계도로서 어떤 객체를 만들지 정의합니다. 여기서 말하는 객체는 빈 컨테이너처럼 무엇이든지 담을 수 있는 그릇입니다. 참고로 이 절의 또 다른 역자의 팁에서 클래스에 대한 예시를 참조할 수 있습니다.

판다스(pandas)는 엑셀, csv 등 표 형태의 데이터를 쉽게 읽고, 다루고, 분석할 수 있게 해주는 파이썬 데이터 처리 라이브러리입니다. 반면에 **맷플롯립**(matplotlib)은 데이터를 시각화해서 그래프나 차트를 만드는 데 사용되는 파이썬 그래픽 라이브러리입니다.

Prophet을 사용할 때는 항상 다음 두 개의 열(컬럼)을 가진 판다스 데이터프레임을 입력해야 합니다.

- ds: 날짜 정보를 담은 열로, 판다스에서 인식 가능한 datestamp 혹은 timestamp 형식의 열
- y: 예측하고자 하는 대상 값을 담은 숫자형(numeric) 열

이제 우리는 csv 파일 형태의 데이터를 판다스를 사용하여 불러온 후 데이터프레임 형식으로 저장합니다. 주의할 점은 ds 열을 판다스 datetime 포맷으로 저장해야 한다는 것입니다. 이 작업을 통해 판다스는 ds 열의 값을 단순 문자열이나 숫자값이 아닌 날짜로 인식합니다. 아래 코드에서 구글 드라이브 경로는 코드 바로 뒤에 덧붙인 역자의 팁을 참조하기 바랍니다.

```
df = pd.read_csv(
    '/content/drive/MyDrive/Book7/data/co2-ppm-daily_csv.csv'
)
df['date'] = pd.to_datetime(df['date'])
df.columns = ['ds', 'y']
```

<역자의 팁> 이 책의 구글 드라이브 경로

이 책이 제공하는 깃허브에서 코드를 다운로드하면 여러분의 구글 드라이브에 Book7 폴더를 만들고 장(Chapter)별로 ipynb 파일을 저장하면 됩니다. 그리고 책이 제공하는 모든 데이터셋은 같은 Book7 폴더 하위에 data 폴더를 만들고 거기에 저장합니다. 앞의 코드에 나오는 경로는 이러한 규칙을 따라서 설정된 구글 드라이브 경로입니다. 그리고 코랩에서 구글 드라이브 데이터셋을 불러오려면 코랩에서 구글 드라이브를 연동(mount)해야 하는데, 관련 코드는 책이 제공하는 모든 코드 파일 맨 처음에 삽입되어 있으므로 이를 우선 실행하면 됩니다.

여러분이 파이썬의 사이킷런(scikit-learn, 혹은 sklearn) 패키지에 익숙하다면 Prophet 사용 방법이 익숙하게 느껴질 것입니다. Prophet은 사이킷런 패러다임을 따르기 때문입니다. Prophet은 사이킷런 사용 방식과 유사하게 모델 클래스 인스턴스를 생성한 후 fit 메서드로 적합시키고, predict 메서드를 호출해 예측을 수행합니다.

```
# 런타임 20초
model = Prophet()
model.fit(df)
```

<역자의 팁> 사이킷런, 인스턴스, 메서드

파이썬이 제공하는 **사이킷런** 라이브러리는 머신러닝을 구현할 수 있는 라이브러리입니다. 이 라이브러리는 분류, 회귀, 클러스터링, 데이터 전처리, 모델 평가 등을 수행할 수 있습니다. 앞의 `model = Prophet( )` 코드에서 왼쪽의 변수명인 `model`을 **인스턴스**라고 부릅니다. 그리고 **메서드**는 파이썬 함수 중에 특수한 요건을 갖춘 함수라고만 이해하면 됩니다.

본문에서 '메서드'라는 말을 사용했습니다. 이는 최대한 간단하게는 '함수'라고 말할 수 있습니다. 역자인 저는 처음 프로그래밍 책을 읽을 때 메서드라는 용어를 만날 때마다 개념이 잡히지 않아 많이 힘들었습니다. 여러분은 저처럼 힘든 길을 걷지 않으시기를 바라며 다음과 같이 각종 개념을 정리해 보았습니다.

이 코드에서 첫 번째 줄 `model = Prophet(...)` 코드로 만든 `model`은 Prophet 클래스의 **인스턴스**입니다. **클래스(class)**는 붕어빵 거푸집 같은 설계도로서 어떤 객체를 만들지 정의합니다. 여기서 말하는 객체는 빈 컨테이너처럼 무엇이든지 담을 수 있는 그릇입니다. **인스턴스(instance)**는 설계도인 클래스를 바탕으로 만든 객체(예: 찍어낸 붕어빵 중 하나)입니다. 그런데 이렇게 설명하면 이번에는 객체와 인스턴스가 혼동됩니다. 이 둘의 구별법은 다음과 같습니다. **객체**는 클래스 기반으로 만들어진 모든 구체적인 것을 말하는 범용적인 표현인 반면에, 인스턴스는 특정 클래스에 의해 생성된 특정 객체를 가리킬 때 쓰는 표현입니다. 즉, A 클래스의 인스턴스 B처럼 객체의 '소속'을 강조할 때 사용하는 용어가 인스턴스입니다.

`model.fit()`, `model.predict()`, `model.plot()` 등은 Prophet 클래스에 속한 함수들이며 이를 **메서드(method)**라고 부릅니다. 즉 클래스 내부에 정의되어 특정 인스턴스에 대해 동작하는 함수를 파이썬에서 메서드라고 부릅니다. 이는 일반 함수(function)나 단순 명령어(command)와는 구분됩니다.

앞의 fit 메서드(커맨드) 한 줄만으로 Prophet은 추가적인 파라미터 설정 없이도 데이터를 분석하고 계절성과 추세를 자동으로 추출합니다. fit 메서드는 모델이 주어진 데이터에서 규칙이나 패턴을 학습한다는 의미로서 보통은 '적합시킨다'고 이해하면 됩니다. 단, 아직까지는 미래 구간에 대한 예측을 수행하지는 않고 있습니다. 이를 위해서는 미래 날짜를 담은 future 데이터프레임을 생성한 후 predict 메서드를 호출해야 합니다. 이때 사용하는 메서드는 make_future_dataframe이며, 이 메서드에 예측할 날 수를 지정합니다. 이 예제에서는 make_future_dataframe 메서드의 periods 인자의 값으로 10년을 뜻하는 365 * 10을 입력합니다.

```
future = model.make_future_dataframe(periods=365 * 10)
forecast = model.predict(future)
```

위의 마지막 줄 코드로 생성된 forecast 데이터프레임에는 향후 10년 동안 발생할 이산화탄소 농도에 대한 예측값이 담겨 있습니다. 이 데이터프레임의 내용을 살펴보기 전에 먼저 Prophet의 plot 메서드를 사용해서 데이터를 시각화해 보겠습니다. plot 메서드는 맷플롯립 라이브러리 기반으로 구현되어 있으며 predict 메서드로 생성한 데이터프레임(우리의 예제에서는 forecast 데이터프레임)을 입력값으로 사용합니다.

우리는 xlabel과 ylabel 인수(argument)를 사용해서 축에 레이블을 지정하고, 그림 크기를 지정하는 figsize 인수에는 디폴트 값을 사용합니다(그래서 figsize 인수 자체를 사용하지 않고 있습니다). 또한 ylabel 인수 값에 사용된 달러($) 표기는 CO_2에서 2를 아래 첨자로 표기하기 위한 조치입니다. 참고로 맷플롯립 라이브러리는 TeX 계열의 엔진을 사용하기 때문에 아래 첨자 표기에 이러한 방식을 활용합니다. 아울러 맷플롯립 구문(syntax)을 다음과 같이 사용하여 그래프 제목을 추가합니다.

```
fig = model.plot(forecast, xlabel='Date', ylabel=r'CO$_2$ PPM')
plt.title('Daily Carbon Dioxide Levels Measured at Mauna Loa')
plt.show()
```

결과 그래프는 다음과 같습니다.

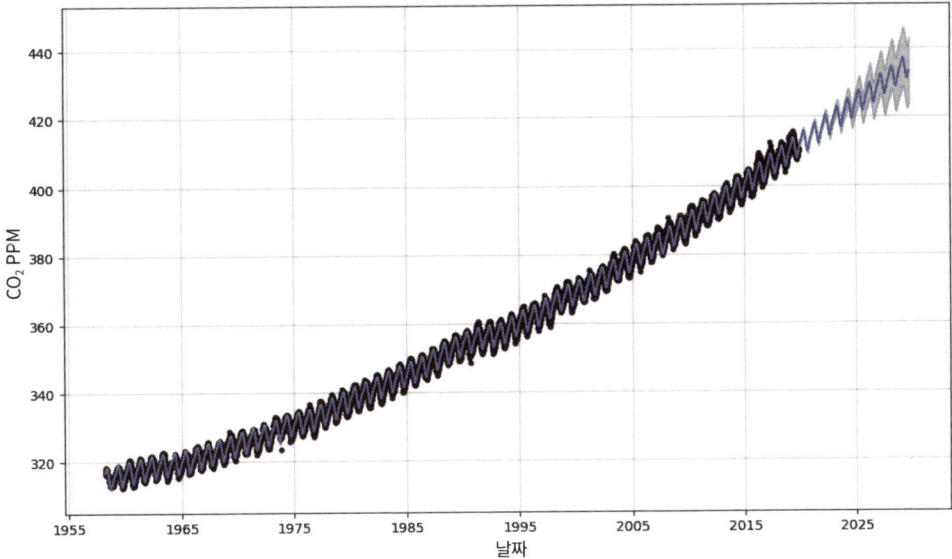

그림 2.2 Prophet 예측

이것이 코드의 전부입니다! 이렇게 짧은 코드로 10년치 예측값을 구했습니다.

02-3 예측 데이터프레임 해석

이제 예측 결과를 담은 forecast 데이터프레임의 첫 세 열을 살펴보겠습니다. 가독성을 위해 행과 열을 T 속성으로 전치하여 출력합니다.

```
forecast.head(3).T
```

앞의 명령어를 실행하면 다음과 같은 테이블이 출력됩니다.

	0	1	2
ds	1958-03-30 00:00:00	1958-03-31 00:00:00	1958-04-02 00:00:00
trend	314.87681	314.879212	314.884015
yhat_lower	316.037787	316.018493	316.162853
yhat_upper	317.662189	317.788994	317.913206
trend_lower	314.87681	314.879212	314.884015
trend_upper	314.87681	314.879212	314.884015
additive_terms	1.985679	2.015663	2.118861
additive_terms_lower	1.985679	2.015663	2.118861
additive_terms_upper	1.985679	2.015663	2.118861
weekly	0.003257	-0.010815	0.003454
weekly_lower	0.003257	-0.010815	0.003454
weekly_upper	0.003257	-0.010815	0.003454
yearly	1.982422	2.026479	2.115407
yearly_lower	1.982422	2.026479	2.115407
yearly_upper	1.982422	2.026479	2.115407
multiplicative_terms	0.0	0.0	0.0
multiplicative_terms_lower	0.0	0.0	0.0
multiplicative_terms_upper	0.0	0.0	0.0
yhat	316.86249	316.894875	317.002876

그림 2.3 forecast 데이터프레임

다음은 forecast 데이터프레임의 각 열에 대한 설명입니다.

- ds: 해당 행의 값이 속한 datestamp 또는 timestamp

- trend: 추세 구성 요소 값

- yhat_lower: 최종 예측 불확실성 구간의 하한

- yhat_upper: 최종 예측 불확실성 구간의 상한

- trend_lower: 추세 구성 요소에 대한 불확실성 구간의 하한

- trend_upper: 추세 구성 요소에 대한 불확실성 구간의 상한

- additive_terms: 모든 가산형 계절성의 합계 값

- additive_terms_lower: 가산형 계절성에 대한 불확실성 구간의 하한

- `additive_terms_upper`: 가산형 계절성에 대한 불확실성 구간의 상한
- `weekly`: 주간 계절성 구성 요소 값
- `weekly_lower`: 주간 계절성 구성 요소에 대한 불확실성 구간의 하한
- `weekly_upper`: 주간 계절성 구성 요소에 대한 불확실성 구간의 상한
- `yearly`: 연간 계절성 구성 요소 값
- `yearly_lower`: 연간 계절성 구성 요소에 대한 불확실성 구간의 하한
- `yearly_upper`: 연간 계절성 구성 요소에 대한 불확실성 구간의 상한
- `multiplicative_terms`: 모든 곱셈형 계절성의 합계 값
- `multiplicative_terms_lower`: 곱셈형 계절성에 대한 불확실성 구간의 하한
- `multiplicative_terms_upper`: 곱셈형 계절성에 대한 불확실성 구간의 상한
- `yhat`: 최종 예측값, 즉 추세, 가산형 항목, 곱셈형 항목의 합계 값

만약 데이터에 일간 계절성이 포함되어 있다면, `daily`, `daily_upper`, `daily_lower` 열이 추가로 포함되며 이는 `weekly` 및 `yearly` 열과 동일한 형식을 따릅니다. 후속 장에서 가산형/곱셈형 계절성과 불확실성 구간에 대한 예시를 들어 추가 설명을 하겠습니다.

> **<팁> $\hat{y}$ (와이햇)**
>
> $\hat{y}$ 표기는 '와이햇'으로 발음합니다. 변수 y에 모자(hat) 또는 캐럿(caret)을 얹은 것 같은 모양에서 이런 명칭이 붙었습니다. 이 표기법은 통계학에서 유래하였으며 $\hat{y}$은 y 변수의 예측값을 의미합니다. 아울러 y 변수뿐만 아니라 타 변수에도 'hat'을 붙이면 해당 변수의 예측값을 의미합니다.

[그림 2.2]에서 검은색 점은 우리가 모델에 학습시킨 실제 관측값 y를 나타냅니다. 이 값은 `df['y']` 열에 담겨 있습니다. 실선은 계산된 예측값인 $\hat{y}$값을 나타내며 이는 `forecast['yhat']` 열에 담겨 있습니다. 자세히 보면 실선은 관측된 검은색 점의 영역을 넘어서 우리가 관심을 갖고 예측하고자 하는 미래 예측 구간까지 뻗어 있습니다. 예측 구간에서 실선 주변의 엷은 음영은 불확실성 구간을 나타냅니다. 불확실성 구간은 `forecast['yhat_upper']` 값을 상한으로 삼고 `forecast['yhat_lower']` 값을 하한으로 삼습니다. 이제 이 예측 결과를 구성 요소별로 살펴보겠습니다.

02-4 구성 요소 플롯의 이해

1장에서 Prophet은 가산형 회귀 모델이라고 소개했습니다. [그림 1.4]와 [그림 1.5]는 추세와 다양한 계절성 곡선들이 합쳐져서 보다 복잡한 곡선을 형성하는 과정을 보여 줍니다. Prophet 알고리즘은 본질적으로 이 과정을 반대로 수행합니다. 즉 복잡한 곡선을 입력 받아 이를 구성 요소별로 분해합니다. Prophet 예측 작업을 보다 정밀하게 제어하려면 이러한 구성 요소를 이해하고 조절할 수 있어야 합니다. Prophet은 이러한 구성 요소를 시각화하기 위한 `plot_components` 메서드를 제공합니다.

이산화탄소 농도를 예측하는 마우나로아 모델 작업을 계속 하겠습니다. 다음과 같은 간단한 명령어를 실행하면 구성 요소를 시각화할 수 있습니다.

```
fig2 = model.plot_components(forecast)
plt.show()
```

아래 결과처럼 Prophet은 데이터셋에서 세 개의 구성 요소인 추세, 주간 계절성, 연간 계절성을 분리해 냅니다.

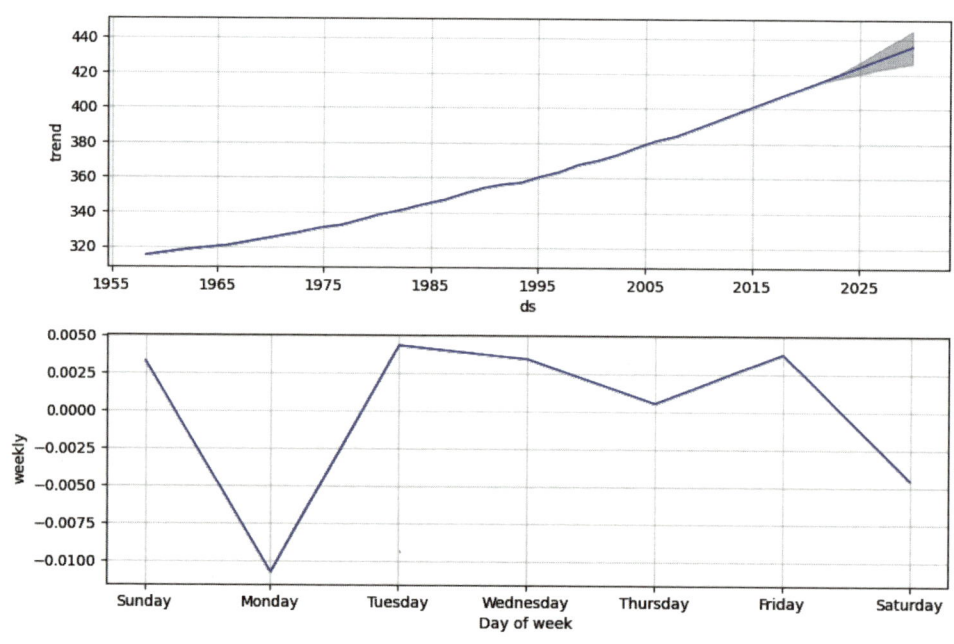

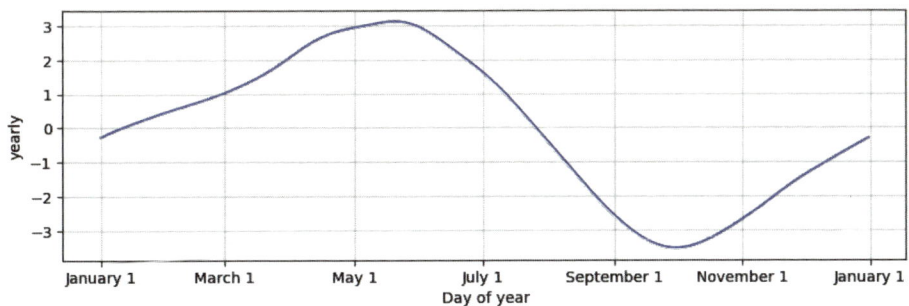

그림 2.4 마우나로아 구성 요소 플롯

추세(trend)는 지속적으로 증가하며 시간이 지날수록 기울기가 가파르게 변합니다. 이는 대기 중 이산화탄소 농도 증가가 가속화된다는 의미입니다. 추세선은 예측 구간(2025년 전후)에서 좁은 불확실성 구간을 보입니다. 이 곡선에 의하면 대기 중 이산화탄소 농도는 1965년에 약 320 PPM이었고 2015년에는 약 400 PPM으로 증가했으며 2030년에는 약 430 PPM에 이를 것으로 예상됩니다. 다만 정확한 수치는 계절성 효과로 인해 요일이나 연중 시점에 따라 변동될 수 있습니다.

주간 계절성(weekly) 그래프를 보면 요일별로 값이 0.01 PPM 단위로 변동합니다. 하지만 이는 너무 미미한 양이어서 노이즈나 무작위적 우연에 기인할 가능성이 큽니다. 실제로 인간 활동 지역에서 멀리 떨어진 마우나로아 화산 고지대에서 측정된 이산화탄소 농도는 요일에 따라 크게 변동하지 않는다고 직관적으로 추측할 수 있습니다. 참고로 계절성을 다루는 후속 5장에서는 Prophet에 주간 계절성을 적용하지 않도록 설정하는 방법을 배웁니다. 또한 불확실성 구간을 다루는 11장에서는 계절성의 불확실성을 시각화하고 의미 없는 계절성을 무시하는 설정 방법을 알아봅니다.

연간 계절성(yearly)을 살펴보면, 이산화탄소 농도는 겨울 내내 상승하다가 5월쯤 정점을 찍고 여름 동안 하락하여 10월경에 최저점에 도달합니다. 연중 시점에 따라 이산화탄소 농도 측정값은 추세선 대비 최대 3 PPM이 높거나 낮을 수 있습니다. [그림 2.1]의 원본 데이터를 다시 살펴보면, 이러한 연간 계절성을 통해 매우 명확하게 주기적인 특성이 있음을 알 수 있습니다

지금까지 다룬 간단한 Prophet 모델만으로도 종종 매우 정확한 예측을 할 수 있습니다. 우리는 기본(디폴트) 설정 이외에 추가적인 파라미터를 사용하지 않았음에도 매우 좋은 예측 결과를 얻었습니다. 그러나 Prophet은 지금까지 살펴본 간단한 예제 외에도 훨씬 더 다양한 기능을 갖고 있습니다. 다음 장에서는 Prophet 모델의 작동 원리를 이해하기 위해 모델을 구성하는 수식을 살펴보겠습니다.

03장

Prophet 작동 방식

03-1 _ 페이스북이 Prophet을 구축한 동기

03-2 _ analyst-in-the-loop 예측

03-3 _ Prophet 수식

Prophet은 때때로 마법처럼 느껴질 수 있습니다. 사용자의 간단한 지시만으로 복잡한 예측 결과를 출력해 주기 때문입니다. 그러나 Prophet을 작동하는 수식을 이해하면 Prophet이 마법이 아니라 데이터에서 여러 패턴을 동시에 추출해 내는 매우 유연한 알고리즘이라는 것을 알게 됩니다.

이러한 수식은 통계적 배경 지식이 부족한 분들에게는 어렵게 느껴질 수 있지만 실제로는 상당히 이해하기 쉽습니다. 그리고 이러한 이해는 복잡한 데이터셋을 예측할 때 큰 도움이 됩니다. 이 장에서 Prophet과 관련된 수식을 살펴보겠습니다. 혹시 길을 잃는 것 같은 느낌이 들어도 걱정하지 마십시오. Prophet을 계속 사용하다 보면 이들 수식의 의미가 점점 와 닿을 것입니다.

이 장은 페이스북(현 메타)이 기존의 수많은 시계열 분석 도구 대신에 자체 예측 패키지를 개발하기로 결정한 이유를 소개합니다. 이어서 페이스북의 예측 철학, 즉 데이터 분석가의 지식과 컴퓨팅 자동화 기술의 결합을 알아봅니다. 마지막으로 Prophet이 모델을 구축할 때 사용하는 수식을 살펴보고, 수식의 각 항이 예측에서 어떤 역할을 수행하는지 하나하나 분석해 보겠습니다.

이 장에서는 책의 깃허브에서 제공하는 chapter_03.ipynb 코랩 노트북 파일을 사용합니다.

03-1 페이스북이 Prophet을 구축한 동기

1장에서 Prophet을 소개하면서 언급했듯이 페이스북은 비즈니스 예측에 대한 내부 수요가 증가하고 있음을 알게 되었습니다. 페이스북이 사용하던 기존의 예측 기법들은 확장성에 한계가 있었고 대규모 데이터 분석에 적합하지 않을뿐더러 분석 담당자도 감당하기 힘든 작업량에 시달리고 있었습니다.

그래서 페이스북은 작업량을 대폭 늘릴 수 있는 확장 가능한(scalable) 예측 방법을 찾기 위해 관련 문헌을 샅샅이 살펴보았습니다. 당시 페이스북은 롭 하인드먼(Rob Hyndman)이 개발한 R 언어용 예측 패키지에 의존하고 있었습니다(https://github.

com/robjhyndman/forecast, 다만 페이스북은 현재 그의 `fable` 패키지를 사용합니다. https://github.com/tidyverts/fable). 이 예측 패키지는 강력하긴 하지만 데이터 과학 및 풍부한 제품 경력을 갖춘 R 분석가가 필요하다는 단점이 있었습니다. 더욱이 페이스북이 채용하는 신입 직원 사이에서 파이썬의 인기가 점점 높아짐에 따라 R 언어를 다룰 줄 아는 고급 분석자가 모자라는 사태까지 발생했습니다. 또한 페이스북이 검토한 자동 예측 도구들은 너무 취약하거나 유연성이 부족해 도메인 전문 지식을 반영하기 어려웠습니다.

이처럼 페이스북은 예측 수요를 따라잡고 고품질 예측을 수행하기 위해서 전문가와 비전문가 모두가 손쉽게 사용할 수 있는 예측 도구가 필요했습니다. 그래서 누구나 직관적으로 조정할 수 있고 정확한 예측을 손쉽게 생성할 수 있는 Prophet을 개발했습니다. 페이스북은 이러한 개발 과정에서 다음 절에서 설명할 analyst-in-the-loop 예측 기법을 도입했습니다.

03-2 analyst-in-the-loop 예측

페이스북은 Prophet을 개발할 때 다양한 비즈니스 상황에서 우수한 예측 결과를 도출하도록 모든 파라미터의 기본(디폴트) 값을 신중하게 결정했습니다. 그러나 예외적인 상황이나 까다로운 데이터셋이 있을 수밖에 없었고 간혹 예측 결과가 기대에 못미치기도 했습니다. 이러한 상황에서 분석 담당자는 자동화된 모델에만 의지할 수 없었습니다. 초보 예측가를 포함한 그 누구라도 직관적으로 이해할 수 있는 방식으로 다양한 파라미터를 조정하여 예측 결과를 개선해야 했습니다. 페이스북은 이 과정을 analyst-in-the-loop 예측이라고 불렀습니다. 우리말로는 '분석가 참여 예측' 정도로 해석됩니다. [그림 3.1]을 참조하기 바랍니다.

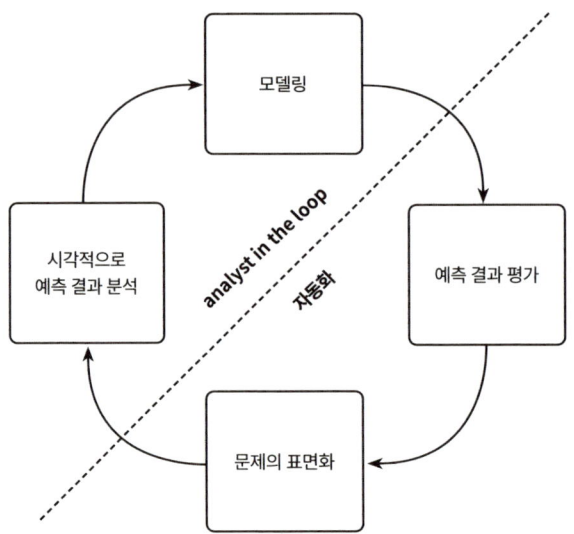

그림 3.1 analyst-in-the-loop 예측

analyst-in-the-loop 예측은 반복적인 프로세스입니다. 분석가는 먼저 기본(디폴트) 파라미터를 사용하는 Prophet 모델을 구축합니다. Prophet은 빠른 처리 속도를 내도록 최적화되어 있어서 대부분 몇 초 안에 만족스러운 예측 결과를 도출합니다. 이후 Prophet은 예측 결과를 평가하고 잠재적인 문제를 표면화해서 분석가가 시각적으로 검토하도록 합니다. 만약 예측 결과가 분석가의 기대를 충족하면 작업은 여기서 마무리됩니다. 하지만 Prophet의 예측 결과가 좋지 않거나 분석가의 시각적 검토 결과가 만족스럽지 않을 경우, 분석가는 모델을 직관적으로 조정해서 결과를 개선합니다. 이를 통해 기대에 부합하는 결과를 얻을 수 있습니다.

이 반복 사이클은 필요한 만큼 계속합니다. Prophet의 장점 중 하나는 예측 속도가 매우 빠르기 때문에 하나의 사이클을 1분 이내에 완료할 수 있다는 것입니다. 그래서 통계 지식은 부족하지만 깊은 도메인 지식을 가진 분석가도 고도로 커스터마이즈된 예측을 손쉽게 실행할 수 있습니다. 분석가가 조정할 수 있는 주요 파라미터는 다음과 같습니다.

- **용량(capacities)**: 예측이 점근적으로 접근 가능한 상한 혹은 하한을 의미합니다. 예를 들면 주어진 특정 시점에서의 전체 시장 규모를 들 수 있습니다.
- **변경점(changepoints)**: 예측 추세가 급격히 방향을 바꾸는 시점을 의미합니다. 이는 주요 제품 업데이트나 시장의 관심을 끄는 언론 발표 때문에 발생할 수 있습니다.

- **공휴일(holidays)과 계절성(seasonality)**: 예측 결과는 공휴일과 계절성의 영향을 받습니다. 추수감사절 직전에 칠면조 판매가 최고치에 도달하거나, 한여름에 물놀이용 비치볼이 많이 팔리는 사례를 들 수 있습니다. 제품에 대한 이해가 깊은 분석가는 이러한 정보를 모델에 반영할 수 있습니다.

- **파라미터 평활화(smoothing parameters)**: 모델 결과를 시각적으로 검토한 후, 분석가는 모델이 데이터를 과적합하는지 아니면 과소적합하는지 직관적으로 판단할 수 있습니다. 파라미터 평활화는 모델의 노이즈를 줄이거나 향후 예상되는 계절성 변동량을 모델에게 알려주는 데 사용됩니다.

통계적 예측과 판단(judgmental) 기반 예측의 차이점에 대해 자주 논의가 이루어집니다. 통계적 예측은 과거의 실제 데이터를 수학적으로 적합시킨 모델의 결과물이며, 판단 기반 예측은 전문가가 시계열 데이터에 대한 경험을 통해 습득한 지식을 사용하여 예측을 생성하는 프로세스입니다. 판단 기반 예측은 통계적 예측보다 더 많은 정보를 필요로 할 수 있고 변화하는 상황에 더 민감하게 대응할 수 있습니다. 그러나 이러한 방식은 확장성이 낮고 분석가의 수작업이 필요합니다. 반면에 통계적 예측은 쉽게 자동화할 수 있고 대규모 수요 예측에도 잘 대응하지만 반영 가능한 도메인 지식의 양에는 제한이 있습니다.

페이스북의 analyst-in-the-loop 패러다임은 이 두 가지 접근 방식의 장점을 결합한 것입니다. 즉 자동화가 잘되어 있으면서도 간단하고 직관적인 조정이 가능합니다. 그러나 Prophet의 작동 방식을 잘 살펴보면 그 이면에는 꽤 정교한 구조가 숨겨져 있습니다. 물론 Prophet 모델의 기반이 되는 수식을 반드시 이해하지 않은 채로도 정확한 예측을 생성할 수는 있습니다. 그러나 Prophet이 실제로 어떤 작업을 수행하고 있는지를 인식하면 예측 성과를 더욱 향상할 수 있습니다. 이제 Prophet이 예측을 생성할 때 사용하는 수식을 살펴보겠습니다.

03-3 Prophet 수식

1장에서 Prophet을 가산형 회귀 모델이라고 소개한 바 있습니다. 1장의 [그림 1.4]와 [그림 1.5]는 모델 구성 요소인 여러 개의 곡선들이 단순히 더해져서 최종 모델이 되는 것을 시각적으로 보여 줍니다. 이 과정을 다음과 같은 수식으로 표기할 수 있습니다.

$$y(t) = g(t) + s(t) + h(t) + \epsilon_t \tag{1}$$

특정 시점 t에서 모델이 예측한 y값은 함수 $y(t)$로 주어집니다. 이 함수는 다음 네 개의 구성 요소로 이루어져 있으며 덧셈 혹은 곱셈 형태로 연결돼 있습니다. 즉, 위의 수식 (1)에서는 덧셈 형태를 취하지만 계절성을 다루는 5장에서는 곱셈 형태를 띱니다.

- $g(t)$: 성장 요소, 혹은 일반 추세로서 비주기성을 띱니다.
- $s(t)$: 계절성 요소로서 주기적으로 반복되는 모든 성분의 합계입니다.
- $h(t)$: 공휴일 요소로서 모든 단발성(one-off) 특별 이벤트를 대표합니다.
- ϵ_t: 오차 항을 나타냅니다.

이 네 가지 구성 요소의 조합이 Prophet이 예측을 생성하는 데 필요한 전부입니다. 실은 마지막 오차 항을 제외하면 세 개의 구성 요소로도 볼 수 있습니다. 왜냐하면 오차 항은 앞의 세 개의 구성 요소가 설명하지 못하는 노이즈이기 때문입니다. 이 수식은 매우 단순해 보이지만 그 이면에는 복잡한 요소들이 숨어 있습니다. Prophet이 실제로 어떤 방식으로 작동하는지 이해하려면 각 구성 요소를 하나씩 자세히 살펴봐야 합니다.

3.4.1 선형 성장

먼저 성장 요소 항(term)을 살펴보겠습니다. Prophet은 선형 혹은 로지스틱 이렇게 두 가지 성장 모드를 제공합니다. 분석가는 모델을 설정할 때 둘 중 하나를 선택해야 합니다. 참고로 분석가가 어떤 성장 모드를 선택해야 하는지는 7장에서 다루겠습니다. 이 선택에 따라서 Prophet은 선형 혹은 로지스틱 수식 중 하나를 사용하게 됩니다. 이 절에서는 선형 수식을 살펴보겠습니다.

$$g(t) = (k + \boldsymbol{a}(t)^T \boldsymbol{\delta})t + (m + \boldsymbol{a}(t)^T \boldsymbol{\gamma}) \tag{2}$$

k 변수는 성장률, 즉 직선의 기울기입니다. 회귀 모델에 익숙한 분들은 직선의 기본 수식 $y = mx + b$를 떠올리실 것입니다. 수식 (2)가 복잡해 보이지만 괄호 안의 항들을 묶어서 보면 이 기본 수식의 구조가 보입니다. 하지만 Prophet 선형 모델이 단순 직선 모델과

확연히 다른 점은 Prophet 선형 모델이 구간별(piecewise) 선형 모델이라는 점입니다. 즉 Prophet 선형 모델의 기울기는 시점 t에 따라 달라집니다.

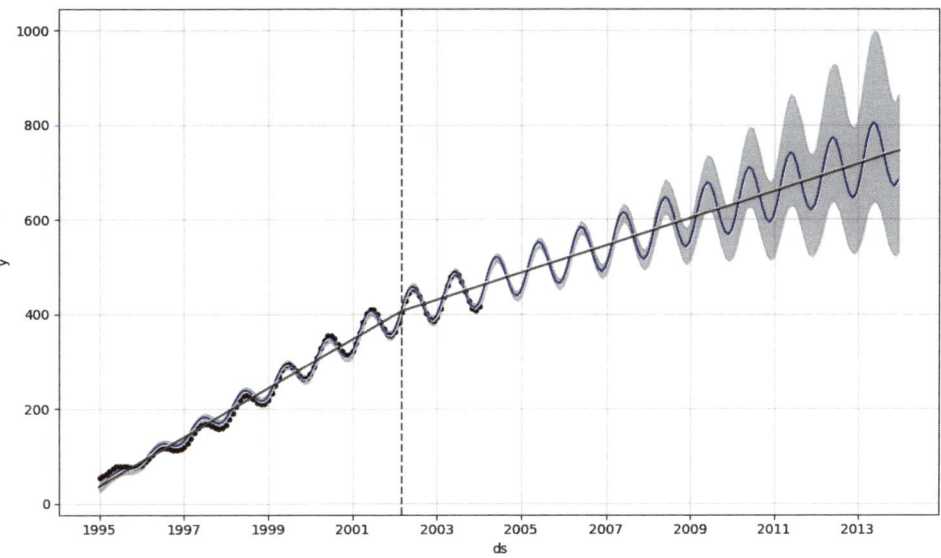

그림 3.2 기울기가 변하는 지점에 수직 점선으로 그려진 Prophet 모델의 변경점

이 때문에 기울기 k에 추가 항 $a(t)^T \delta$ 항이 추가됩니다. 여기서 δ(델타)는 각 변경점(changepoint)에서 발생하는 기울기 변화를 나타내는 비율 조정 벡터이고, δ_j는 S_j 시점에서 일어나는 기울기 변화량입니다. $a(t)$ 벡터는 각 변경점의 위치를 나타내며 다음과 같이 정의됩니다.

$$a_j(t) = \begin{cases} 1, & if\ t \geq s_j \\ 0, & otherwise \end{cases} \tag{3}$$

> **<역자의 팁> 행렬의 특수 형태인 벡터**
>
> 문과 출신 독자분들은 벡터 개념이 와 닿지 않을 수 있습니다. 벡터는 세로로 늘어선 한 줄(열)짜리 행렬이라고 이해하면 쉽습니다. 구체적인 예는 다음 설명을 참고하기 바랍니다.

- **예제**: 행렬 관점에서의 이해
- **가정**: 변경점이 3개 존재

$a(t)$ 벡터: 3개의 변경점에 대한 위치 벡터

$$a(t) = \begin{bmatrix} 1 \\ 1 \\ 0 \end{bmatrix}$$

- 이 벡터는 특정 시점 t에서 발생한 변경점을 나타냅니다.
- 1은 해당 시점까지 발생한 변경점을 의미하고, 0은 아직 발생하지 않은 변경점입니다.

δ 벡터: 기울기 변화 벡터

$$\delta = \begin{bmatrix} 0.5 \\ -0.2 \\ 0.1 \end{bmatrix}$$

- δ는 각 변경점에서의 기울기 변화를 나타냅니다.
- 첫 번째 변경점에서 +0.5
- 두 번째 변경점에서 −0.2
- 세 번째 변경점에서 +0.1

최종 계산: $a(t)^T \times \delta$

여기서 위첨자 T는 행과 열에 대한 전치(Transpose) 기호입니다.

$$a(t)^T \times \delta = [1\ \ 1\ \ 0] \times \begin{bmatrix} 0.5 \\ -0.2 \\ 0.1 \end{bmatrix}$$
$$= (1 \times 0.5) + (1 \times -0.2) + (0 \times 0.1) = 0.5 - 0.2 + 0 = 0.3$$

해석

- 수식 결과값인 0.3은 특정 시점에서의 기울기 조정 값입니다.
- 즉, 특정 시점 t에서의 최종 기울기는 기본 기울기 k에 이 추가 값이 더해진 값이 됩니다.

간단히 말해 이 식에서 선의 기울기는 기본적으로는 일정하지만, 특정 시점에서 기울기를 조정할 수 있게 한다는 뜻입니다. 즉, 특정 시점 t에서 기울기는 기본 기울기 k에 해당 시점까지 발생한 모든 기울기 조정을 더한 값과 같습니다.

선을 연속적으로 연결하기 위해 각 변경점 사이의 직선 구간인 세그먼트(segment)끼리 양 끝점(endpoint)이 연결되도록 오프셋(offset) 파라미터를 통해 양 끝점을 조정합니다. 수식 (2)에서 m이 오프셋 파라미터입니다. 중고등학교 때 배운 수학 지식을 잠깐 떠올려 보면, 이는 절편의 값을 변화시키는 것입니다. 기울기의 경우와 마찬가지로, 이 오프셋 파라미터는 기본 오프셋 값에 그 시점 t까지의 모든 오프셋 조정을 더한 값과 같습니다. 수학적으로는 변경점 위치 벡터 $a(t)$에 오프셋 조정 벡터 γ를 곱한 값을 m에 더하는 것입니다. 이 선형 모델에서 γ_j는 다음 수식 (4)와 같이 설정됩니다.

$$\gamma_j = -s_j \delta_j \tag{4}$$

이렇게 해서 Prophet 선형 모델에서 $g(t)$ 함수를 정의합니다. 이제 로지스틱 모델에서는 $g(t)$를 어떻게 정의하는지 살펴보겠습니다.

3.4.2 로지스틱 성장

직선을 나타내는 일반적인 수식이 $y=mx+b$인 것과 유사하게 로지스틱 곡선에 대한 일반적인 수식은 다음과 같습니다.

$$g(t) = \frac{C}{1+\exp(-k(t-m))} \tag{5}$$

선형 모델 수식 (2)와 마찬가지로, 여기서도 k는 성장률이고 m은 오프셋 파라미터입니다. 기존 수식 (2)에서 변경점을 잇기 위해 취했던 조치들이 수식 (5)에서도 필요합니다. Prophet은 수용가능 용량(carrying capacity)인 C가 시간에 따라 변하도록 허용합니다. 이 값은 본질적으로 곡선이 C에 접근하지만 끝내 도달하지는 못하는 점근선입니다.

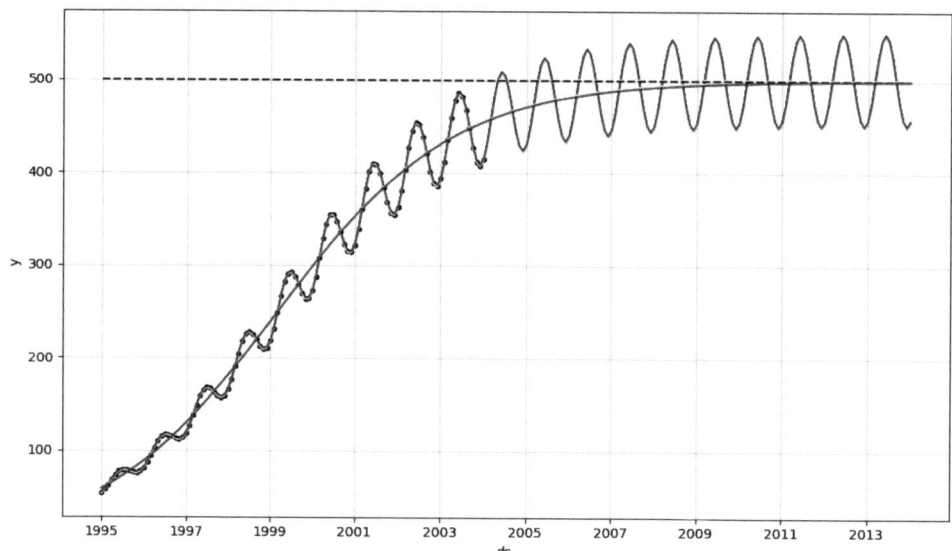

그림 3.3 수용가능 용량을 500으로 설정한 Prophet 로지스틱 모델

여기서 수용가능 용량 C가 시간의 함수, 즉 $C(t)$로 표현되는 것에 주의하기 바랍니다. 실제로 다음 수식 (6)에서는 C가 $C(t)$로 대체됩니다. 이는 수용가능 점근선이 일정하게 고정될 필요 없이 시간에 따라 변경되는 임의의 곡선 형태가 될 수 있음을 의미합니다. 다음 그림은 일정한 수용가능 용량이 선형적으로 증가하는 용량으로 전환되는 예시를 보여 줍니다.

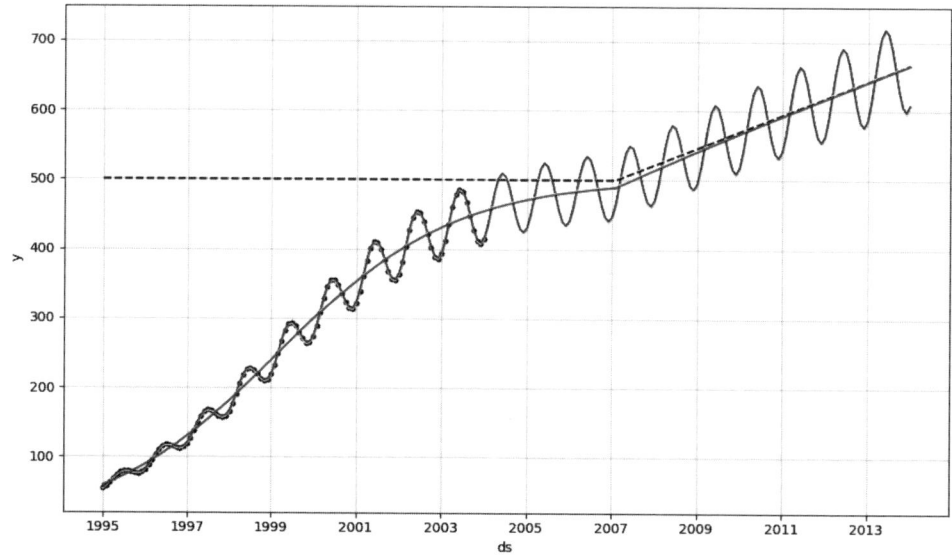

그림 3.4 수용가능 용량은 반드시 고정된 상태일 필요가 없음

> **<역자의 팁>**
>
> 여기서부터 소개할 수식 (6)과 (7)은 한층 복잡한 수식입니다. 어려운 수식이긴 하지만 수식의 의미가 무엇인지 훑어본다는 느낌으로 봐주시면 좋겠습니다. 그렇게 가볍게 이해해도 이 책을 소화하는 데 지장이 없습니다.

수식 (5)에 대해 수식 (2)에서와 같이 k와 m을 조정하고 C를 시간의 함수인 $C(t)$로 대체하면, 다음 수식 (6)을 얻습니다.

$$g(t) = \frac{C(t)}{1 + \exp(-(k + a(t)^T \boldsymbol{\delta})(t - (m + a(t)^T \boldsymbol{\gamma})))} \tag{6}$$

이것이 Prophet의 로지스틱 성장 모델입니다. 선형 모델에서 $\gamma_j = -s_j \delta_j$로 정의되지만, 로지스틱 모델에서의 γ_j는 다음과 같이 보다 더 복잡한 형태를 취합니다.

$$\gamma_j = \left(s_j - m - \sum_{l<j} \gamma_l \right) \left(1 - \frac{k + \sum_{l<j} \delta_l}{k + \sum_{l \leq j} \delta_l} \right) \tag{7}$$

수식 (7)이 수식 (4)보다 더 복잡하지만 본질적으로 두 수식은 같은 작업을 수행합니다. 즉, 변경점에서 추세선의 각 구간 양 끝점이 연결되도록 하여 연속된 선을 만듭니다.

Prophet 전체 모델 중에서 성장 항 $g(t)$는 가장 복잡한 항입니다. 가장 복잡한 수식을 알아봤으니 지금부터는 상대적으로 쉬운 개념들이 이어집니다. 이제 계절성 항인 $s(t)$를 살펴보겠습니다.

3.4.3 계절성

시계열 데이터는 주기성을 보이는 경우가 많습니다. 특히 비즈니스 데이터에서 종종 연간, 주간, 일간 주기성을 띠는 현상이 두드러집니다. Prophet은 수식 (1)의 계절성 항 $s(t)$에 이런 주기적 요소를 개수 제한 없이 추가할 수 있습니다.

Prophet은 계절성 항 $s(t)$를 푸리에 급수(Fourier series)로 모델링합니다. 푸리에 급수는 단순히 여러 개의 사인 곡선을 합한 것입니다. 이 최종 곡선의 모양은 각 사인 곡선의 진폭(amplitude), 위상(phase), 주기(period)에 의해 결정됩니다. 이러한 푸리에 급수는 무한대의 구성 요소를 담을 수 있어서 그 어떤 주기의 함수라도 적합할 수 있습니다. 다음은 그 예시입니다.

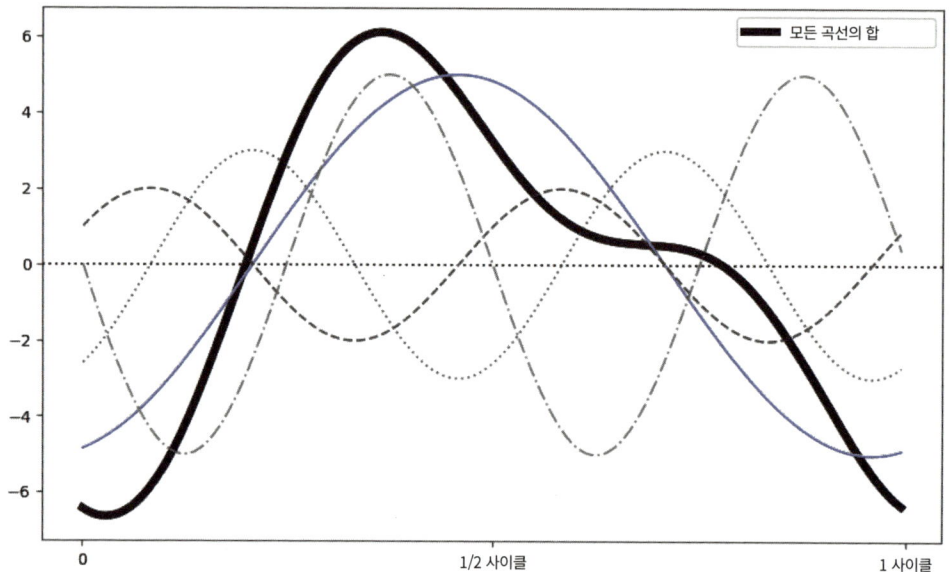

그림 3.5 네 가지 사인 곡선의 합인 푸리에 급수(가장 굵은 선)

Prophet에서 이 합산은 다음과 같은 수식으로 표현됩니다.

$$s(t)=\sum_{n=1}^{N}\left(a_n \cos\left(\frac{2\pi nt}{P}\right)+b_n \sin\left(\frac{2\pi nt}{P}\right)\right) \qquad (8)$$

이는 N개의 서로 다른 곡선의 합한 것으로 여기서 N을 푸리에 차수(Fourier order)라고 부릅니다. 이 수식에서 P는 시계열의 규칙적인(regular) 주기를 의미합니다. 예를 들어서 시계열 데이터를 일별로 계산한다면 P 값으로 연도별 데이터는 365.25, 주별 데이터는 7, 일별 데이터는 1로 설정합니다. Prophet 적합 과정은 적합 파라미터인 a_n과 b_n값을 계산하는 것을 포함합니다.

N 값을 상대적으로 낮게 유지하면 기본적으로 데이터에 로우 패스(low-pass) 필터가 적용되어 모델이 데이터를 과적합하지 않게 막습니다. 참고로 시계열에서 로우 패스 필터란 장기적인 추세를 살리고 단기간의 급격한 변화나 노이즈를 제거하는 데 사용됩니다. 하지만 경우에 따라 N 값을 높이는 것이 바람직할 때도 있습니다. 이는 모델이 빠르게 변화하는 계절성 패턴을 보다 정밀하게 적합시킬 수 있도록 해주기 때문입니다. Prophet 개발자들은 이러한 점을 고려하여 모델의 기본(디폴트) 값을 주의 깊게 설정하였으며 실제로 기본 모델은 꽤 좋은 성능을 보입니다. 이에 대해서는 계절성을 다루는 5장에서 더 자세히 살펴보겠습니다.

3.4.4 공휴일

Prophet의 전체 예측 모델을 이해하기 위해 마지막으로 살펴봐야 할 구성 요소는 공휴일 요소입니다. 이것은 아마도 가장 이해하기 쉬운 구성 요소일 것입니다. 분석가는 Prophet에게 미래 날짜를 포함한 공휴일 이름과 날짜 집합을 Prophet에 입력합니다. 혹은 기본 공휴일 목록을 불러올 수도 있습니다. 그러면 Prophet은 과거의 날짜에 추세 및 계절성 예측에서 벗어난 편차를 추정한 후, 동일한 편차를 미래 날짜에 적용합니다. 이를 수학적으로는 회귀 변수 행렬 $Z(t)$로 표현됩니다.

$$Z(t) = [\mathbf{1}(t \in D_1), \cdots, \mathbf{1}(t \in D_L)] \tag{9}$$

위 수식에서 D_i는 각 공휴일 i에 해당하는 과거와 미래의 날짜들의 집합입니다. 공휴일 i 때문에 생긴 예측값 변화는 k_i 파라미터에 포착됩니다. 이제 전체 공휴일 구성 요소를 $Z(t)$ 행렬과 k 벡터의 곱으로 표현할 수 있습니다.

$$h(t) = Z(t)\boldsymbol{k} \tag{10}$$

이렇게 해서 Prophet은 예측을 생성하는 데 필요한 모든 것을 갖추었습니다. Prophet은 성장 요소 $g(t)$, 계절성 요소 $s(t)$, 공휴일 요소 $h(t)$를 단순 합산하여 최종 예측값 $y(t)$를 도출합니다.

참고로 이번 장에서 소개된 수식의 상세 설명은 Prophet을 다룬 다음 논문을 참조하기 바랍니다. (Taylor, S. J. and Letham, B. 2017. Forecasting at scale. PeerJ Preprints 5:e3190v2, https://doi.org/10.7287/peerj.preprints.3190v2)

이제 Prophet의 작동 방식을 이해했으니 앞으로 남은 장에서는 여러분이 예측을 더 잘 제어할 수 있게 도와주는 다양한 파라미터와 추가적인 특성을 살펴보겠습니다. 특히 다음 장에서는 일별 기준이 아닌 시계열 데이터를 다룰 때의 주의점과 필요한 조치에 대해 알아보겠습니다.

memo

02부

계절성, 튜닝, 고급 기능

이 책의 두 번째 파트는 Prophet의 고급 기능에 대해 설명합니다. 조정 가능한 모든 파라미터를 예제와 함께 살펴보고 이런 조정이 필요한 이유와 방법을 설명합니다. 이 파트의 각 장은 이전 장의 Prophet 예측 모델을 기반으로 점점 더 복잡하고 강력한 모델을 구축해 나갑니다. 이 파트를 마치면 Prophet 예측 도구가 제공하는 모든 기능이 활용한 모델을 구축할 수 있습니다.

04_일별 기준이 아닌 데이터 처리

05_계절성 처리

06_공휴일 효과 예측

07_성장 모드 조절

08_추세 변경점 조절

09_설명 변수 추가

10_이상값과 특별 이벤트

11_불확실성 구간 처리

04장

일별 기준이 아닌
데이터 처리

04-1 _ 월별 데이터 사용

04-2 _ 하루보다 짧은 주기의 데이터 사용

04-3 _ 규칙적인 누락 구간을 가진 데이터 사용

Prophet이 처음 출시되었을 때, 모든 데이터는 하루에 한 행씩 일별 기준으로 수집되는 것을 전제로 삼았습니다. 이후 Prophet은 일별 기준이 아닌 다양한 시간 주기도 처리할 수 있게 업데이트를 했습니다. 하지만 이러한 초창기의 설계 관행 때문에 일별 기준이 아닌 데이터를 다룰 때는 몇 가지 주의해야 할 사항이 있습니다.

이 장에서는 예제로 월별 데이터를 살펴보겠습니다. 그리고 예기치 않은 결과를 피하기 위해 예측 주기를 바꾸는 방법을 살펴봅니다. 또한 시간대별 데이터도 살펴보고 구성 요소 플롯에서 추가 구성 요소를 확인합니다. 마지막으로 시간 축을 따라 규칙적인 누락 구간(gap)이 있는 데이터를 처리하는 방법을 알아봅니다.

이 장에서는 특히 다음 주제를 다룹니다.

- 월별 데이터 사용
- 하루보다 짧은 주기(sub-daily) 데이터 사용
- 규칙적인 누락 구간(gap)을 가진 데이터 사용

이 장에서는 책의 깃허브에서 제공하는 chapter_04.ipynb 코랩 노트북 파일을 사용합니다.

04-1 월별 데이터 사용

2장에서 우리는 마우나로아 데이터셋을 사용해서 첫 번째 Prophet 모델을 구축했습니다. 이 데이터는 매일 수집된 일별 자료로서 Prophet 기본 설정과 일치합니다. 따라서 Prophet 기본(디폴트) 파라미터를 수정할 필요가 없었습니다. 그러나 이번 예제에서는 일별 기준이 아닌 데이터셋으로서 Air Passengers(항공 승객) 데이터셋을 살펴보겠습니다.

이 데이터셋은 1949년부터 1960년까지를 담은 시계열 데이터셋입니다. 이 기간은 항공 산업이 폭발적으로 성장하던 시기였습니다. 이 데이터셋은 매달 민간 항공사 승객 수를

집계한 것입니다. 이 데이터셋은 마우나로아 데이터셋과 달리 매달 단 하나의 관측값만 갖고 있습니다. 이런 월별 데이터로 미래를 예측하면 어떤 일이 벌어질까요?

우선 모델을 구축하고 예측 결과를 시각화하겠습니다. 마우나로아 예제와 마찬가지로 필요한 라이브러리를 불러오고 원본 데이터를 불러와 적합한 형식의 데이터프레임으로 저장합니다. 참고로 환기 차원에서 말씀드리면 이 책에서 사용하는 모든 데이터셋은 2장 역자의 팁에서 안내한 대로 구글 드라이브의 MyDrive/Book7/data 폴더에 저장해 두고 거기서 파이썬으로 코드로 불러옵니다. 이 규칙은 이 책 내내 적용됩니다.

```
import pandas as pd
import matplotlib.pyplot as plt
from prophet import Prophet

df = pd.read_csv('/content/drive/MyDrive/Book7/data/AirPassengers.csv')
df['Month'] = pd.to_datetime(df['Month'])
df.columns = ['ds', 'y']
```

모델을 구축하기 전에 데이터프레임이 예상한 형태로 잘 구성되어 있는지 확인하기 위해 처음 몇 행을 살펴보겠습니다.

```
df.head()
```

오른쪽과 같은 출력 결과가 나옵니다.

	ds	y
0	1949-01-01	112
1	1949-02-01	118
2	1949-03-01	132
3	1949-04-01	129
4	1949-05-01	121

그림 4.1 Air Passengers 데이터프레임

데이터는 매월 승객 수를 천 명 단위로 나타냅니다. 예를 들어 첫 번째 행에서는 1949년 1월 1일부터 시작하는 한 달 동안 민간 항공사 승객 수로 112,000명을 표시합니다.

이전 장의 마우나로아 예제에서 했던 조치처럼 여기서도 모델을 생성하여 초기화(instantiate)합니다. 이번 Air Passengers 데이터셋에는 모델 생성 시 `seasonality_mode`를 `multiplicative`로 설정합니다. 왜 이렇게 설정하는지는 후속 5장에서 설명하겠습니다. 이제 데이터를 `fit` 메서드에 전달한 후 미래 구간 예측용으로 `future` 데이터프레임을 생성합니다. 여기서는 5년간을 예측합니다. 그리고 모델에 `predict` 메서드를 적용해 예측을 수행하고 `plot` 메서드로 예측 결과를 시각화합니다.

```
model = Prophet(seasonality_mode='multiplicative')
model.fit(df)
future = model.make_future_dataframe(periods=365 * 5)
forecast = model.predict(future)
fig = model.plot(forecast)
plt.show()
```

우리는 5년간의 일별 데이터를 갖는 미래 구간용 `future` 데이터프레임을 생성했지만, 다음 그림에서 보듯이 정작 Prophet에게 제공한 데이터는 월별 데이터뿐입니다. Prophet은 학습 데이터가 있는 매월 첫날에는 적절한 계절성 계산을 수행할 수 있습니다. 그러나 나머지 날짜에 대해서는 어떻게 처리할지 불명확하기 때문에 아래 그림처럼 계절성 곡선을 과적합하여 거칠고 예측 불가능한 형태로 그래프를 출력합니다.

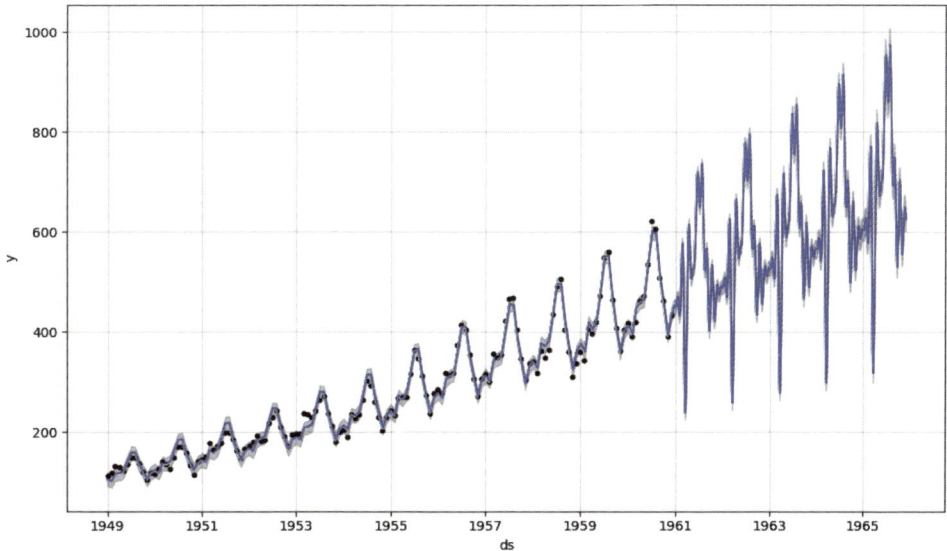

그림 4.2 일별 주기 미래 예측

이러한 문제는 Prophet에게 예측을 월 단위로 수행하도록 지시하면 간단히 해결됩니다. 즉, 학습에 사용된 데이터가 월별 데이터이므로 예측 역시 월별 주기와 일치시켜야 합니다. 이를 위해 make_future_dataframe 메서드에서 freq 인자를 통해 예측 주기를 조정합니다. 또한 향후 5년간을 예측하지만 연간 12개의 데이터 입력값(entry), 즉 월별로 하나씩의 데이터만 필요하므로 periods 인자의 값을 12 * 5로 설정합니다.

```
model = Prophet(seasonality_mode='multiplicative')
model.fit(df)
future = model.make_future_dataframe(periods=12 * 5, freq='MS')
forecast = model.predict(future)
fig = model.plot(forecast)
plt.show()
```

freq 인자는 판다스 라이브러리에서 인식 가능한 모든 주기의 문자열(frequency string)을 입력값으로 받습니다. 앞의 예제에서는 MS 값을 갖는데 이는 월의 시작일(Month Start)을 의미합니다. 다음은 위 코드 블록의 출력 결과로 Prophet에게 매월 첫째 날에만 예측하도록 지시해서 시각화한 플롯입니다.

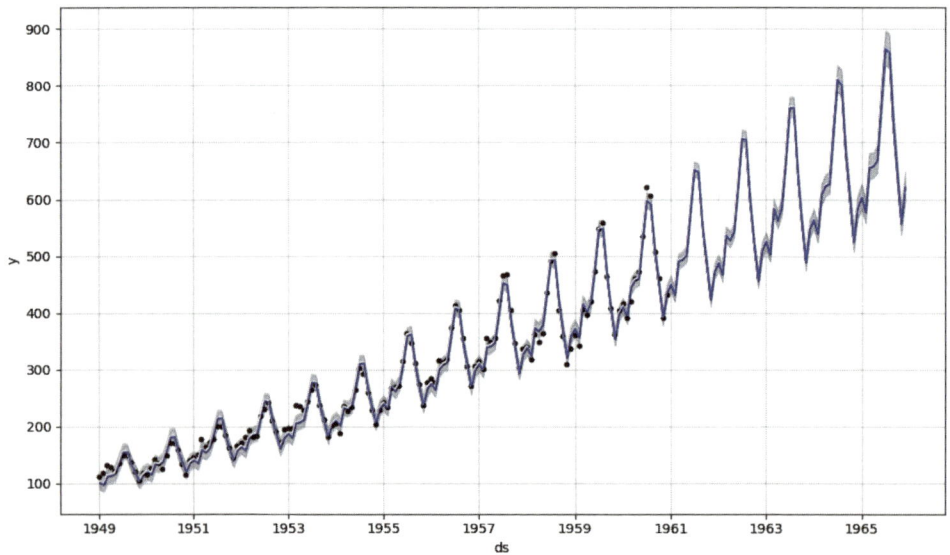

그림 4.3 월별 주기 미래 예측

이제 훨씬 나은 그래프가 도출됐습니다. 예측 결과도 우리가 예상한 것과 유사합니다. `make_future_dataframe` 메서드에 `freq` 인자를 추가함으로써 학습하지 않은 날짜에 대해 예측하는 실수를 피할 수 있게 됐습니다. 예측 주기를 의미하는 `freq` 인자의 디폴트 값은 D, 즉 일별입니다. 이 경우 `periods`는 우리가 예측하고자 하는 날 수를 의미합니다. 따라서 예측 주기 `freq` 값을 다른 단위로 바꿀 때는 `periods` 값도 반드시 해당 단위에 맞춰 바꿔야 합니다.

이제 하루보다 짧은 주기 데이터를 사용할 때 어떤 변화가 생기는지 살펴보겠습니다. 이를 위해 새로운 데이터셋 Divvy를 소개합니다.

04-2 하루보다 짧은 주기의 데이터 사용

이 절에서는 미국 일리노이주 시카고의 Divvy(디비) 자전거 공유 프로그램 데이터를 사용합니다. 이 데이터는 2014년부터 2018년까지 매 시간대별 자전거 이용객 수(줄여서 '이용량'으로 호칭)를 담고 있으며 전반적으로 매년 증가하는 추세와 뚜렷한 연간 계절성을 보입니다. 이 데이터는 시간별 데이터이며 심야에는 자전거 이용량이 없거나 매우 적은 편입니다.

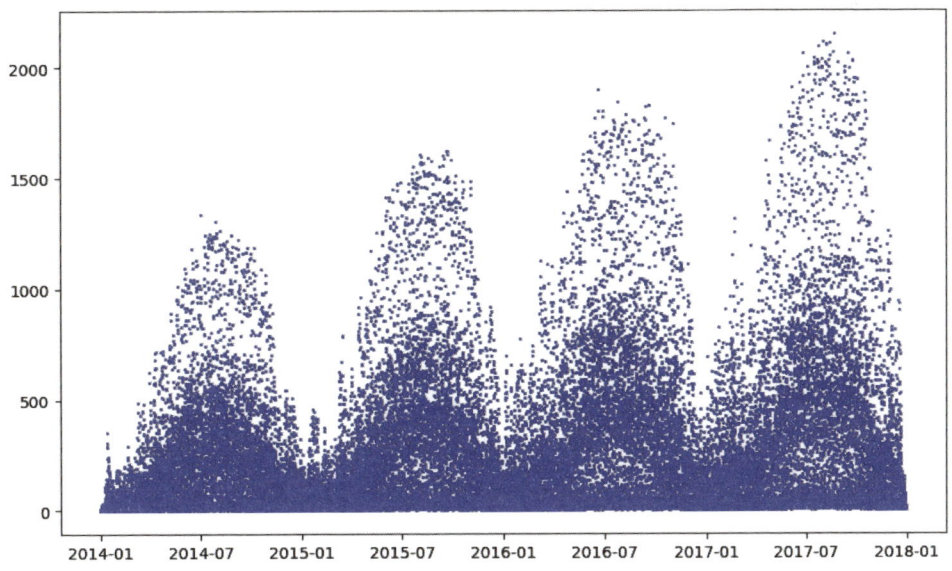

그림 4.4 시간대별 Divvy 자전거 이용객 수(이용량)

이처럼 하루보다 짧은(sub-daily) 주기의 데이터를 사용하는 방식은 월별 데이터처럼 하루보다 긴 주기의 데이터를 다루는 방식과 거의 동일합니다. 즉, 앞서 Air Passengers 데이터에서 했던 작업을 수행해야 합니다. 분석가인 여러분은 `make_future_dataframe` 메서드에서 `freq` 인자를 사용하고 `periods` 값을 조정해야 합니다. 나머지는 Prophet이 알아서 처리합니다. Prophet은 최소한 이틀치 이상의 데이터가 있고 그 데이터 사이 간격이 하루보다 짧은 경우에는 일별 계절성을 자동으로 적용합니다.

간단한 예측을 통해 이 처리 과정을 살펴보겠습니다. 앞선 예제에서 필요한 라이브러리를 이미 불러왔으므로 이번에는 새로운 데이터를 불러와서 데이터프레임으로 저장하는 것부터 시작하겠습니다.

```
df = pd.read_csv('/content/drive/MyDrive/Book7/data/divvy_hourly.csv')
df['date'] = pd.to_datetime(df['date'])
df.columns = ['ds', 'y']
```

이어서 앞선 모델을 생성하여 초기화합니다. 이번에도 `seasonality_mode='multiplicative'` 설정을 사용하지만 지금은 이에 대해 깊이 고민하지 않아도 됩니다. 미래 구간 예측용 `future` 데이터프레임을 생성할 때는 예측 주기 인자 `freq`의 값을 설정해야 해서 시간별 예측을 위해 `h` 값을 입력합니다.

이제 예측 주기가 시간별이 되었으므로 이에 맞춰 `periods` 값을 조정해야 합니다. 우리가 원하는 예측 기간이 365일이라면 여기에 24를 곱합니다.

```
# 런타임 1분 미만
model = Prophet(seasonality_mode='multiplicative')
model.fit(df)
future = model.make_future_dataframe(periods=365 * 24, freq='h')
```

마지막으로 `future` 데이터프레임에 대한 예측을 수행하겠습니다. 예측이 완료되면 `plot` 함수로 전체 예측 결과를 시각화하고 `plot_components` 함수로 구성 요소별 플롯을 그려 냅니다.

```
forecast = model.predict(future)

fig = model.plot(forecast)
plt.show()

fig2 = model.plot_components(forecast)
plt.show()
```

첫 번째 플롯은 다음과 같습니다.

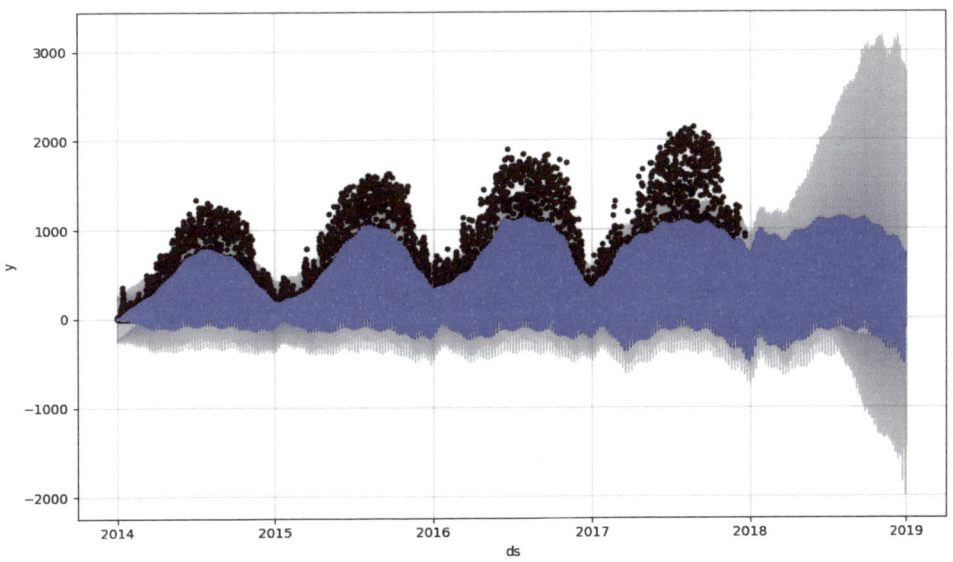

그림 4.5 Divvy 예측(forecast) 플롯

이번 예측 결과에는 다소 큰 폭의 불확실성 영역이 보입니다. 그 이유를 이해하기 위해서는 다음 [그림 4.6]에 보이는 구성 요소 플롯을 살펴볼 필요가 있습니다.

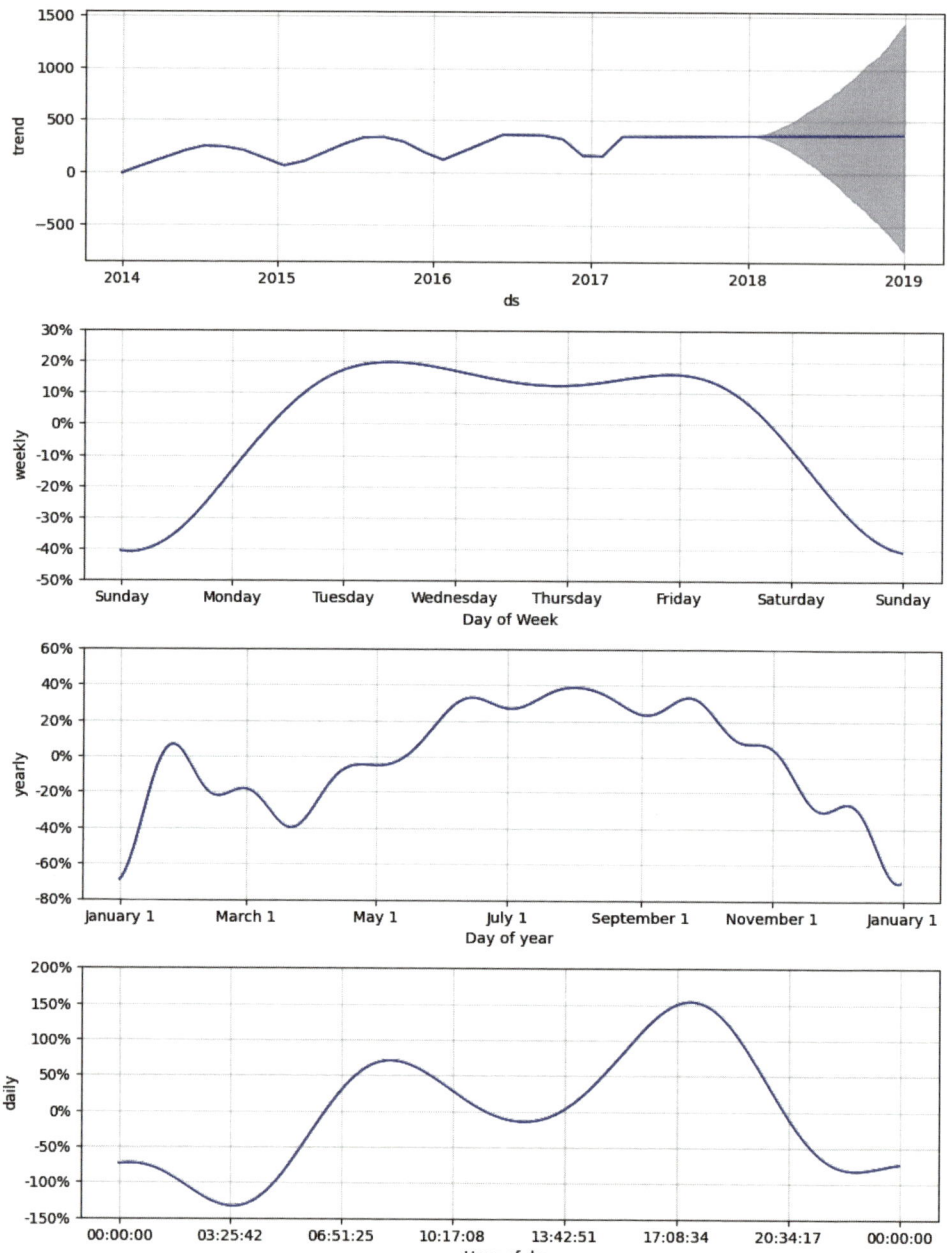

그림 4.6 Divvy 구성 요소 플롯

이 일련의 플롯에 대해 주목해야 할 몇 가지 사항이 있습니다. 가장 위에 보이는 추세(trend) 플롯을 보면 여전히 연간 주기성(periodicity)이 보입니다. 그렇다면 왜 이러한 주기성이 연간(yearly) 계절성 플롯에는 포착되지 않았을까요? 안타깝게도 이 데이터에는 Prophet이 완전히 모델링할 수 없는 매우 복잡한 계절성이 포함되어 있기 때문입니다.

특히 일별(daily) 계절성 자체가 연중 시기에 따라 달라지는 계절성을 띕니다. 즉 계절성 안에 또 다른 계절성이 존재하는 셈입니다. 하루 기준으로는 낮에는 자전거 수요가 증가하고 밤에는 감소하는 패턴을 보이지만, 그 변화량 자체는 연중 어느 시기냐에 따라서도 달라집니다. Prophet은 이러한 종류의 중첩된 계절성을 포착하도록 설계되지 않기 때문에 이런 경우 예측의 불확실성이 크게 나타납니다. 후속 장에서 이러한 불확정성을 제어하기 위한 몇 개의 기법을 소개하겠습니다.

이어서 다음 플롯인 주별(weekly) 계절성 플롯을 살펴보겠습니다. 2장 마우나로아 예제의 [그림 2.4]와 비교하면 이 플롯은 연속된 하나의 곡선으로 나타납니다. 마우나로아 플롯은 여러 개의 직선 구간이 연결된 형태입니다. 또한 Divvy 플롯은 일요일부터 다음 일요일까지의 범위를 보여 주지만 마우나로아 플롯은 일요일에서 토요일까지 표기합니다. 이러한 차이점은 시간대별 데이터가 보다 연속적인 특성을 갖고 있음을 반영합니다.

마우나로아 예제처럼 일별 데이터만 있을 경우 주간 계절성은 각 요일의 영향만 보여 주면 되었습니다. 참고로 마우나로아 예제에서 주간 계절성이 직선들로 연결된 형태이긴 하지만 본질은 여전히 연속적 모델입니다. 하지만 이제 시간대별 데이터를 사용하게 되면서 연속적인 효과를 시각적으로 보여 주는 것이 중요해졌습니다. 이번 플롯은 일요일의 시작 시간대인 한밤 12:00:00 am부터 토요일 마지막 시간대인 11:59:59 pm까지 일주일에서 1초가 부족한 기간을 표시합니다. 반면에 마우나로아 플롯은 본질적으로 하루에 한 순간만 포착하여 정확하게 7일간의 일별 효과를 보여 줍니다.

이제 세 번째 플롯인 연간(yearly) 계절성 플롯을 보겠습니다. 이 플롯은 꽤 구불구불하게 물결치는 형태를 띠고 있습니다. 지금은 일단 이러한 특징만 기억해 두면 됩니다. 이에 대해서는 5장에서 푸리에 차수(Fourier order)를 소개하면서 자세히 설명하겠습니다.

마지막으로 네 번째 플롯인 일간(daily) 계절성 플롯을 볼까요? 이 플롯은 Prophet이 하루보다 짧은 주기의 데이터를 모델링할 때만 출력하는 새로운 항목입니다. 이 플롯은 데이터셋에 대해 꽤 많은 정보를 보여 줍니다. 예를 들어 Divvy 자전거 공유 네트워크 이용량은 오전 8시에 많습니다. 이는 출근 수요로 보입니다. 오후 5시쯤에는 더 큰 급증이 나타나는데 이는 퇴근 수요로 해석할 수 있습니다. 그리고 자정 직후에도 작지만 뚜렷한 이용자 증가 추이가 보입니다. 이는 올빼미형 인간들이 밤을 친구와 보낸 후 귀가하는 시간대로 추정됩니다.

예측 결과에 대해 한 가지 더 언급할 사항이 있습니다. 그것은 Prophet 모델이 때로는 음수를 예측하기도 한다는 것입니다. 물론 상식적으로 Divvy 네트워크에서 그 어떤 시간대에도 음수의 이용량이 나올 수 없습니다. Prophet 개발자들은 이러한 문제점을 인지하고 있으며 현재 적극적으로 이 문제의 해결에 매진하고 있습니다.

지금까지 여러분은 Prophet이 하루보다 길거나 짧은 주기의 데이터를 다루는 데 큰 어려움이 없다는 점을 살펴봤습니다. 미래 구간의 예측 주기(frequency)만 조정하면 별 문제 없이 처리할 수 있습니다. 하지만 이번에는 상황을 바꿔서 Divvy 네트워크가 매일 아침 8시부터 저녁 6시까지만 데이터를 수집한다고 가정해 보겠습니다. 이를 기반으로 이 절에서 다룰 마지막 주제는 측정 시점에 규칙적인 누락 구간을 띈 데이터를 처리하는 방법입니다.

04-3 규칙적인 누락 구간을 가진 데이터 사용

데이터 분석 경력을 쌓아가다 보면 측정 시점에 규칙적인 누락 구간(gap)을 가진 데이터를 자주 마주치게 됩니다. 사람들은 일반적으로 근무 시간, 개인 시간, 수면 시간 등으로 시간을 나눠 쓰기 때문에 이런 데이터가 생산됩니다. 즉, 어떤 경우는 분석 대상 기간을 꽉 채운 완벽하게 주기적인 데이터를 모을 수 없는 경우가 생깁니다.

이상값을 다루는 후속 장에서 설명하겠지만 Prophet은 결측값을 안정적으로 처리합니다. 그러나 결측값이 일정한 구간마다 반복적으로 발생하는 경우에는 문제가 될 수 있습니다. Prophet은 이러한 누락 구간에서는 예측에 사용할 학습 데이터가 전혀 없기 때문에 예측 작업 자체가 어렵습니다. 데이터가 존재하는 구간에서는 계절성을 제한할 수 있지만, 데이터 누락 구간에서는 계절성을 제한할 수 없습니다. 이로 인해 Prophet의 예측 결과는 실제 데이터보다 훨씬 더 큰 변동성을 보이게 됩니다. 실제로 이런 현상이 나타나는지 살펴보겠습니다.

예를 들어 Divvy 데이터가 매일 오전 8시부터 오후 6시까지만 수집된다고 가정하겠습니다. 이와 같은 상황을 만들기 위해 데이터프레임에서 해당 시간대만 남기고 나머지 데이터를 제거합니다.

```
df = df[(df['ds'].dt.hour >= 8) & (df['ds'].dt.hour < 18)]

plt.figure(figsize=(10, 6))
plt.scatter(x=df['ds'], y=df['y'], s=1, c='#0072B2')
plt.show()
```

이제 새롭게 구성한 이 데이터프레임을 시각화한 다음 [그림 4.7]을 [그림 4.4]와 비교해 보십시오.

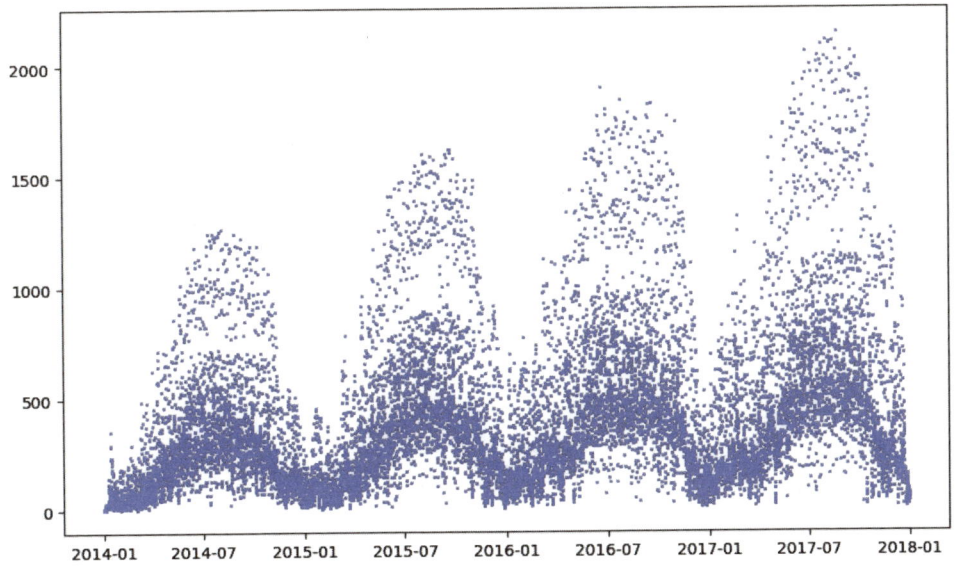

그림 4.7 오전 8시에서 오후 6시까지의 Divvy 이용량

이 플롯은 [그림 4.4]와 비교하여 y축 값이 낮은 영역대에 데이터가 드문드문 간헐적으로 있습니다. 이는 자전거 이용량이 적은 야간 시간대 데이터를 모두 잃었기 때문입니다. 이제 매일 오전 8시부터 오후 6시까지는 매 시간별로 하나씩의 데이터 포인트만 있어서 총 10개의 데이터 포인트가 있습니다. 그럼 이전 절에서 했던 것과 동일한 방식으로 예측 모델을 구축해 보겠습니다. 이번에는 별도의 추가 조치 없이 1년 동안 시간대별 값을 담을 future 데이터프레임을 생성해 사용합니다.

```
# 런타임 30초
model = Prophet(seasonality_mode='multiplicative')
model.fit(df)
future = model.make_future_dataframe(periods=365 * 24, freq='h')
forecast = model.predict(future)
fig = model.plot(forecast)
plt.show()
```

그 결과 만들어진 예측 플롯은 미래 구간에서 과거의 실제 학습 데이터보다 훨씬 더 큰 일별 변동폭을 보여 줍니다.

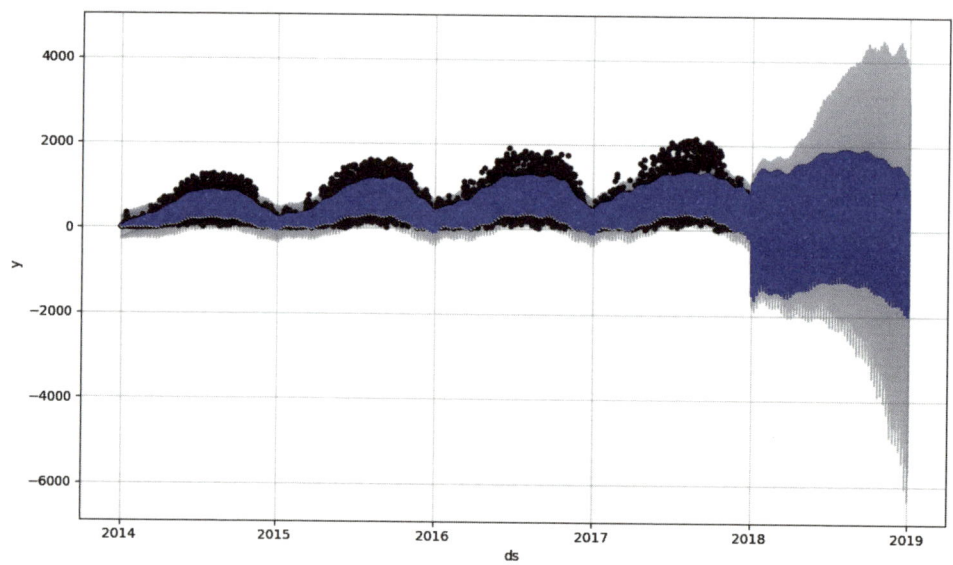

그림 4.8 규칙적인 누락 구간을 가진 Divvy 데이터로 수행한 예측

여기서 우리는 미래 구간에 대한 제약이 없는 상태에서의 추정이 예측 결과에 큰 변동을 불러일으키는 것을 볼 수 있습니다. 이는 Air Passengers 데이터셋에서 월별 데이터를 가지고 일별 예측을 시도했을 때 관찰했던 것과 동일한 효과입니다. 이제 무슨 일이 발생한 것인지 명확하게 파악하기 위해, 2018년 8월 중 3일간만 선택해 시각화하고 맷플롯립 라이브러리를 통해 x축과 y축의 범위를 제한하겠습니다.

```
fig = model.plot(forecast)
plt.xlim(pd.to_datetime(['2018-08-01', '2018-08-04']))
plt.ylim(-2000, 4000)
plt.show()
```

이전의 예측 플롯이 5년간의 예측을 보여 준 반면 이번 플롯은 단지 3일간의 예측을 보여 줍니다.

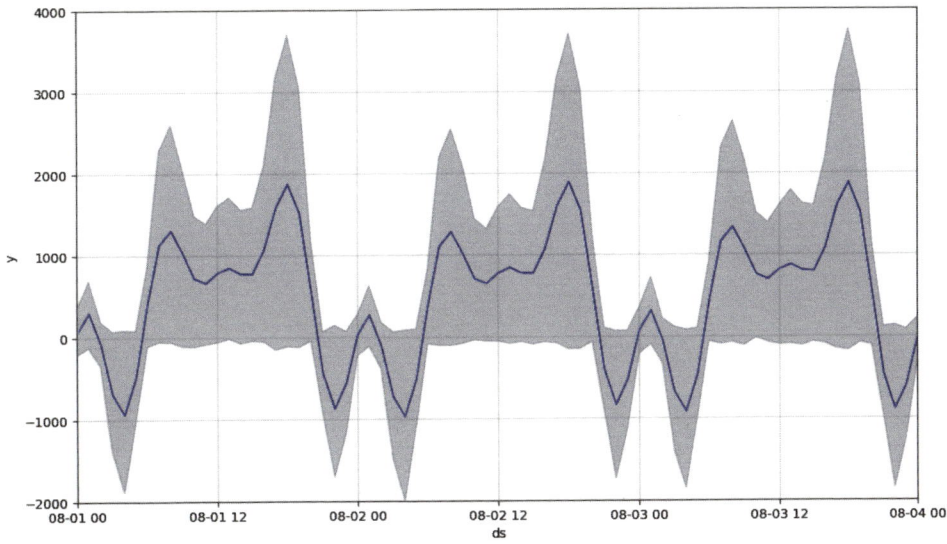

그림 4.9 3일 동안에 대한 Divvy 이용량 예측

앞선 [그림 4.6]에서 일별 계절성 구성 요소는 자전거 이용량이 오전 8시 이전부터 증가하기 시작해서 오전 8시를 기점으로 국소적 최고점을 갖는다는 것을 알았습니다. 그리고 정오에는 감소했다가 오후 6시 직후에 더 큰 최고점을 갖습니다. [그림 4.9]에서도 동일한

패턴이 관찰되지만, Prophet이 이번에는 학습 데이터가 없는 구간인 오후 6시 이후부터 오전 8시까지의 구간에 대해 너무 과감한 예측을 해서 큰 변동성을 만들어냅니다. 이 구간은 제약이 없기 때문에 데이터가 있는 낮 구간용 수식을 데이터가 없는 밤 구간에도 계속 적용해서 잘못된 예측을 한 셈입니다.

이 문제에 대한 해결책은 future 데이터프레임을 수정해서 학습 데이터에서 규칙적인 누락이 발생했던 시간대를 제외하는 것입니다. 이를 위해 새로운 모델을 추구하거나 재학습시킬 필요는 없습니다. 단지 이전에 만든 모델을 그대로 재사용하면 됩니다. 따라서 이번에는 새로운 future2 데이터프레임을 만들고 오전 8시 이전과 오후 6시 이후의 시간대를 제거한 다음에 예측을 수행하고 그 결과를 시각화합니다.

```
future2 = future[(future['ds'].dt.hour >= 8) & (future['ds'].dt.hour < 18)]
forecast2 = model.predict(future2)
fig = model.plot(forecast2)
plt.show()
```

이제 우리는 제법 훌륭한 예측 결과를 얻습니다.

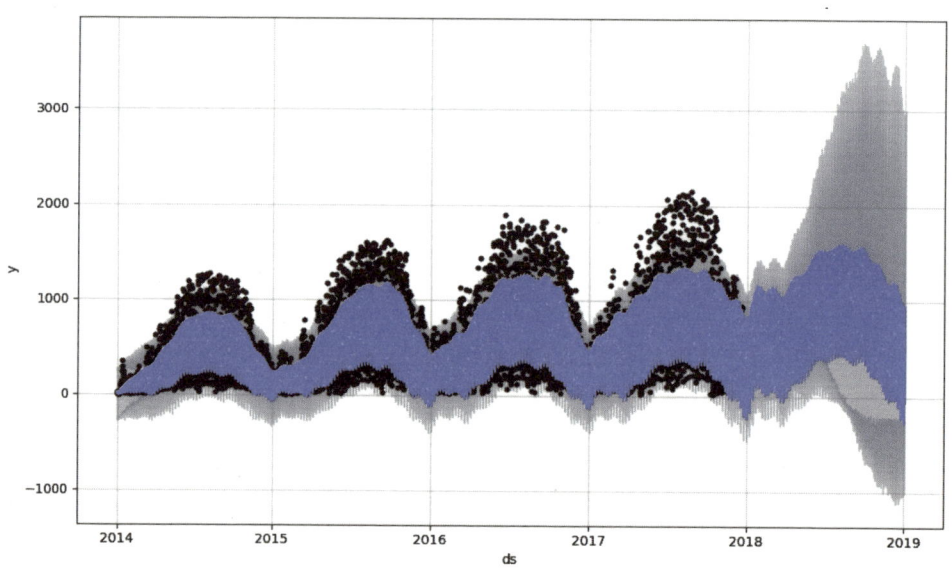

그림 4.10 규칙적인 누락 구간을 제외한 Divvy 예측

이제 예측된 미래 구간의 일일 변동폭은 실제 과거의 학습 데이터와 비슷한 크기입니다. 이는 미래 구간에서 훨씬 더 큰 범위의 예측 변동폭을 보여 준 [그림 4.8]과는 대조적입니다. [그림 4.9]와 비교하기 위해 8월 중 3일간을 다시 그래프로 그려 봅니다.

```
fig = model.plot(forecast2, figsize=(10, 4))
plt.xlim(pd.to_datetime(['2018-08-01', '2018-08-04']))
plt.ylim(-2000, 4000)
plt.show()
```

오전 8시부터 오후 6시까지는 이전과 동일한 곡선을 보입니다. 그러나 Prophet은 이번에는 오후 6시 시점과 다음날 오전 8시 시점 사이를 단순하게 직선으로 연결합니다. 왜냐하면 미래 예측용 데이터프레임인 `forecast2`에 이 구간의 데이터가 없어서 Prophet이 해당 구간을 무시하기 때문입니다.

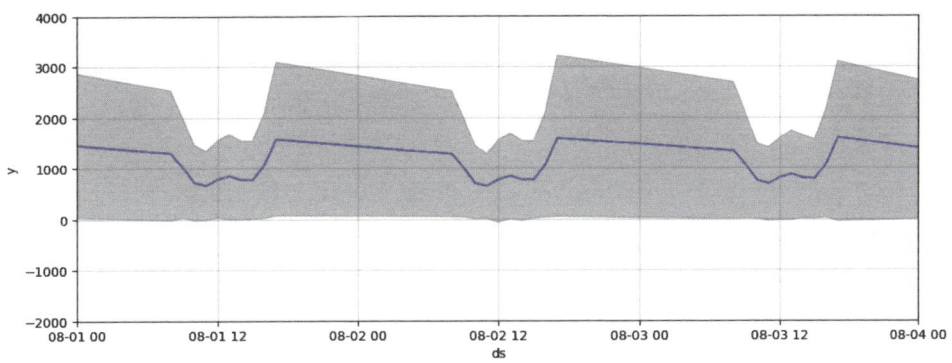

그림 4.11 규칙적인 누락 구간을 제외한 3일 동안에 대한 Divvy 예측

Prophet은 연속형 시계열 모델입니다. 따라서 `forecast` 데이터프레임이 특정 시간대를 제외하더라도 모델을 구성하는 수식은 시간 축을 따라 연속적으로 정의되어 있습니다. 이 개념은 `plot_seasonality` 함수로 일간 계절성을 그려 보면 확인할 수 있습니다. 이 함수는 Prophet의 `plot` 패키지에 담겨 있으므로 먼저 `plot` 패키지를 불러와야 합니다.

<역자의 팁> 라이브러리 vs 패키지

2장 2.2절 역자의 팁에서 라이브러리와 패키지의 차이를 설명한 바 있습니다. 세부적인 차이는 해당 절을 참조하기 바랍니다. 다만 전문 프로그래머가 아닌 일반 독자분들은 패키지를 라이브러리와 유사한 개념으로만 인식해도 이 책을 읽어 나가는 데 큰 지장이 없습니다.

`plot_seasonality` 함수는 두 개의 인자를 필요로 합니다. 하나는 모델이고 다른 하나는 시각화할 계절성을 지정하는 문자열입니다. 아울러 출력될 그림 크기를 지정하는 `figsize` 인자를 추가할 수 있습니다.

```
from prophet.plot import plot_seasonality
plot_seasonality(model, 'daily', figsize=(10, 3))
plt.show()
```

우리는 규칙적인 누락 구간 문제를 해결하기 위해 새로운 모델을 만들지 않고, 첫 번째 모델에서 단지 `forecast` 데이터프레임의 데이터가 없는 시간대를 제거했을 뿐입니다. 두 예제 모두에서 하나의 모델만 사용했기에 당연히 구성 요소도 동일합니다. 따라서 우리가 시각화한 일간 계절성 플롯은 두 예제 모두에서 동일하게 출력됩니다.

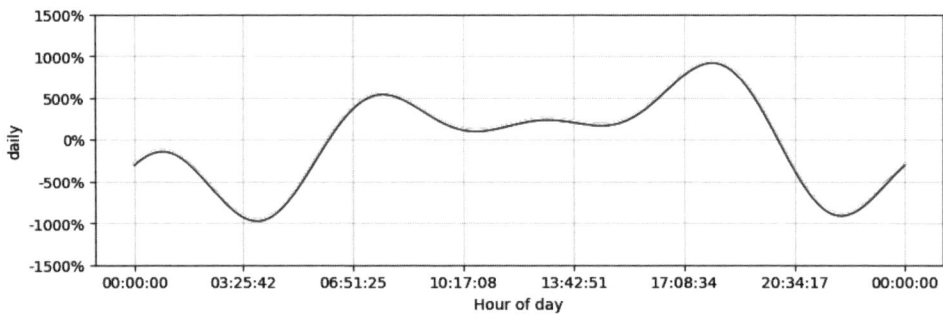

그림 4.12 Divvy 일간 계절성

보다시피 [그림 4.9]와 [그림 4.11]에서 오전 8시부터 오후 6시 구간의 궤적이 일치합니다. 물론 두 플롯의 야간 시간대 결과는 크게 다릅니다. 실제 학습 데이터가 없는 밤 구간에 대해서는 미래 데이터도 없기에 일간 계절성 플롯에서 이 시간대는 무시해도 됩니다.

이 밤 시간대의 값들은 단지 낮 시간대 곡선을 만든 수식에서 파생된 인위적인 부산물에 불과합니다.

이제 이 책에서 만나게 될 다양한 데이터셋을 어떻게 다뤄야 하는지 배웠으니 다음 주제로 넘어갈 준비가 되었습니다. 다음 장에서는 계절성에 대한 모든 것을 배우게 될 것입니다. 계절성은 Prophet의 핵심 기능이자 매우 중요한 주제입니다.

05장

계절성 처리

05-1 _ 가산형 vs 곱셈형 계절성

05-2 _ 푸리에 차수로 계절성 조절

05-3 _ 커스텀 계절성 추가

05-4 _ 조건부 계절성 추가

05-5 _ 계절성 규제

시계열 데이터를 다른 데이터셋과 비교하여 구별되는 특징 중 하나는 데이터에 특정한 리듬이 있을 때가 많다는 것입니다. 여기서 리듬이란 연간, 월간, 일간 등의 기준으로 데이터가 생성되는 것을 의미합니다. 예를 들어 연간 기준은 지구가 태양을 공전하기 때문에 발생하며 일간 기준은 지구의 자전 때문에 발생합니다. 또 조석 주기는 달이 지구를 공전하기 때문에 발생합니다.

교통 혼잡은 사람들의 통근 주기와 주5일 근무(주말 휴무 포함) 주기를 따릅니다. 금융 활동은 분기별 비즈니스 사이클을 따릅니다. 우리 몸 자체도 심장 박동, 호흡 횟수, 생체 리듬 등의 주기를 따릅니다. 매우 작은 물리적 단위 및 시간 단위에서는 원자의 진동이 데이터 주기성의 원인이 됩니다. Prophet은 이러한 주기를 계절성이라고 부릅니다.

이 장에서 우리는 Prophet이 기본적으로 적용하는 여러 타입의 계절성을 배웁니다. 그리고 새로운 계절성을 추가하는 방법과 이를 규제하는 방법을 배웁니다.

이 장에서는 책의 깃허브에서 제공하는 chapter_05.ipynb 코랩 노트북 파일을 사용합니다.

05-1 가산형 vs 곱셈형 계절성

2장 마우나로아 예제에서 연간 계절성은 추세선을 따라 일정한 궤적을 유지합니다. 우리는 추세 곡선이 예측한 값에 계절성 곡선이 예측한 값을 더해 최종 예측값을 얻습니다. 하지만 계절성을 처리하는 다른 방식도 있습니다. 추세 곡선에 계절성을 곱하는 방식입니다. 다음 그림을 보기 바랍니다.

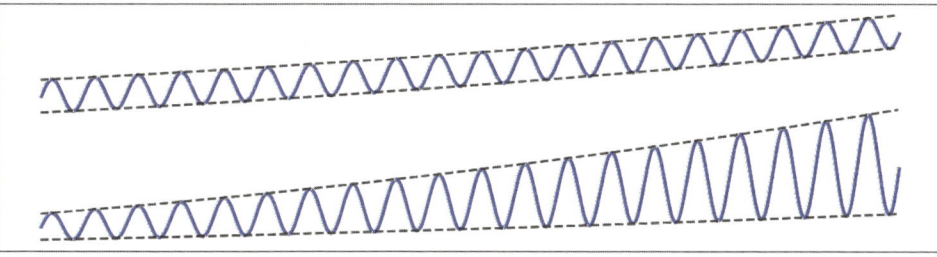

그림 5.1 가산형 vs 곱셈형 계절성

위쪽 곡선은 가산형 계절성을 보여 줍니다. 여기서 계절성의 경계(즉 상한과 하한)를 표기하는 점선은 평행합니다. 이는 계절성의 크기가 변하지 않고 추세만 변하기 때문입니다. 반면에 아래쪽 곡선에서는 두 점선이 평행하지 않습니다. 추세가 낮은 구간에서는 계절성 크기 변동폭이 작지만 추세가 높은 구간에서는 계절성 크기 변동폭도 커집니다. 이러한 현상은 곱셈형 계절성으로 모델링할 수 있습니다.

이전 장에서 소개한 Air Passengers 데이터셋을 다시 사용해서 추가 예제를 살펴보겠습니다. 이 데이터셋은 1949년부터 1960년까지 매월 민간 항공 승객 수를 기록한 것입니다. 우리는 먼저 마우나로아 예제에서 사용한 Prophet의 기본 `seasonality_mode`인 가산형 모드로 모델을 구축합니다. 그리고 이를 곱셈형 모드를 사용한 모델과 비교하겠습니다.

그럼 필요한 라이브러리와 데이터를 불러오고 데이터를 데이터프레임으로 저장하는 것부터 시작하겠습니다.

```
import pandas as pd
import matplotlib.pyplot as plt
from prophet import Prophet

df = pd.read_csv('/content/drive/MyDrive/Book7/data/AirPassengers.csv')
df['Month'] = pd.to_datetime(df['Month'])
df.columns = ['ds', 'y']
```

이번 모델은 가산형 모델임을 나타내기 위해 `model_a`라는 변수에 담겠습니다. 추후 곱셈형 모델은 `model_m`이라는 변수에 담겠습니다. 여기서 a는 additive, m은 multiplicative의 첫 글자를 따왔습니다.

```
model_a = Prophet(seasonality_mode='additive',
                  yearly_seasonality=4)
model_a.fit(df)
forecast_a = model_a.predict()
fig_a = model_a.plot(forecast_a)
plt.show()
```

Prophet 객체를 생성하여 초기화할 때 `seasonality_mode` 값을 `additive`로 명시적으로 지정합니다. 물론 이는 Prophet 기본 설정이어서 `seasonality_mode` 값을 따로 지정하지 않으면 Prophet은 자동으로 `additive`를 선택합니다. 아울러 `yearly_seasonality=4`로 설정한 점도 주목하기 바랍니다. 이는 해당 곡선의 푸리에 차수(Fourier order)를 설정한 것입니다. 푸리에 차수에 대해서는 다음 절에서 자세히 설명하겠습니다.

> **<역자의 팁> 객체, 초기화, 인스턴스화**
>
> 객체는 데이터와 기능(예: 함수)을 묶은 하나의 단위입니다. 값을 채울 수 있는 빈 상자 혹은 데이터와 기능으로 꽉 찬 상자로 생각하면 이해하기 쉽습니다. 초기화 및 인스턴스화는 둘 다 instantiate라는 영어 단어를 번역한 말입니다. 전자는 뜻 중심으로 번역한 것이고 후자는 영어 원 단어를 최대한 살려서 번역한 것입니다. 이 책에서는 향후 초기화라는 표현으로 통일하겠습니다. 다만 이 두 용어 프로그래머가 아닌 독자분들은 어려운 개념일 수 있습니다. 그래서 일반 독자분이 이해할 수 있는 예시를 들어 보겠습니다.
>
> ```
> model_a = Prophet(seasonality_mode='additive',
>                  yearly_seasonality=4)
> ```
>
> 위의 수식에서 등호(=) 오른쪽 항은 Prophet 객체입니다. 이 오른쪽 항을 등호 왼쪽의 `model_a`라는 변수에 담는 것이 이 수식의 의미입니다. 이처럼 특정 기능을 갖고 있는 (등호 오른쪽) 객체를 등호 왼쪽의 임의의 변수에 담는 과정을 초기화, 즉, 인스턴스화라고 보면 이해가 쉽습니다.

Prophet 모델을 생성한 뒤에 모델을 적합(fit)시키고 예측한 후 예측 결과를 시각화해 봤습니다. 다만 이번 예제에서는 `future` 데이터프레임을 별도로 생성하지 않습니다. `predict` 메서드에 `future` 데이터프레임을 전달하지 않으면 Prophet 모델은 `fit` 메서드에 입력 받은 과거 데이터에 대한 예측값만 생성하고 미래에 대한 예측값은 생성하지 않습니다. 여기서 우리는 Prophet이 계절성을 어떻게 처리하는지에 대해서만 관심이 있기 때문에 미래 예측을 하지 않겠습니다. 다음은 방금 우리가 생성한 결과의 시각화 화면입니다.

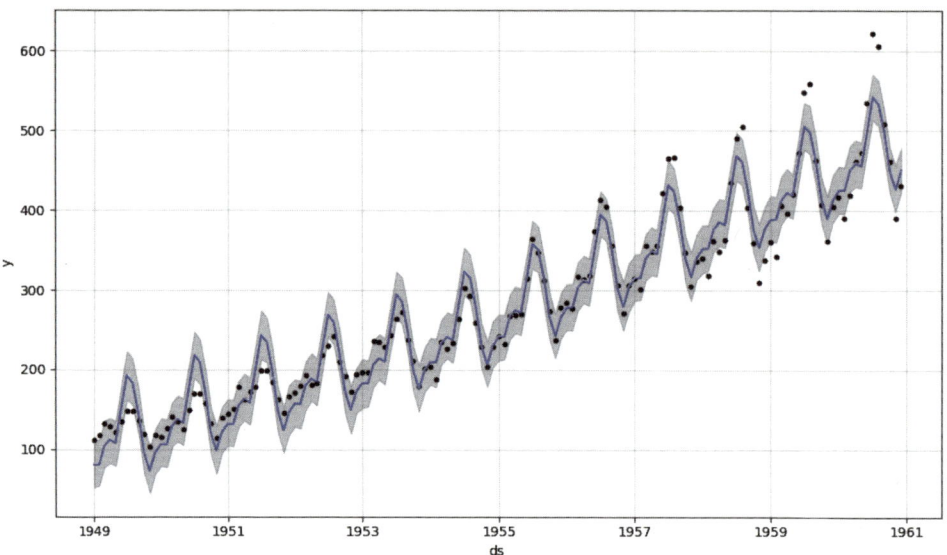

그림 5.2 가산형 계절성으로 처리한 항공 승객 수

그림에서 보듯이 시계열 초기 기간인 1949년, 1951년, 1952년에 Prophet의 예측값(실선)은 실제 데이터(점)보다 계절성의 변동폭이 큽니다. 그러나 시계열 후반인 1958년, 1959년, 1960년에 이르면 Prophet이 예측한 계절성은 실제 데이터보다 덜 극단적인 형태를 보입니다. 실제 데이터의 계절성 변동폭은 시간이 지남에 따라 증가하는데 Prophet은 그것이 일정하다고 잘못 예측했습니다. 이는 곱셈형 계절성을 적용해야 하는 곳에 가산형 계절성을 채택했기 때문입니다. 이번에는 곱셈형 계절성을 사용한 모델을 구축해 보겠습니다.

```
model_m = Prophet(seasonality_mode='multiplicative',
                  yearly_seasonality=4)
model_m.fit(df)
forecast_m = model_m.predict()
fig_m = model_m.plot(forecast_m)
plt.show()
```

이번에는 이전 예제와 동일한 과정을 수행하되 seasonality_mode = 'multiplicative'로 설정한 것만 다릅니다. 이 변경 사항은 다음 예측 플롯에 반영되어 있습니다.

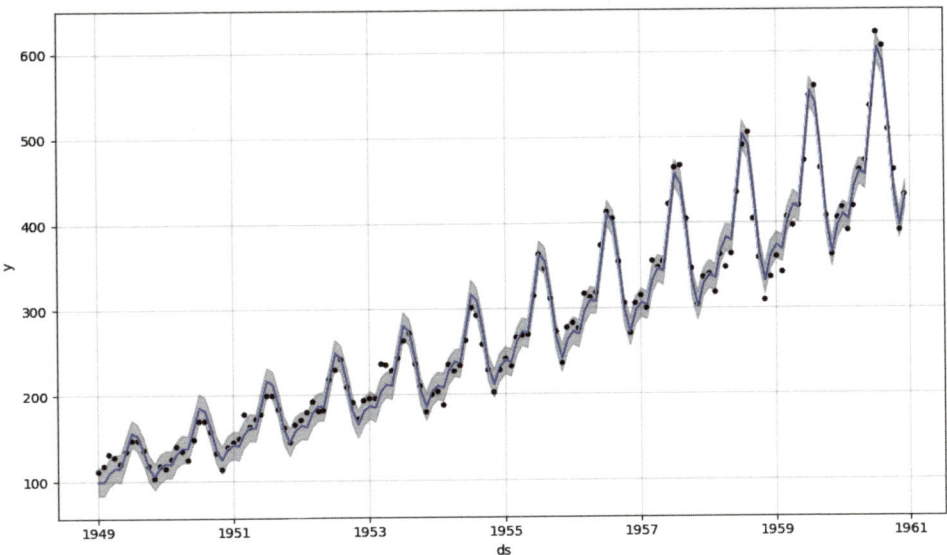

그림 5.3 곱셈형 계절성으로 처리한 항공 승객

곱셈형 계절성을 반영하자 훨씬 더 적절한 결과가 나옵니다. 이제 Prophet은 전체 추세의 증가도 매칭하여 반영하고 아울러 계절성 변동폭의 증가도 매칭하여 잘 반영합니다. [그림 5.2]와 [그림 5.3] 실선 주위의 옅은 음영 영역을 비교해 보기 바랍니다. 이 음영 영역이 불확실성 구간입니다. 곱셈형 계절성을 갖는 데이터에 가산형 계절성을 잘못 적용하면 Prophet은 더 넓은 불확실성 구간을 출력합니다. 이는 Prophet 자체가 이러한 데이터에는 가산형 모델이 적절한 적합을 수행하지 못한다는 것을 파악해서 스스로의 예측 결과에 대한 확신이 부족함을 나타냅니다.

마지막으로 주의해야 할 점이 하나 더 있습니다. 구성 요소를 시각화해서 이를 보여 드리겠습니다.

```
fig_a2 = model_a.plot_components(forecast_a)
plt.show()
```

이 코드는 가산형 계절성을 사용하는 `model_a`의 구성 요소를 그려 냅니다.

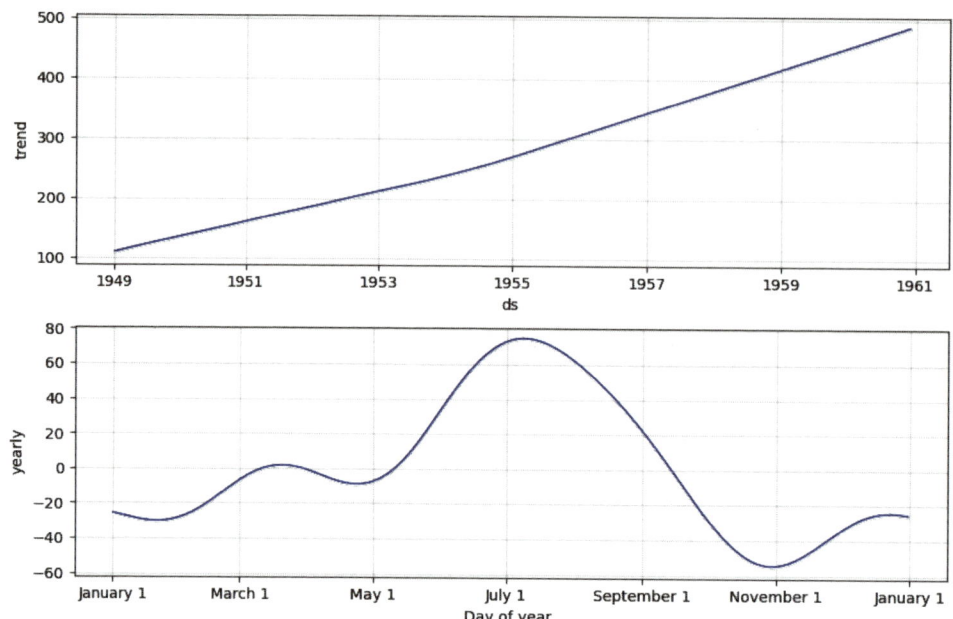

그림 5.4 가산형 계절성을 사용한 구성 요소 플롯

이제 model_m의 구성 요소를 그려 보겠습니다.

```
fig_m2 = model_m.plot_components(forecast_m)
plt.show()
```

다음 [그림 5.5]를 [그림 5.4]와 비교해 보기 바랍니다.

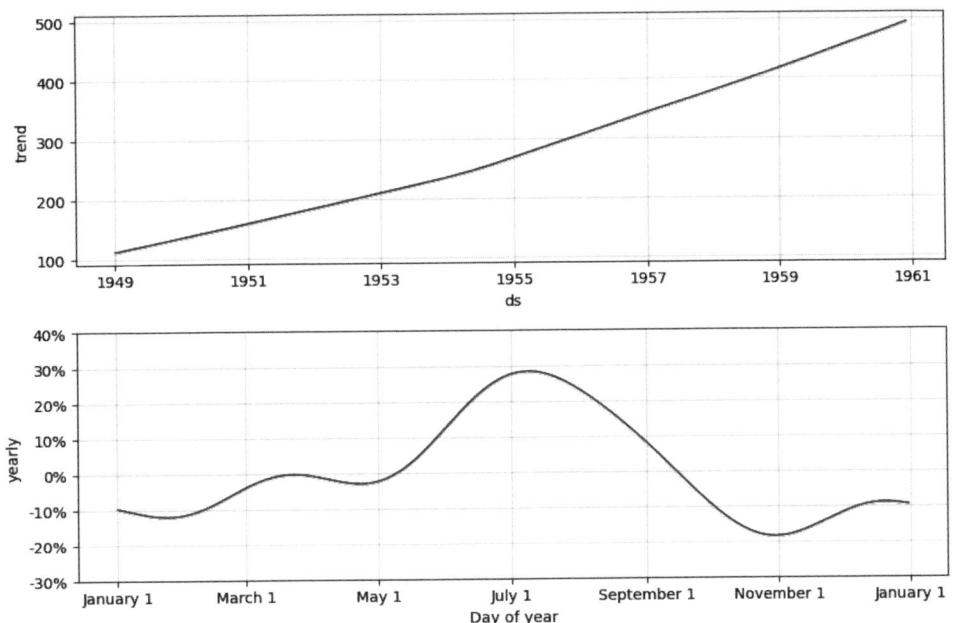

그림 5.5 곱셈형 계절성을 사용한 구성 요소 플롯

[그림 5.4]와 [그림 5.5]는 거의 동일해 보입니다. 추세는 동일하게 1949년도의 100을 약간 넘는 수준에서 시작해 1961년에까지 약 500에 도달하며, 1954년부터는 추세가 가속되는 약간의 기울기 변화가 있습니다. 연간 계절성은 예상대로 여름에 항공 승객 수가 최고조에 달하고 크리스마스 휴일과 봄 방학 때 국소적 최고점을 갖습니다. 두 플롯의 차이점은 계절성 곡선의 y축 범위에 있습니다.

가산형 모델에서 y축 값은 숫자값으로 표시됩니다. 반면 곱셈형 모델에서는 y축 값이 백분율로 표시됩니다. 가산형 모델에서 계절성은 추세에 단순히 더하거나 빼는 요소로 작용합니다. 그러나 곱셈형 모델에서 계절성은 추세로부터의 상대적인 이탈(편차)을 나타내므로 계절성 효과의 크기는 해당 시점에서 추세의 예측에 따라 달라집니다. 그래서 곱셈형 모델에서의 계절성 효과는 추세 값에 대한 백분율로 표기됩니다.

> **<팁>**
>
> 여러분의 데이터가 시간에 걸쳐 집계된 어떤 것의 개수(예: 월별 항공 승객 수)일 때 그런 데이터는 곱셈형 계절성으로 모델링하는 것이 바람직합니다. 왜냐하면 가산형 계절성을 사용하면 음수값이 예측값으로 나올 수 있기 때문입니다. 예를 들어 -100명이라는 예측 승객 수는 현실에서는 의미가 없는 예측값입니다. 그러나 곱셈형 계절성은 단순히 예측값을 0에 가깝게 줄일 뿐입니다.

가산형과 곱셈형 계절성 중에서 무엇을 선택할지는 처음에는 까다로운 문제로 느껴질 수 있습니다. 그러나 계절성이 숫자값 그 자체로 작용하는지 아니면 상대적인 비율 요소로 작용하는지 판단하고, 데이터 변동폭이 일정한지 아닌지를 고려하면 이러한 계절성 모드 선택에 어려움을 겪지 않을 것입니다.

이제 이 두 계절성 모드의 차이점을 이해했으니 새로운 데이터셋인 Divvy 자전거 공유 프로그램 데이터셋에 적용하여 Prophet의 계절성을 계속 배워 보겠습니다.

참고로 이 책의 많은 예제에서 시카고의 Divvy 자전거 공유 프로그램 데이터셋을 사용합니다. 이전 장에서는 시간별 Divvy 데이터를 사용했지만 여기서는 일별 Divvy 데이터를 사용하겠습니다.

> **<팁>**
>
> 우리는 앞선 4장에서 시간대별 Divvy 데이터를 사용하여 일별 구성 요소 플롯을 출력하고 규칙적인 누락 구간이 있는 데이터를 다루는 방법을 설명했습니다. 조건부 계절성을 살펴볼 때 이 장에서 시간대별 데이터를 다시 사용할 것입니다. 그러나 그 외에는 이 책 전체에서 여기서 제시된 일별 Divvy 데이터를 사용합니다. 일별 Divvy 데이터는 시간대별 데이터 세부 정보까지 고려할 필요가 없기 때문에 처리 시간이 수분에서 수 초로 줄어듭니다. 일별 데이터는 시간대별 데이터셋에는 없는 날씨와 기온 열(컬럼)을 갖고 있으며 이 추가 열은 9장에서 사용할 예정입니다.

일별 Divvy 데이터는 다음과 같이 생겼습니다.

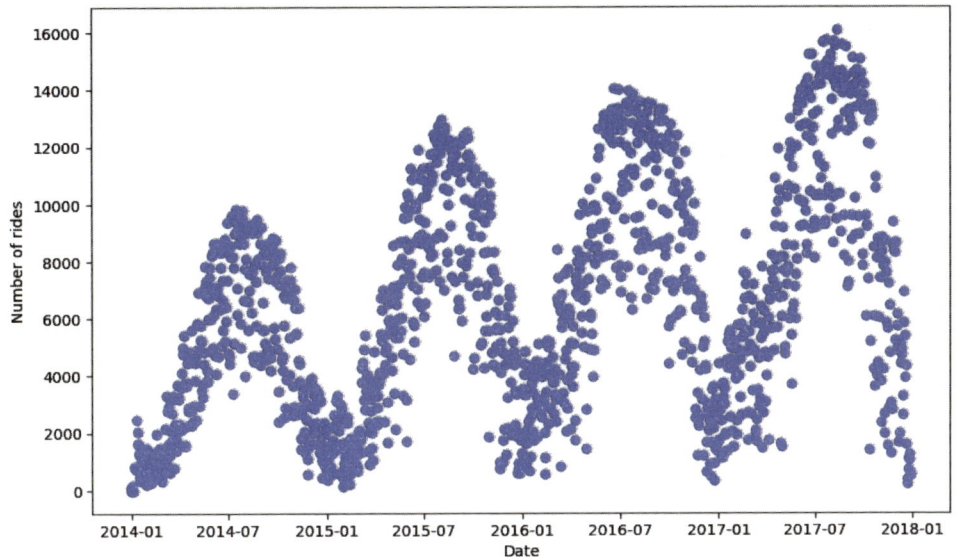

그림 5.6 Divvy 일간 자전거 이용량

이 데이터에서는 일별 자전거 이용량을 나타내며 계절성의 크기가 추세와 함께 커지는 것을 알 수 있습니다. 즉, [그림 5.6]에 [그림 5.1]에 나오는 점선을 그려 넣는다면 두 점선은 시간이 흐름에 따라 벌어질 것입니다. 방금 배운 바에 의하면 계절성의 변동폭이 커지는 것은 곱셈형 계절성을 나타내는 신호이므로 모델을 생성할 때 반드시 곱셈형 설정을 반영해야 합니다. 이전 예제에서 필요한 파이썬 라이브러리를 모두 불러왔기 때문에 이 예제에서는 데이터셋을 불러오는 것부터 시작하겠습니다.

불러온 데이터셋은 날씨와 기온 조건에 대한 추가 열을 갖고 있습니다. 다음과 같이 데이터셋을 불러와 데이터프레임으로 저장합니다.

```
df = pd.read_csv('/content/drive/MyDrive/Book7/data/divvy_daily.csv')
df.head()
```

위 코드를 실행하면 다음과 같은 데이터프레임이 출력됩니다.

	date	rides	temperature	weather
0	1/1/2014	95	19.483158	rain or snow
1	1/2/2014	111	16.833333	rain or snow
2	1/3/2014	6	-5.633333	clear
3	1/4/2014	181	30.007735	rain or snow
4	1/5/2014	32	16.756250	rain or snow

그림 5.7 Divvy 데이터프레임

당분간은 date와 rides 열만 필요합니다. 이들 두 열을 Prophet에 적절한 열 이름(예, ds와 y)으로 바꿔서 Prophet 데이터프레임을 구성합니다.

```
df = df[['date', 'rides']]
df['date'] = pd.to_datetime(df['date'])
df.columns = ['ds', 'y']
```

앞서 했던 것처럼 fit 메서드를 호출하기 전에 Prophet 클래스의 인스턴스를 생성해야 합니다. 앞에서 이 과정을 초기화라고 불렀습니다. 그리고 seasonality_mode 값을 multiplicative로 설정합니다. 이는 원본 데이터를 시각화했을 때 계절성의 변동폭이 증가하는 추세와 함께 커지는 것을 보았기 때문입니다. 모델을 적합시킨 후 미래 예측용 future 데이터프레임을 생성해 1년간의 예측을 수행하고 predict 메서드를 호출하여 예측 결과인 forecast 데이터프레임을 생성합니다. 그리고 이 데이터프레임을 plot 메서드에 전달해 시각화합니다.

```
model = Prophet(seasonality_mode='multiplicative')
model.fit(df)
future = model.make_future_dataframe(periods=365)
forecast = model.predict(future)
fig = model.plot(forecast)
plt.show()
```

위 코드를 실행하면 Prophet은 다음 플롯을 출력합니다.

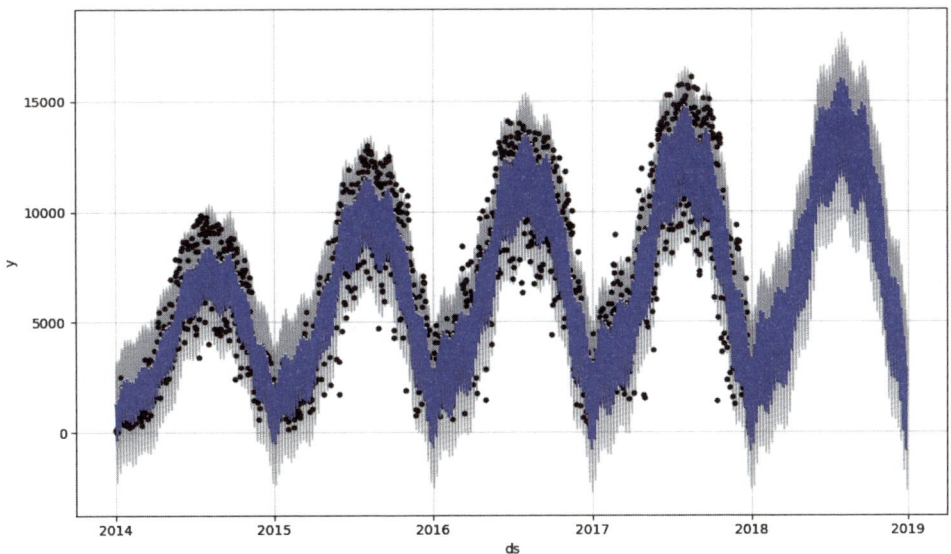

그림 5.8 Divvy 예측(forecast)

결과를 보면 예측 추세가 실제 데이터를 따라 증가하며 연간 계절성 또한 일치하는 것을 알 수 있습니다. 이제 구성 요소를 시각화하여 어떤 정보를 담고 있는지 살펴보겠습니다.

```
fig2 = model.plot_components(forecast)
plt.show()
```

다음 출력 플롯을 보면 Prophet은 데이터셋에서 추세(trend), 주간(weekly) 계절성, 연간(yearly) 계절성 이렇게 세 가지 구성 요소를 분리해 냅니다.

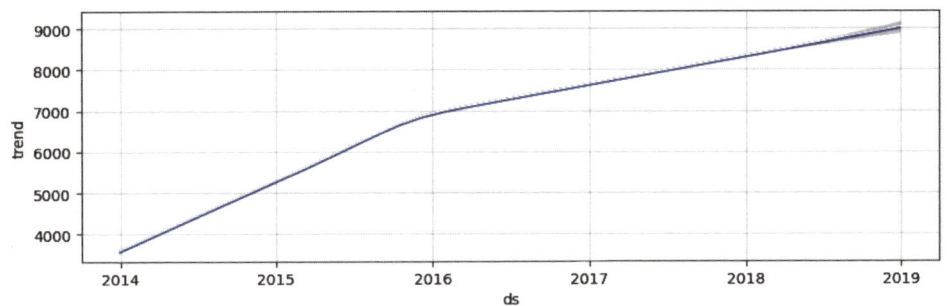

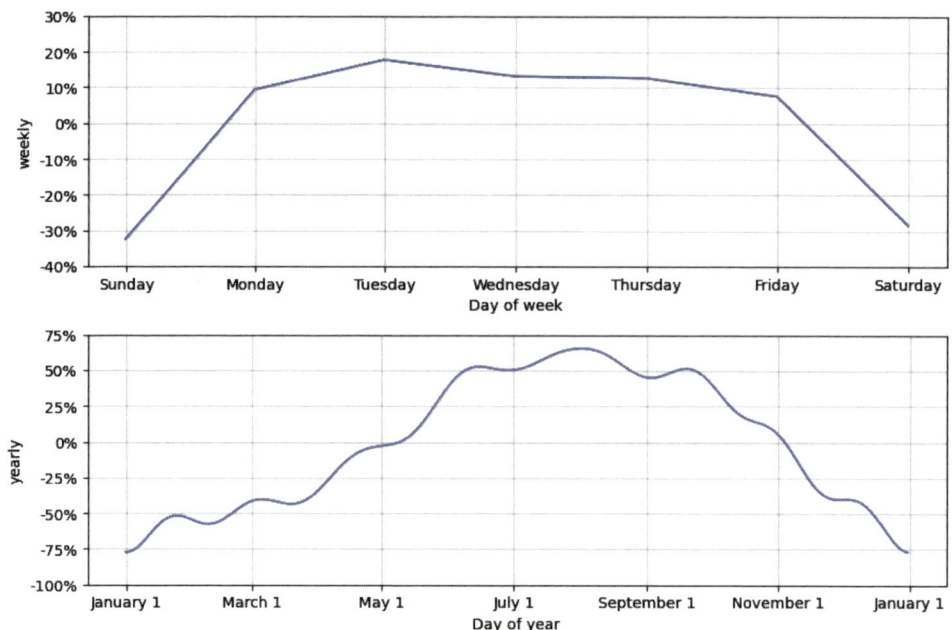

그림 5.9 Divvy 구성 요소 플롯

기본적으로 Prophet은 ds 열에 최소 2년치 이상의 연도 데이터를 담고 있으면 연간 계절성을 자동으로 인식합니다. 그리고 ds 열에 최소 2주 이상의 데이터가 있고 날짜 간의 간격이 7일 미만이면 Prophet은 주간 계절성을 자동으로 인식합니다. 아울러 이전 장에서 본 것처럼 ds 열이 최소 2일치 이상의 데이터를 갖고 있고 날짜 간격이 1일 미만이면 Prophet은 일간 계절성을 자동으로 인식합니다.

위 플롯에 의하면 추세는 처음 2년간은 상대적으로 빠르게 선형으로 증가한 후 나머지 2년간은 증가세가 약간 느려지고 예측 연도인 마지막 1년간은 이 느려진 기울기를 계속 따릅니다. 이를 통해 Divvy 네트워크 평균 이용량은 2014년 하루 약 3,500회에서 2018년 말에는 하루 약 8,500회로 증가합니다.

주간 계절성을 보면 주말에는 추세선보다 이용량이 약 30% 줄어듭니다. 아마도 대부분의 이용자가 통근하는 사람들이기 때문일 것입니다. 주중 평일에는 10%에서 20% 더 많은 이용량을 보입니다. 이는 주중과 주말의 이용 패턴을 다를 것이라는 우리의 직관과 맞아떨어집니다.

이제 연간 계절성을 보면 여름에는 이용량이 추세선보다 약 60% 증가하고 겨울에는 약 80% 감소합니다. 이 역시 직관과 부합합니다. 날씨가 춥거나 비가 오면 통근하는 사람들은 자가용을 이용하거나 대중 교통을 탈 가능성이 높기 때문입니다.

이 연간 계절성 곡선이 꽤 구불구불하게 물결치는 형태라는 것을 눈치챘을 것입니다. 이전 장에서 사용한 시간대별 Divvy 데이터에서도 같은 현상을 목격했습니다. 여러분은 좀 더 부드러운 곡선을 예상했을 수도 있지만 실제로는 굴곡이 많은 곡선이 나왔습니다. 이런 현상은 Prophet의 연간 계절성 설정이 매우 유연하게 설계된 결과입니다. 즉, 계절성 곡선을 제어하는 자유도(degree of freedom)가 너무 높거나 수학적 파라미터가 너무 많기 때문에 일어난 현상입니다. Prophet에서 이러한 계절성 곡선을 제어하는 파라미터 값을 푸리에 차수(Fourier order)라고 부릅니다.

05-2 푸리에 차수로 계절성 조절

계절성은 Prophet이 작동하는 방식의 핵심 개념입니다. Prophet 계절성을 모델링하기 위해서는 푸리에 급수(Fourier series)를 사용합니다. 푸리에 급수가 무엇인지, 푸리에 차수(Fourier order)가 그것과 어떻게 관련되는지 이해하기 위해 선형 회귀에 대한 비유를 들어 설명하겠습니다.

선형 회귀에서 다항 방정식의 차수를 높이면 적합도(goodness of fit)가 항상 향상됩니다. 예를 들어 단순 선형 회귀식 $y = \beta_1 x + \beta_0$에서 β_1은 직선의 기울기이고 β_0는 y 절편입니다. 이 방정식의 차수를 높여서 예를 들어 2차 방정식인 $y = \beta_2 x^2 + \beta_1 x + \beta_0$처럼 만들면 적합도는 항상 올라갑니다. 다만 그만큼 과적합되고 노이즈를 포착할 위험이 커집니다. 실제로 방정식 차수를 계속 높이면 R 제곱값(R^2) 1을 달성할 수 있습니다. 이는 완벽한 적합을 의미합니다. 그렇지만 다음 [그림 5.10]에서 보듯이 방정식 차수를 높일수록 모델은 점점 더 비현실적으로 과적합되는 양상을 보입니다.

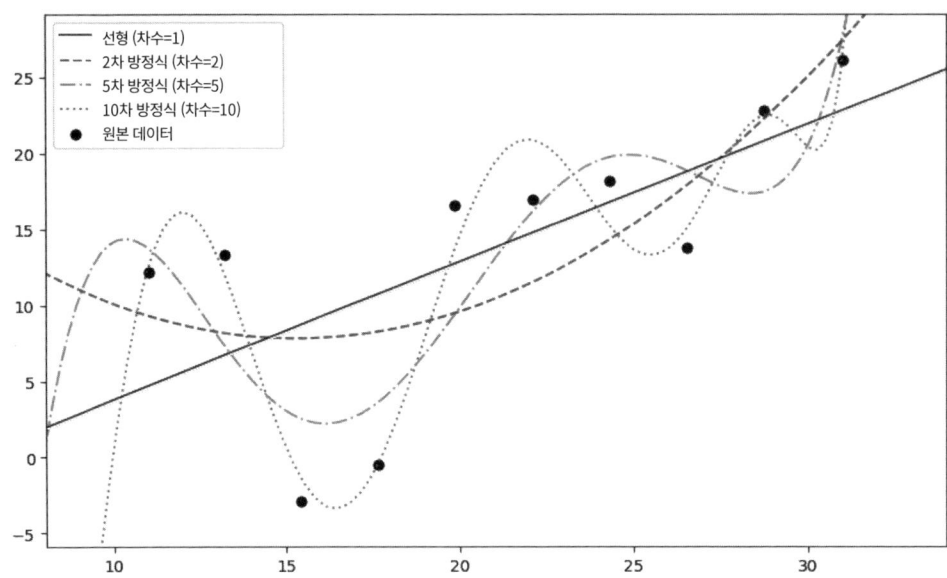

그림 5.10 여러 고차 방정식으로 실행한 선형 회귀

그림에서 직선으로 그려진 실선은 데이터의 상승 추세를 잘 포착하지만 너무 단순한 궤적이다 보니 세부사항 일부를 놓치는 경향이 있습니다. 점선으로 표기된 2차 방정식 곡선은 보다 좋은 적합도를 보입니다. 실제로 이 그림의 원본 데이터는 2차 방정식에 노이즈를 섞어서 생성한 것입니다. 그런데 5차 방정식과 10차 방정식 곡선은 원본 데이터의 랜덤 노이즈에 과적합을 일으킵니다. 이 분포에서 데이터 포인트를 더 샘플링하여 추가하면 5차 및 10차 방정식 곡선은 이처럼 새로 추가된 데이터에 더 정밀하게 적합하기 위해 급격하게 형태가 변합니다. 즉, 더욱 더 과다하게 구불구불해집니다. 그렇지만 직선과 2차 방정식 곡선은 약간만 이동할 뿐입니다. 다항식의 차수가 높을수록 데이터에 맞추기 위해 곡선이 더 많은 굴곡을 가지게 된다고 말할 수 있습니다.

푸리에 급수는 단순히 여러 사인(sine) 곡선들을 더한 결과물입니다. 푸리에 급수를 구성하는 개별 사인 곡선들의 형태를 바꾸면 매우 복잡한 파형의 곡선을 만들어낼 수 있습니다. 예를 들어 진폭(amplitude, 파형의 높이), 주기(period, 파형 봉우리에서 다음 봉우리까지의 거리), 위상(phase, 파형의 길이 측면에서 주기가 시작되는 위치) 등을 바꿔서 새로운 파형의 곡선을 얻을 수 있습니다.

선형 영역이 대세인 구간에서는 방정식의 차수를 변경해서 곡선이 가진 유연성을 제어하고, β 계수를 변경해서 선의 기울기를 조절할 수 있습니다. 이와 유사하게 주기적 영역에서는 푸리에 급수를 구성하는 사인 곡선의 개수를 변경하여 최종 곡선의 유연성을 조절합니다. 이 사인 곡선의 수를 푸리에 차수(Fourier order)라고 부릅니다. 또한 개별 사인 곡선의 진폭, 주기, 위상을 변경하여 최종 곡선의 형태를 조절할 수 있습니다. 이러한 사인 곡선의 합산이 어떻게 작용하는지는 다음 그림에서 확인할 수 있습니다.

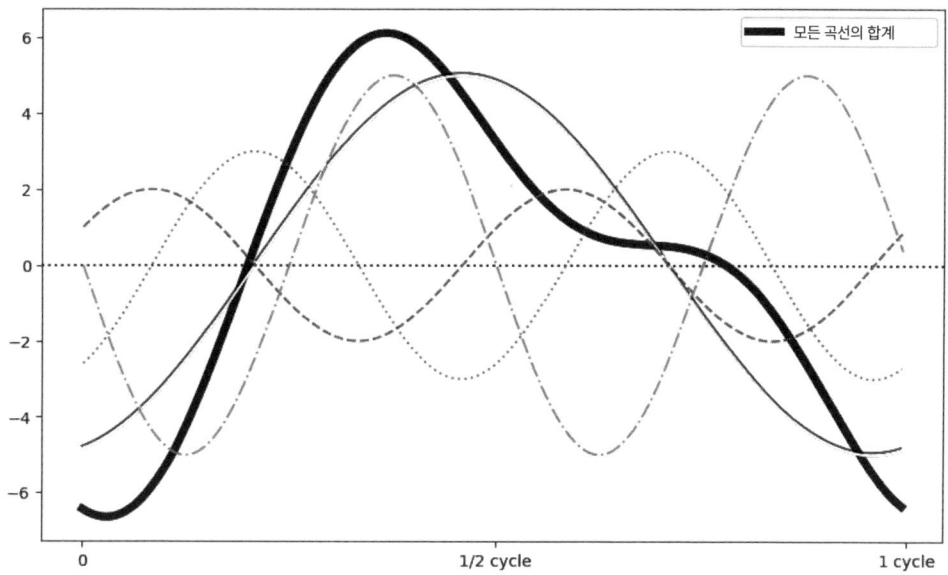

그림 5.11 푸리에 차수 4를 사용한 푸리에 급수

그림에서 가장 굵은 실선은 단순히 네 개의 사인 곡선을 합한 결과물입니다. 모델에서 푸리에 차수를 임의로 높이면 그 어떤 데이터셋에도 완벽하게 적합하는 곡선을 만들 수 있습니다. 그러나 이러한 접근 방식은 결국 과적합으로 이어지게 됩니다.

[그림 5.9]에서 Divvy 예측의 구성 요소를 시각화했을 때 연간 계절성이 지나치게 요동쳤던 것을 기억하나요? 이는 푸리에 차수가 너무 높아서 생긴 결과입니다. Prophet은 기본적으로 연간 계절성의 차수를 10, 주간 계절성은 차수 3, 하루보다 짧은 주기의 데이터가 제공된 경우에는 일간 계절성으로 차수 4를 사용합니다. 일반적으로 이러한 기본값은 매우 잘 작동하므로 별도의 조정이 필요하지 않습니다. 그러나 Divvy의 경우 연간 계절성의 푸리에 차수를 줄여야 데이터에 더 잘 맞는 모델을 만들 수 있습니다. 그 방법을 살펴보겠습니다.

이전 예제에서 필요한 라이브러리를 모두 불러왔고 데이터를 데이터프레임 df로 저장한 바 있습니다. 이제 수정된 연간 계절성을 사용하여 새로운 Prophet 객체를 생성하여 초기화하면 됩니다. 전과 마찬가지로 seasonality_mode 값을 multiplicative로 설정합니다. 그리고 이번에는 yearly_seasonality 인자를 추가하고 그 값으로 4를 입력합니다. 바로 여기가 푸리에 차수를 지정하는 부분입니다.

여러분은 다른 값을 넣고 실험해 봐도 됩니다. 저는 이 책을 집필하면서 차수 4가 대부분의 경우에 적절히 유연하고 깔끔한 곡선을 만들어 준다는 것을 확인했습니다. 마찬가지로, weekly_seasonality와 daily_seasonality의 푸리에 차수를 변경하고 싶으면 이 단계에서 해당 설정을 적용하면 됩니다.

모델을 생성하여 초기화한 이후 이 모델을 데이터에 적합시키고 계절성을 시각화합니다. 이 경우에 별도로 예측을 수행할 필요는 없습니다.

```
model = Prophet(seasonality_mode='multiplicative',
                yearly_seasonality=4)
model.fit(df)
```

여기서는 연간 구성 요소를 시각화할 수 있는 plot_yearly 함수를 Prophet의 plot 패키지에서 불러와 사용합니다. 먼저 해당 함수를 불러옵니다.

```
from prophet.plot import plot_yearly
```

참고로 주간 구성 요소를 시각화할 수 있는 plot_weekly 함수도 있습니다. 이 두 함수 모두 첫 번째 인자로 모델을 입력받습니다. 또한 여기서는 플롯의 가로와 세로 크기를 지정하는 figsize 인자를 추가합니다.

```
fig3 = plot_yearly(model, figsize=(10.5, 3.25))
plt.show()
```

다음 출력 결과를 [그림 5.9]의 연간 계절성 곡선과 비교해 보십시오.

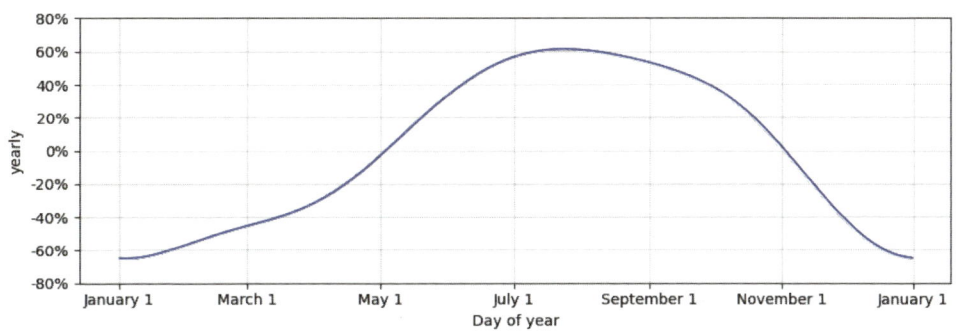

그림 5.12 푸리에 차수 4를 사용한 Divvy 연간 계절성

이번 조치로 이전 시도에서 나타난 지나친 요동을 성공적으로 제거하면서도 계절성의 형태는 뚜렷하게 유지했습니다. 이게 훨씬 합리적인 결과로 보입니다.

지금까지는 Prophet 기본 설정의 계절성을 다뤘습니다. 그러나 현실에서는 연간, 주간, 일간 등의 주기 범주에 깔끔하게 들어맞지 않는 주기를 가진 경우도 많습니다. 이런 경우를 대비해서 Prophet은 커스텀 계절성을 지원합니다. 다음 절에서 자세히 살펴보겠습니다.

05-3 커스텀 계절성 추가

지금까지 우리가 다룬 계절성은 Prophet 기본 설정에 들어 있는 연간, 주간, 일간 계절성이었습니다. 하지만 다른 주기의 계절성도 취급할 수 있습니다. 데이터가 연간, 주간, 일간보다 길거나 짧은 주기를 갖는 경우에도 Prophet을 사용하면 이들 계절성을 손쉽게 모델링할 수 있습니다.

이러한 예외적인 계절성의 대표적인 예로 11년 주기의 태양 흑점 주기를 들 수 있습니다. 흑점은 태양 표면에서 일시적으로 온도가 낮아진 영역을 말하며 주변보다 훨씬 어둡게 보입니다. 갈릴레오 갈릴레이는 1609년 경부터 태양 흑점에 대한 체계적인 관측을 시작한 바 있습니다. 이후에도 인류는 400년 이상 계속해서 이 현상을 관측해 왔습니다. 태양 흑점 기록은 자연 현상 중에서 가장 오랫동안 연속적으로 관측된 시계열 데이터입니다. 이러한 관측을 통해 과학자들은 태양 흑점 수가 11년의 준주기성(quasi-periodic) 사이클을 따른다는 것을 발견했습니다. 여기서 준주기성이라 부르는 이유는 주기 길이가 매번 정확히 11년은 아니고 주기마다 조금씩 다르기 때문입니다. 하지만 평균적으로 11년 주기를 가지므로 이 값을 모델링에 사용하겠습니다.

벨기에 왕립천문대 소속 기관인 태양활동 데이터 분석 센터(SIDC, Solar Influences Data Analysis Center)는 WDC-SILSO 프로젝트를 통해 1750년부터 지금까지의 태양 흑점 활동 데이터를 제공합니다. 여기서 WDC-SILSO란 '세계 데이터 센터 – 흑점 지수 및 장기 태양관측(World Data Center – Sunspot Index and Long-term Solar Observations)'의 약칭입니다. 이 데이터셋은 Prophet에 새로운 주기의 계절성을 추가하는 좋은 예시로 활용할 수 있습니다. 먼저 데이터셋을 불러오겠습니다.

```
df = pd.read_csv('/content/drive/MyDrive/Book7/data/sunspots.csv',
            usecols=['Date', 'Monthly Mean Total Sunspot Number'])

df['Date'] = pd.to_datetime(df['Date'], format='mixed',
                        errors='coerce')  # 날짜 변환(자동 형식 감지)

df.columns = ['ds', 'y']
```

이 데이터를 시각화하면 다음과 같습니다.

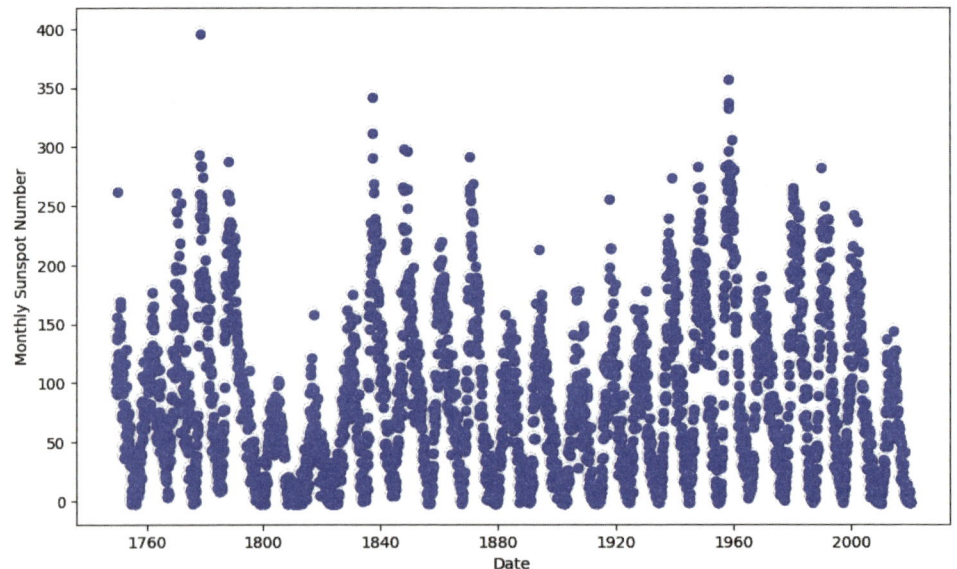

그림 5.13 월별 태양 흑점 수

이 데이터는 다소 노이즈가 많고 여러 개의 이상값이 있으며 주기 또한 명쾌하게 구분되지 않는 것처럼 보입니다. 각 주기의 최고점(peak)인 봉우리 영역은 상당한 변동성이 있습니다. Prophet이 이 데이터를 어떻게 처리하는지 확인하기 위해 우선 모델을 생성하여 초기화합니다. 이 데이터는 건수(count) 데이터이므로 곱셈형 계절성을 선택합니다.

추가로 고려해야 할 사항은 태양이 너무나 커서 지구가 그 주위를 공전할 때 지구가 미세하게 당기는 중력의 힘을 태양이 거의 느끼지 않는다는 사실입니다. 따라서 태양은 지구에서 경험하는 것 같은 연간 계절성을 전혀 겪지 않습니다. 그러므로 우리는 Prophet에게 연간 계절성을 적용하지 않도록 지시할 것입니다. 또한 월별 데이터를 입력받기 때문에 Prophet에 주간 또는 일간 계절성을 적용하지 않습니다.

이 장의 앞부분에서 우리는 yearly_seasonality 인자에 정수 값을 주어 연간 계절성의 푸리에 차수 값을 조정했습니다. 기본 계절성 설정을 비활성화하려면 yearly_seasonality 인자에 정수 값 대신 False를 입력하면 됩니다. 그러면 Prophet은 연간 계절성을 적용하지 않게 됩니다.

```
model = Prophet(seasonality_mode='multiplicative', yearly_seasonality=False)
```

모델을 생성하여 초기화한 후에는 add_seasonality 메서드를 통해 계절성을 추가할 수 있습니다. 이 메서드에 name, period, fourier_order 인자의 값을 지정하면 됩니다. 이 예에서는 각기 11-year cycle, 11 * 365.25, 5 값을 주었습니다. 참고로 파이썬에서는 숫자 자체를 입력하거나 아니면 숫자 간의 연산 작업을 입력할 때는 따옴표(' ' 혹은 " ")로 둘러싸지 않아도 됩니다. 그러나 그러한 형태가 아닌 값(예, 문자열)을 입력할 때는 따옴표로 입력 값을 둘러싸야 합니다. 다음 코드를 참조하세요.

```
model.add_seasonality(name='11-year cycle',
                      period=11 * 365.25,
                      fourier_order=5)
```

period 값을 지정할 때는 항상 일(day) 단위로 입력해야 한다는 점을 염두에 둬야 됩니다. 따라서 하루보다 긴 계절성 주기에는 1보다 큰 값을 입력하고, 하루보다 짧은 계절성 주기에는 1보다 작은 값을 입력합니다.

이 예제의 나머지는 이전 예제와 동일합니다. 모델에 학습 데이터프레임을 적합하여 future 데이터프레임을 생성한 후 이를 기반으로 예측을 수행합니다.

```
model.fit(df)
future = model.make_future_dataframe(periods=240, freq='M')
forecast = model.predict(future)
fig2 = model.plot_components(forecast)
plt.show()
```

이제 생성된 구성 요소 플롯을 살펴보겠습니다.

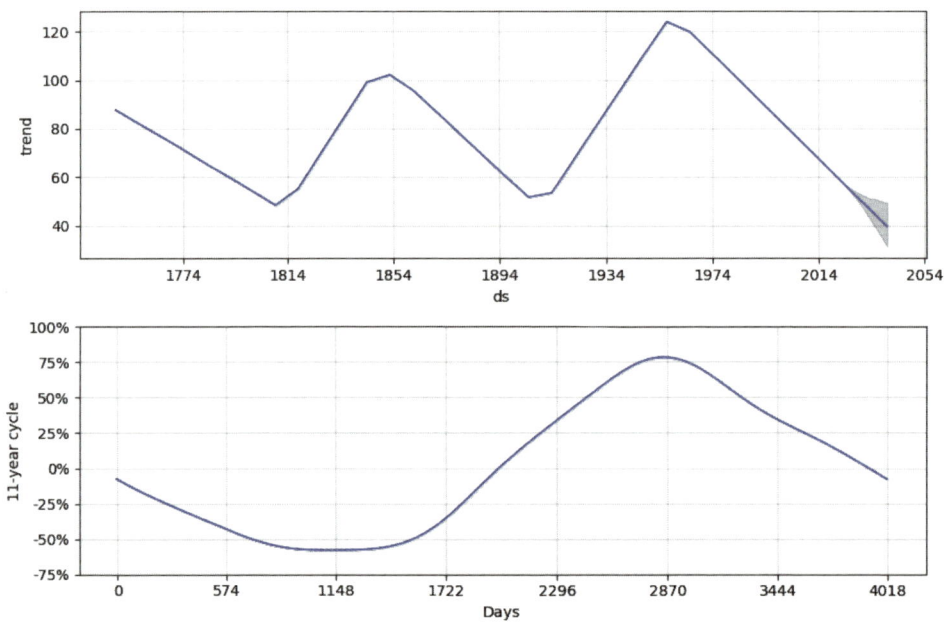

그림 5.14 태양 흑점 구성 요소 플롯

위 그림은 우리가 예상했던 대로의 추세와 11년 주기를 보여 줍니다. 추세선은 톱니 모양을 하고 있습니다. 과학자들은 영국 기상학자 존 돌턴(John Dalton)을 기려서 1814년 경의 저점을 돌턴 최저점(Dalton Minimum)이라고 부릅니다. 1950년대의 최고점 봉우리는 현대 최고점(Modern Maximum)이라고 부릅니다. 여기서 우리가 주목하는 것은 두 번째 그림인 11년 주기입니다.

Prophet은 이렇게 불규칙한 주기를 가진 데이터에서 x축에 날짜 수(days)를 표기합니다. x축의 눈금(tick)은 이전 눈금과 약 1.5년 차이가 있습니다. 전체 주기는 실제로 11년에 가깝습니다. 저점 궤적이 고점의 궤적보다 약간 더 평평하며, 저점에서 고점 대비 약 60% 정도 태양 흑점 수가 적습니다. 고점은 평균 대비 약 80% 가량 태양 흑점 수가 많습니다.

우리 모델에 어떤 계절성이 포함되어 있는지, 그리고 이러한 계절성을 제어하는 파라미터가 무엇인지 확인하려면 모델의 **seasonalities** 속성(attribute)을 호출하면 됩니다.

`model.seasonalities`

이 속성은 하나의 딕셔너리(dictionary)를 출력하며, 이 딕셔너리의 키(key)가 계절성 이름이고 값(value)은 해당 계절성을 제어하는 파라미터들이 됩니다. 딕셔너리는 파이썬 자료형 중 하나이며 그 형태는 아래 코드를 참조하기 바랍니다. 이 예제처럼 계절성이 하나만 정의된 경우에는 다음과 같은 형태의 딕셔너리가 출력됩니다.

```
OrderedDict([('11-year cycle',
             {'period': 4017.75,
              'fourier_order': 5,
              'prior_scale': 10.0,
              'mode': 'multiplicative',
              'condition_name': None})])
```

<중요 팁>

계절성 주기 `period`를 지정할 때 항상 날짜 수를 입력해야 합니다. 예를 들어 10년짜리 계절성은 10(년) * 365.25(일/년) = 3652.5로 입력합니다. 시간별 계절성의 경우 1시간은 1(일)/24(시간/일) = 0.04167로 입력합니다.

그리고 계절성 주기를 의미하는 `period`와 `make_future_dataframe` 메서드에 사용된 주기(`periods`) 설정을 혼동하지 않도록 주의하기 바랍니다. 계절성에서의 `period`는 항상 날짜 수로 입력하는 반면에 `make_future_dataframe`에서 사용하는 주기는 `freq` 인자를 통해 설정합니다.

데이터에 존재하지 않는 계절성을 Prophet에 추가하면, Prophet은 존재하지 않는 계절성 패턴을 찾기 위해 연산 자원을 소모해서 적합 속도가 매우 느려질 수 있습니다. 이 경우 Prophet이 결국 존재하지 않는 계절성을 노이즈로 적합시켜서 예측 품질이 크게 떨어질 수 있습니다.

아울러 실무에서 자주 추가하는 계절성 중 하나는 시간별(hourly) 계절성입니다. 만일 데이터가 분 단위로 측정돼 있으면 다음과 같이 코드를 작성합니다.

```
model.add_seasonality(name='hourly',
                      # 한 시간은 0.04167일임
                      period=1/24,
                      fourier_order=5)
```

그리고 분기별 비즈니스 사이클에 대한 계절성은 다음과 같이 처리합니다.

```
model.add_seasonality(name='quarterly',
                      # 1분기는 91.3125일임
                      period=365.25/4,
                      fourier_order=5)
```

이렇게 커스텀 계절성을 추가하는 방법을 알아보았습니다. 다음 절에서는 다른 요인들에 영향을 받는 계절성을 알아보기 위해서 add_seasonality 메서드를 계속 사용하겠습니다.

05-4 조건부 계절성 추가

대학교를 중심으로 생성되고 운영되는 도시를 '대학 도시'라고 합니다. 여러분이 이러한 대학 도시에 있는 전력 회사에서 근무하면서 내년도 전력 사용량을 예측하는 업무를 맡았다고 가정해 봅시다. 전력 사용량은 어느 정도는 도시 인구 수에 비례합니다. 그리고 대학 도시 특성상 수천 명의 학생들은 졸업이나 방학을 맞이하면 도시를 떠나는 임시 거주자입니다. 이러한 시나리오를 처리하기 위해 Prophet에 조건부 계절성 기능이 있습니다.

조건부 계절성이란 학습 데이터프레임과 미래 예측용 데이터프레임에서 특정 날짜 구간에서만 발생하는 계절성을 의미합니다. 조건부 계절성은 데이터셋에 내재된 일반적인 주기보다 짧은 주기를 가져야 합니다. 예를 들어 몇 달만 활성화되는 계절성은 연간 계절성을 가질 수 없습니다.

대학 도시의 전력 사용량을 예측하려면 일간 또는 주간 계절성을 설정해야 하며 경우에 따라서는 두 가지 모두 필요할 수도 있습니다. 예를 들어 사용 패턴을 고려하여 학생들이 고향으로 돌아가는 여름철에 적합한 하나의 일간/주간 계절성을 설정하고, 나머지 기간은 또 다른 일간/주간 계절성을 설정하는 것이 바람직합니다. 그리고 조건부 계절성이 최소한 두 번은 활성화되는 반복 주기를 가져야 합니다.

조건부 계절성을 구축하는 방법을 배우기 위해 이전 장에서 다뤘던 시간대별 Divvy 데이터로 돌아가겠습니다. Divvy 예제에서 살펴본 주간 계절성에 따르면 주말 자전거 이용량이 주중(평일)보다 현저하게 낮았습니다. 이는 대부분의 이용자가 직장으로 통근하는 직장인임을 암시합니다.

또한 자전거 이용량은 아침과 저녁 출퇴근 시간인 오전 8시와 오후 6시경에 정점에 달합니다. 이러한 관측을 통해 하루 동안의 자전거 이용량은 주중과 주말에 서로 다른 패턴을 가질 거라고 추측할 수 있습니다. 즉, 주말에는 (오전 8시와 오후 6시경의 정점과 낮의 저점 대신에) 하루 종일 이용량이 고르게 분포할 거라고 예상됩니다. 이러한 가설을 검증하기 위해 주중과 주말에 서로 다른 일간 계절성을 적용한 예측 모델을 만들어 보겠습니다.

이 조건부 계절성을 추가하는 기본적인 절차는 학습 데이터프레임에 각 행이 주말인지 주중인지를 표시하는 불리언(Boolean) 열을 추가하는 것입니다. 참고로 나중에 미래 예측용 future 데이터프레임에도 동일한 열을 추가해야 합니다. 그리고 Prophet의 기본 주간 계절성(weekly seasonality) 설정이 작동되지 않게 비활성화하고, 앞서 만든 불리언 열을 조건(condition)으로 사용하는 두 개의 새로운 주간 계절성을 추가합니다. 이 과정을 알아보겠습니다.

필요한 라이브러리는 이미 불러온 상태이므로 먼저 Divvy 시간대별 데이터를 사용하여 Prophet용 데이터프레임을 생성합니다.

```
df = pd.read_csv('/content/drive/MyDrive/Book7/data/divvy_hourly.csv')
df['date'] = pd.to_datetime(df['date'])
df.columns = ['ds', 'y']
```

이제 계절성의 조건을 설정할 차례입니다. 먼저 주어진 날짜가 주말이면 True, 주중이면 False를 출력하는 함수를 생성합니다. 그리고 판다스 라이브러리의 apply 메서드를 사용해서 주말 여부를 나타내는 새로운 열을 만듭니다. 여기서 apply 메서드는 데이터프레임의 특정 열에 함수를 일괄적으로 적용하는 기법입니다. 즉, 앞의 코드에서 apply 메서드는 데이터프레임의 ds 열의 각 값에 대해 is_weekend 함수를 하나씩 적용하여, 그 결과를 불리언 값(True/False)으로 출력합니다. 이를 통해 각 날짜가 주말인지 아닌지 판별합니다. 그리고 틸더(~) 연산자를 사용해서 각 날짜가 주중인지 아닌지를 표시하는 새로운 열을 생성합니다. 틸더 연산자는 True를 False로, False는 True로 바꿔 줍니다. 마지막으로 지금까지 만든 데이터프레임의 처음 몇 행을 출력해서 결과를 확인합니다.

```
def is_weekend(ds):
    date = pd.to_datetime(ds)
    return (date.dayofweek == 5 or date.dayofweek == 6)

df['weekend'] = df['ds'].apply(is_weekend)
df['weekday'] = ~df['ds'].apply(is_weekend)

df.head()
```

생성한 함수가 날짜를 정확하게 인식해서 작동하면 다음 결과를 출력합니다.

	ds	y	weekend	weekday
0	2014-01-01 01:00:00	1	False	True
1	2014-01-01 02:00:00	9	False	True
2	2014-01-01 03:00:00	4	False	True
3	2014-01-01 04:00:00	1	False	True
4	2014-01-01 07:00:00	2	False	True

그림 5.15 Divvy 조건부 계절성 데이터프레임

2014년 1월 1일은 수요일입니다. 그래서 weekend 열과 weekday 열은 우리가 예상한 대로 각기 False 값과 True 값을 가집니다. 이어서 모델을 생성하여 초기화합니다. 이 장의 앞 부분에서 배운 대로 계절성 모드(seasonality_mode)를 multiplicative로 설정합니다. 이는 Divvy 데이터가 건수 데이터이기 때문입니다. 아울러 연간 계절성과 주간 계절성의 푸리에 차수를 모두 6으로 설정합니다. 이 값을 이 데이터셋에 테스트해 본 결과 가장 적절한 푸리에 차수로 판명되었습니다. 마지막으로 조건부 일간 계절성을 추가할 예정이므로 기본 일간 계절성 설정을 비활성화합니다.

```
model = Prophet(seasonality_mode='multiplicative',
                yearly_seasonality=6,
                weekly_seasonality=6,
                daily_seasonality=False)
```

조건부 계절성을 생성하기 위해 태양 흑점 주기를 모델링할 때 사용했던 add_seasonality 메서드를 이번에도 사용합니다. 이번에는 선택적 인자인 condition_name 인자를 사용해서 새로 추가되는 계절성이 조건부 계절성임을 지정합니다.

condition_name 인자에는 학습 데이터프레임에 존재하는 열 이름을 전달해야 하며, 그 열은 불리언 값(True/False)으로 구성되어야 합니다. 이 값으로 weekend 열과 weekday 열의 어떤 행에 계절성을 적용(apply)할지 식별합니다. 태양 흑점 예제와 마찬가지로 계절성의 이름(name), 주기(period), 푸리에 차수(fourier_order)도 함께 지정합니다.

```
model.add_seasonality(name='daily_weekend',
                      period=1,
                      fourier_order=3,
                      condition_name='weekend')
model.add_seasonality(name='daily_weekday',
                      period=1,
                      fourier_order=3,
                      condition_name='weekday')
```

이렇게 해서 모델 설정을 완료하였습니다. 이제 이전과 동일하게 학습 데이터셋에 모델을 적합시키고 future 데이터프레임을 생성합니다. 단, 이번에는 시간별 데이터를 사용하고 있기에 frequency 값을 h로 설정해야 함에 유의하기 바랍니다. 조건부 계절성을 설정하는 마지막 단계는 future 데이터프레임에서 조건이 적용될 위치를 지정하는 것입니다.

우리는 이미 is_weekend 함수를 생성해서 학습 데이터프레임 df에 적용한 바 있습니다. 이제 동일한 작업을 future 데이터프레임에 반복한 후 predict 함수를 호출해서 예측을 생성합니다.

```
# 런타임 40초
model.fit(df)
future = model.make_future_dataframe(periods=365 * 24, freq='h')
future['weekend'] = future['ds'].apply(is_weekend)
future['weekday'] = ~future['ds'].apply(is_weekend)
forecast = model.predict(future)
```

우리는 두 개의 조건부 계절성을 각기 daily_weekend와 daily_weekday로 이름 붙였습니다. 이제 이전 장에서 설명한 plot_seasonality 함수를 불러와서 이 두 계절성을 시각화해 보겠습니다.

```
from prophet.plot import plot_seasonality

fig3 = plot_seasonality(model, 'daily_weekday', figsize=(10, 3))
plt.show()

fig4 = plot_seasonality(model, 'daily_weekend', figsize=(10, 3))
plt.show()
```

모든 단계가 정확하게 수행되면 다음과 같은 두 개의 플롯이 출력됩니다.

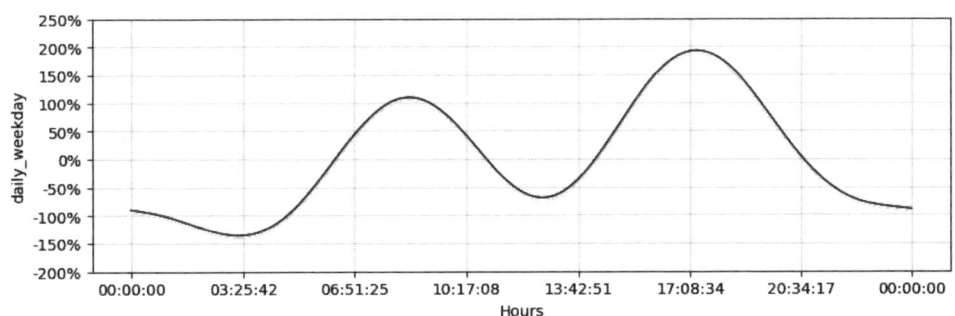

그림 5.16 일간 주중 구성 요소 플롯

주중의 추세는 기본 일간 계절성을 사용했을 때와 매우 유사하게 나타납니다. 즉, 오전 8시 무렵과 오후 6시 무렵에 정점을 보이고 자정 직후에 작은 봉우리가 하나 보입니다.

반면에 우리는 주말에는 전혀 다른 패턴이 나타날 것이라고 가정했습니다. 그것을 플롯을 통해 확인해 보겠습니다.

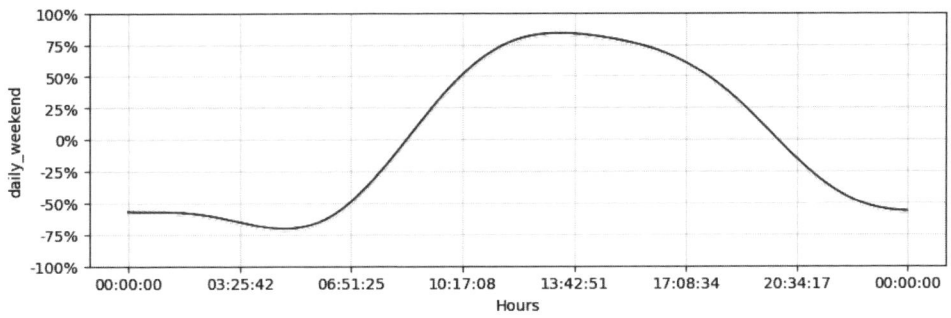

그림 5.17 일간 주말 구성 요소 플롯

플롯을 보니 확실히 차이가 있습니다. 예상대로 주말에는 Divvy 자전거 이용자들이 주중보다 늦은 시간에 자전거를 타기 시작합니다. 이용자 수는 낮 정오까지 천천히 늘다가 이후는 자정까지 서서히 줄어듭니다. 주중에 보이는 정오의 급격한 수요 감소 구간이 주말에는 보이지 않습니다.

지금까지 앞선 절에서 Air Passengers 데이터셋을 활용해서 가산형 계절성과 곱셈형 계절성의 차이를 알아봤습니다. 그다음에는 Divvy 데이터셋을 통해 커스텀 계절성과 조건부 계절성을 추가하는 방법을 배웠습니다. 아울러 Divvy 데이터셋을 계속 사용해서 푸리에 차수의 개념을 익히고 이를 통해 계절성 곡선의 유연성을 조절하는 방법을 배웠습니다. 그리고 Prophet은 계절성을 조절하기 위해 사용할 수 있는 또 다른 수단을 제공합니다. 바로 규제(regularization)라는 수단입니다.

05-5 계절성 규제

머신러닝으로 문제를 풀 때 사용하는 데이터가 너무 복잡해서 단순한 모델로는 그 안에 숨어 있는 미세한 패턴을 제대로 포착하기 어려울 때가 종종 있습니다. 단순한 모델은 데이터를 과소적합하는 경향이 있습니다. 게다가 간단한 모델을 사용하는 것이 항상 가능한 것도 아닙니다. 반면에 파라미터가 많고 유연성이 커서 복잡한 모델은 데이터를 과적합하는 경향이 있습니다. 이런 경우에 규제(regularization)가 과적합을 제어하는 훌륭한 대안이 될 수 있습니다.

Prophet은 매우 강력한 예측 도구이기 때문에 주의를 기울이지 않으면 데이터를 과적합할 수 있습니다. 때문에 Prophet의 규제 파라미터를 이해하는 것이 필요합니다.

> **<팁> 과소적합 vs 과적합**
>
> 모델이 입력 변수와 출력 변수 간의 실제 관계를 충분히 포착하지 못하면 과소적합되었다고 부릅니다. 이 경우 학습 데이터와 테스트 데이터 모두에서 모델의 성능이 낮게 나옵니다. 반면에 입력 변수과 출력 변수 간의 실제 관계를 모두 포착하는 것을 초과해서 데이터에 포함된 노이즈의 랜덤 패턴까지 적합하기 시작하면 과적합이 일어납니다. 이 경우 학습 데이터에서는 모델 성능이 높게 나오지만 정작 중요한 테스트 데이터에서의 성능은 낮게 나옵니다. 적합도가 좋은 모델은 학습 데이터와 테스트 데이터 모두에서 높은 성능을 내야 합니다.

규제는 모델의 유연성을 줄임으로써 과적합을 방지하는 기법입니다. 예를 들어 [그림 5.18]에서는 랜덤 노이즈를 가진 점들을 시뮬레이션으로 생성했습니다. 실제로 사용한 수식은 $y=(x-20)^2+50$입니다. 그리고 8차 다항식 회귀식을 사용해 적합하였습니다. 참고로 실제로 이처럼 높은 차수의 회귀식을 사용하는 경우는 거의 없습니다. 여기서는 요점을 강조하기 위해 일부러 높은 차수의 회귀식을 사용했습니다. 점선은 규제가 없는 회귀선이며 연결된 선은 규제를 추가한 회귀선입니다.

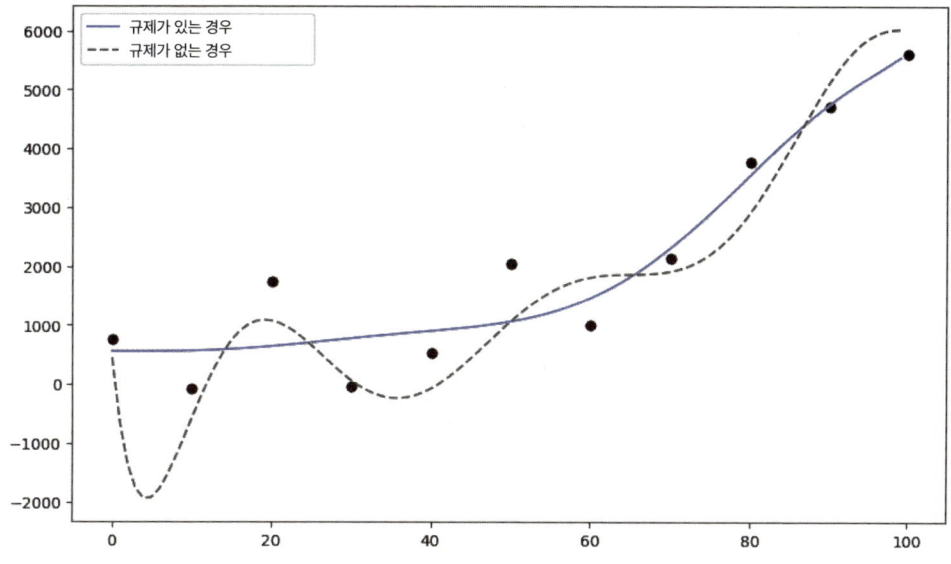

그림 5.18 규제 효과

위 그림에서 알 수 있듯이, 규제되지 않은 점선은 노이즈까지 적합하려고 과적합하여 실제 관계를 넘어 더 요동칩니다. 반면에 규제를 가하면 선의 유연성이 제약되어 좀 더 단순하고 부드러운 궤적의 곡선을 그려 냅니다. 실제 곡선이 본질적으로 $y=x^2$ 형태라는 점을 감안하면, 규제가 있는 경우의 선이 실제 관계를 더 잘 근사하며 새로운 데이터에서도 더 나은 성능을 보일 수 있습니다.

전체 Prophet 패키지에는 여러 개의 규제 파라미터가 있습니다. 그중에서도 계절성을 규제하는 파라미터는 사전 스케일(prior scale)이라 불립니다.

통계학에서 찾고자 하는 수량의 확실한 값을 모를 때 불확실한 값이라도 찾고자 하는 경우가 있습니다. 종종 'prior'라고 줄여서 부르는 사전 확률 분포(prior probability distribution)는 해당 수량에 대해 추가적인 정보를 학습하기 전에 예상되는 값의 확률 분포입니다.

예를 들어, 제가 여러분에게 어떤 남성의 키를 추측하라고 요구할 경우 여러분은 마음속으로 모든 가능한 남성의 키의 범위를 상상하게 됩니다. 그 키의 범위가 바로 사전 확률 분포입니다. 다음으로 여러분에게 그 남성이 미국 프로 농구(NBA) 선수라고 말해 줍니다. 여러분 대부분은 농구 선수가 일반적인 남성보다 키가 훨씬 크다는 사실을 알고 있습니다.

그래서 여러분은 생각하는 분포를 좀 더 큰 키 쪽으로 치우치도록 업데이트합니다. 왜냐하면 제가 드린 추가 정보가 여러분의 추측에 더 나은 근거를 제공했기 때문입니다.

사전 확률 분포는 추가 정보를 받기 전에 여러분이 참이라고 믿는 출발점입니다. Prophet의 계절성에 이 개념을 어떻게 적용할지 알아보겠습니다.

5.5.1 전역적 계절성 규제

계절성 규제를 적용하는 첫 번째 방법은 전역적(global)으로 적용하는 것이며 이는 모델의 모든 계절성에 동일하게 영향을 미칩니다. seasonality_prior_scale은 Prophet 모델의 속성으로 모델을 생성하여 초기화할 때 설정합니다. 만약 따로 설정하지 않으면 기본 값은 10입니다. 이 값을 낮추면 규제의 강도가 커져서 모델의 계절성을 강하게 억제합니다. 이 과정을 예제로 살펴보겠습니다.

이번 예제에서는 Divvy 일별 데이터를 사용합니다. 이전 예제에서 필요한 라이브러리를 모두 불러왔으므로 데이터를 불러와 Prophet 데이터프레임으로 저장하는 것부터 시작하겠습니다.

```
df = pd.read_csv('/content/drive/MyDrive/Book7/data/divvy_daily.csv')
df = df[['date', 'rides']]
df['date'] = pd.to_datetime(df['date'])
df.columns = ['ds', 'y']
```

이제 모델을 생성하여 초기화하면서 계절성 모드인 seasonality_mode를 multiplicative로 설정합니다. 푸리에 차수를 배울 때 이미 기본 seasonality_prior_scale 값인 10을 적용하여 예측을 수행해 본 적이 있습니다. 이번에는 이 값을 0.01로 설정해 보겠습니다.

아울러 이 데이터의 연간 계절성은 푸리에 차수 4로 잘 모델링된다는 것을 알게 됐으므로 해당 푸리에 차수 값을 그대로 적용합니다. 비교를 위해 규제되지 않은 모델과 비교하고 싶으면 [그림 5.8]과 [그림 5.9]를 참조하면 됩니다.

```
model = Prophet(seasonality_mode='multiplicative',
                yearly_seasonality=4,
                seasonality_prior_scale=.01)
```

규제 설정을 완료하였으니 이전과 마찬가지로 모델을 완성하고 예측 결과를 시각화합니다.

```
model.fit(df)
future = model.make_future_dataframe(periods=365)
forecast = model.predict(future)
fig = model.plot(forecast)
plt.show()
fig2 = model.plot_components(forecast)
plt.show()
```

먼저 예측 결과를 확인한 뒤 이어서 구성 요소를 살펴보겠습니다.

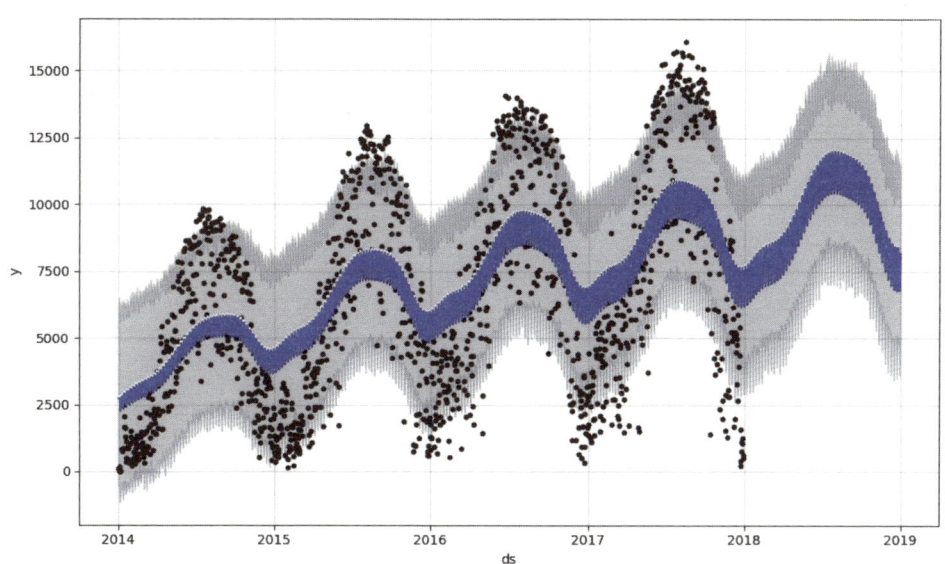

그림 5.19 규제된 예측

[그림 5.19]와 [그림 5.8]을 비교하면 규제 시 예측의 계절성 변동폭이 줄어든 것을 알 수 있습니다. 연간 계절성과 주간 계절성 모두 변동폭이 줄어들었습니다. 하지만 두 모델의 불확실성 구간은 대략 비슷해 보입니다. 이는 데이터의 분산이 Prophet 모델의 계절성 항이 아니라 노이즈 항을 통해 처리되기 때문입니다.

이제 구성 요소 플롯을 살펴보겠습니다.

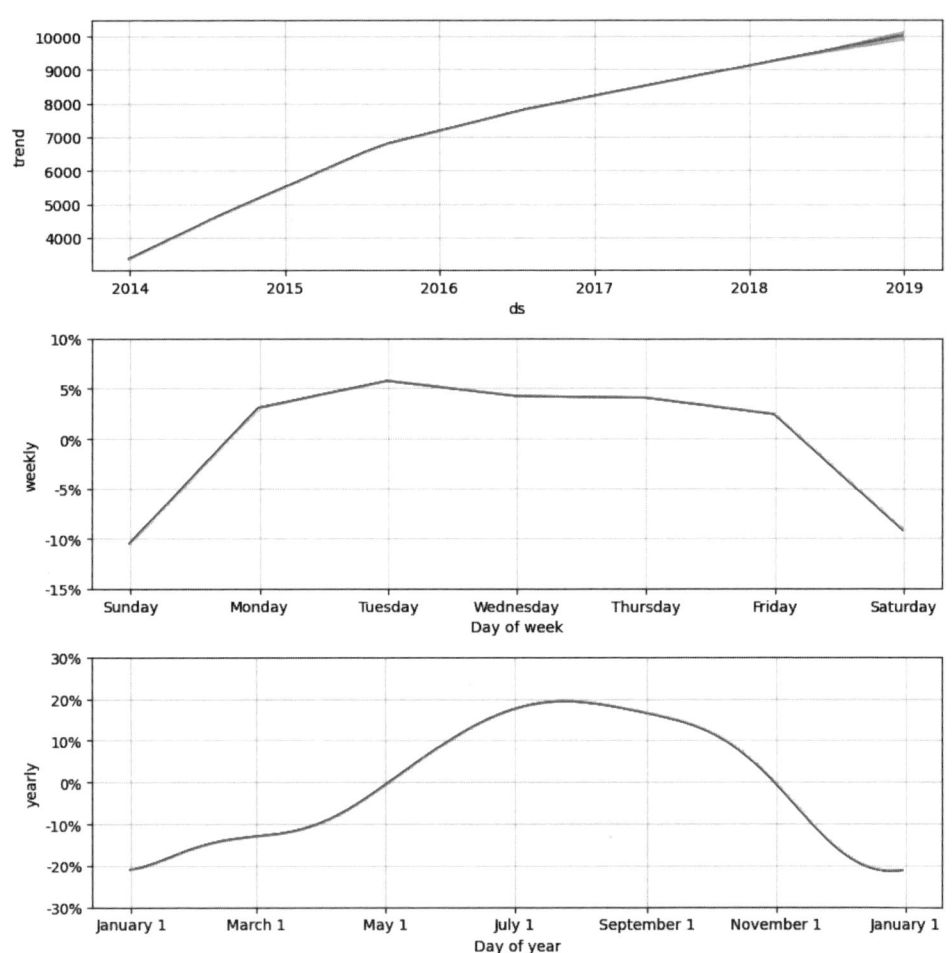

그림 5.20 규제된 구성 요소 플롯

이 그림을 [그림 5.9]와 비교하면 추세가 매우 유사하다는 것을 알 수 있습니다. 우리는 계절성에만 제약을 걸었고 추세는 제약하지 않았습니다. Prophet이 일부 계절성 변화를 추세로 설명하려고 시도하기 때문에 추세가 약간 변화된 부분도 있습니다. 실제로 최고점이 약간 더 높아졌습니다. 그러나 전체적인 형태는 거의 동일합니다. 주간 계절성 및 연간 계절성은 언뜻 보면 동일해 보이지만 y축의 크기가 규제되기 이전 수준의 3분의 1 내지 4분의 1 수준으로 줄어들었습니다. 이것이 바로 계절성 규제의 효과입니다. 즉, 계절성 곡선의 진폭을 줄입니다.

이제 계절성 사전 스케일(prior scale) 효과를 설명하기 위해, 이 데이터셋에 서로 다른 사전 스케일로 모델링했을 때의 연간 및 주간 계절성 곡선을 비교해 보겠습니다. 먼저 연간 계절성 플롯입니다.

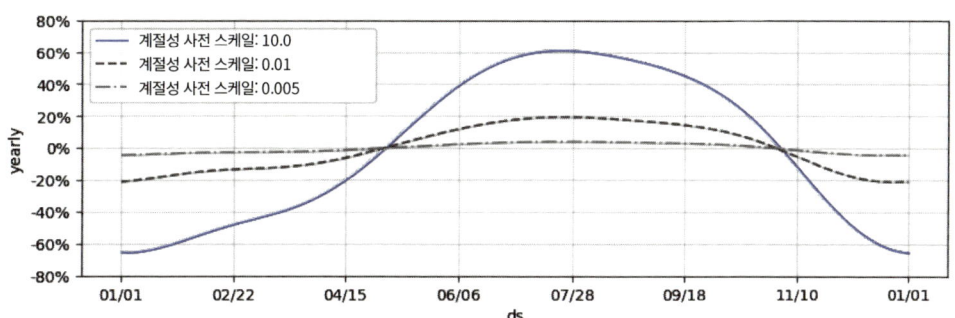

그림 5.21 서로 다른 사전 스케일의 연간 계절성

다음은 주간 계절성 플롯입니다.

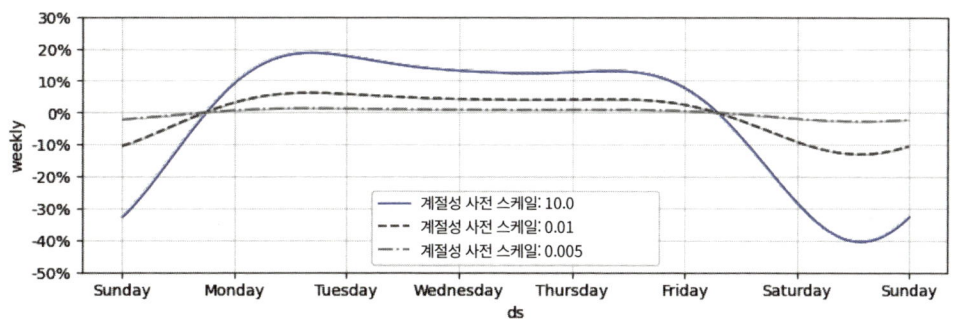

그림 5.22 서로 다른 사전 스케일의 주간 계절성

두 그림에서 실선은 기본 사전 스케일 값인 10을 적용한 것입니다. 점선과 그리고 일점쇄선(점-실선 조합)은 규제 강도가 점점 커지는 결과를 나타냅니다. 푸리에 차수를 조정하면 계절성 곡선의 굴곡(요동) 수를 줄여서 계절성을 제어하는 데 도움이 되는 반면, 계절성 사전 스케일을 조정하면 계절성의 변동폭인 진폭 자체를 줄여 계절성을 제어합니다.

이 절에서 우리는 전체 계절성 요소들을 동시에 규제하는 방법을 배웠습니다. 이어서 각 계절성 요소를 개별적으로 규제하는 방법을 알아보겠습니다.

5.5.2 국소적 계절성 규제

연간 계절성 곡선은 기본 규제 설정으로 충분히 처리가 가능한 상황에서 주간 계절성 곡선이 너무 극단적이고 과적합되었다고 가정하겠습니다. 이때 국소적(local) 계절성 규제를 통해 특정 계절성을 더욱 강하게 억제할 필요가 있습니다. 이를 위해 `add_seasonality` 메서드를 사용해서 커스텀 사전 스케일을 갖춘 새로운 주간 계절성을 추가할 수 있습니다.

계속해서 새로운 모델을 생성하고 초기화하겠습니다. 이번에도 `multiplicative` 계절성 모드를 사용하고, 연간 계절성에 푸리에 차수 4를 적용합니다. 하지만 이번에는 새 주간 계절성을 추가할 것이므로 기본 주간 계절성 설정을 비활성화하기 위해 `weekly_seasonality` 인자 값을 False로 설정합니다.

```
model = Prophet(seasonality_mode='multiplicative',
                yearly_seasonality=4,
                weekly_seasonality=False)
```

앞의 '커스텀 계절성 추가' 절에서 배운 것처럼, 이제 7일 주기(`period`)를 갖고 이름이 `weekly`인 계절성을 추가합니다. 기본 푸리에 차수 값 4를 여기서도 그대로 사용합니다. 이번에는 기본 규제보다 더 강한 규제를 원하기에 `prior_scale` 인자 값을 0.01로 입력합니다.

```
model.add_seasonality(name='weekly',
                      period=7,
                      fourier_order=4,
                      prior_scale=0.01)
```

이제 모델을 적합시키고 future 데이터프레임에 대해 예측을 수행합니다. 그리고 구성 요소 플롯을 생성합니다.

```
model.fit(df)
future = model.make_future_dataframe(periods=365)
forecast = model.predict(future)
fig2 = model.plot_components(forecast)
plt.show()
```

그럼 다음 플롯이 나오는데 이는 [그림 5.20]과 거의 동일합니다.

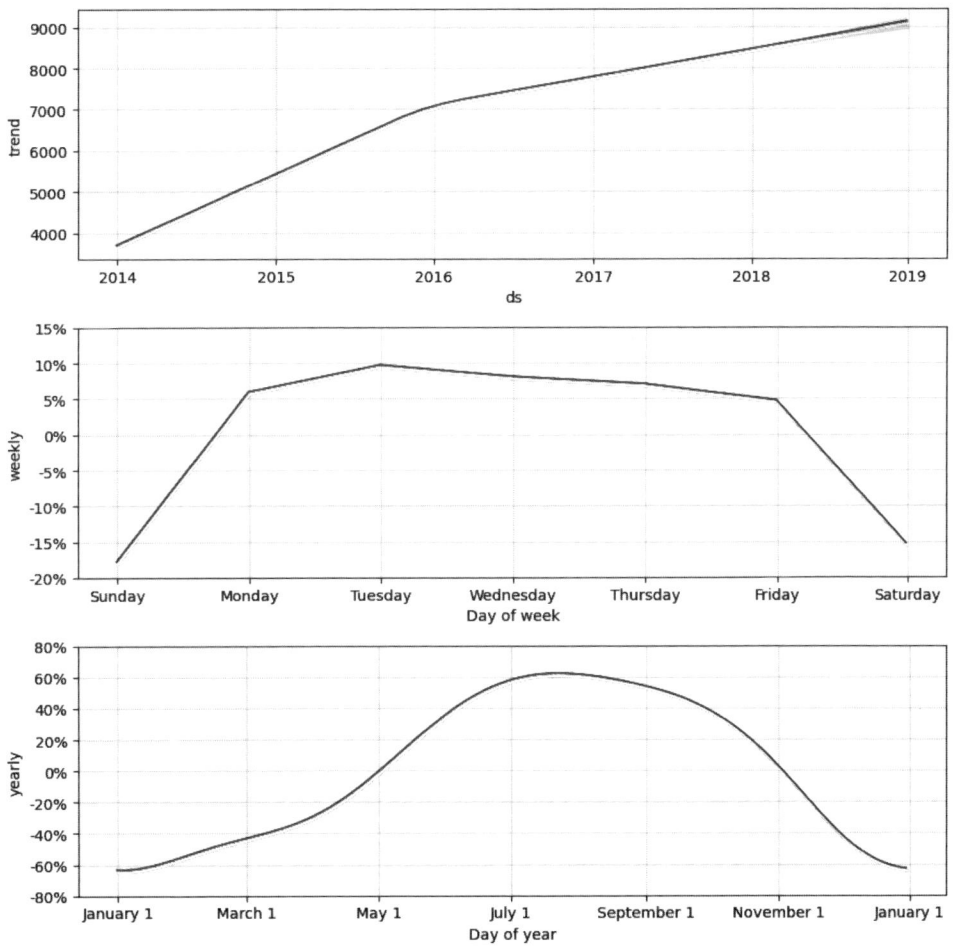

그림 5.23 규제된 주간 구성 요소 플롯

그림에서 규제되지 않은 연간 계절성의 크기는 [그림 5.9]와 일치하지만, 규제된 주간 계절성은 예상대로 진폭이 약 절반으로 줄어들었습니다. 이처럼 모든 계절성 요소에 각각 add_seasonality 호출을 반복해서 적용하기만 하면 각기 다른 규제 강도를 적용할 수 있습니다. 이 경우 일반적인 사전 스케일 값의 범위는 10에서 0.01 사이입니다.

다음 장에서는 Prophet 패키지에서 공휴일을 처리하는 방법에 대해 알아보겠습니다.

06장

공휴일 효과 예측

06-1 _ 기본 국가 공휴일 추가

06-2 _ 기본 지자체(주/도) 공휴일 추가

06-3 _ 커스텀 공휴일 생성

06-4 _ 연휴 생성

06-5 _ 공휴일 규제

Prophet은 비즈니스 예측을 수행하도록 설계되었기 때문에 비즈니스 활동에 큰 역할을 미치는 공휴일 효과를 고려해야 합니다. 예를 들어 자전거 공유 서비스를 겨울보다는 여름에, 주말보다는 주중에 더 자주 이용하는 것과 비슷한 논리로 추석이나 설날에 자전거를 덜 탈 것이라고 가정하는 것이 타당합니다.

다행히 Prophet은 예측 시 공휴일의 영향을 반영하는 강력한 기능을 제공합니다. Prophet이 제공하는 공휴일 처리 기법은 음식 축제와 같은 공휴일과 유사한 이벤트를 모델링하는 데도 활용할 수 있습니다. 이 장에서는 이러한 이벤트도 모델링합니다.

Prophet에는 기본 공휴일과 사용자가 직접 추가할 수 있는 커스텀 공휴일을 반영할 수 있습니다. 이 장에서는 기본 공휴일 및 커스텀 공휴일 모두를 다룹니다. 또한 규제를 통해 공휴일 효과의 크기를 조절하는 방법을 배웁니다.

이 장에서는 책의 깃허브에서 제공하는 chapter_06.ipynb 코랩 노트북 파일을 사용합니다.

06-1 기본 국가 공휴일 추가

Prophet은 파이썬 holidays 패키지를 사용하여 나라별, 지역별(주, 도) 기본 공휴일 목록을 생성합니다. Prophet 공휴일 목록을 만들 지역을 지정하려면 해당 국가의 이름 또는 ISO 코드를 입력해야 합니다. 사용 가능한 모든 국가 또는 지역 목록은 holidays 패키지의 README 파일에서 확인할 수 있습니다(https://github.com/dr-prodigy/python-holidays#available-countries).

기본 공휴일을 추가하기 위해 Prophet은 add_country_holidays 메서드를 제공합니다. 이 메서드는 해당 국가 ISO 코드를 인자로 받습니다. Divvy 데이터셋을 다시 사용하여 예제를 만들어 보겠습니다. 먼저 미국의 공휴일을 추가하고 나서 Divvy 네트워크가 위치한 시카고가 속한 일리노이주의 공휴일을 추가합니다.

필요한 라이브러리 및 데이터셋을 불러오고 모델을 생성하여 초기화하겠습니다. 여기서는 5장에서 배운 대로 계절성 모드는 multiplicative로, 연간 계절성 푸리에 차수는 4로 설정합니다.

```
import pandas as pd
import matplotlib.pyplot as plt
from prophet import Prophet

df = pd.read_csv('/content/drive/MyDrive/Book7/data/divvy_daily.csv')
df = df[['date', 'rides']]
df['date'] = pd.to_datetime(df['date'])
df.columns = ['ds', 'y']

model = Prophet(seasonality_mode='multiplicative',
                yearly_seasonality=4)
```

이어서 다음 코드로 미국 공휴일 목록을 모델에 추가합니다.

```
model.add_country_holidays(country_name='US')
```

이어서 학습 데이터프레임에 모델을 적합시키고, 미래 예측용 future 데이터프레임을 생성해서 predict 메서드를 적용합니다. 그 후 예측 결과 및 구성 요소를 시각화합니다.

```
model.fit(df)
future = model.make_future_dataframe(periods=365)
forecast = model.predict(future)
fig = model.plot(forecast)
plt.show()
```

출력된 예측 플롯은 5장의 [그림 5.8]과 매우 유사해 보입니다.

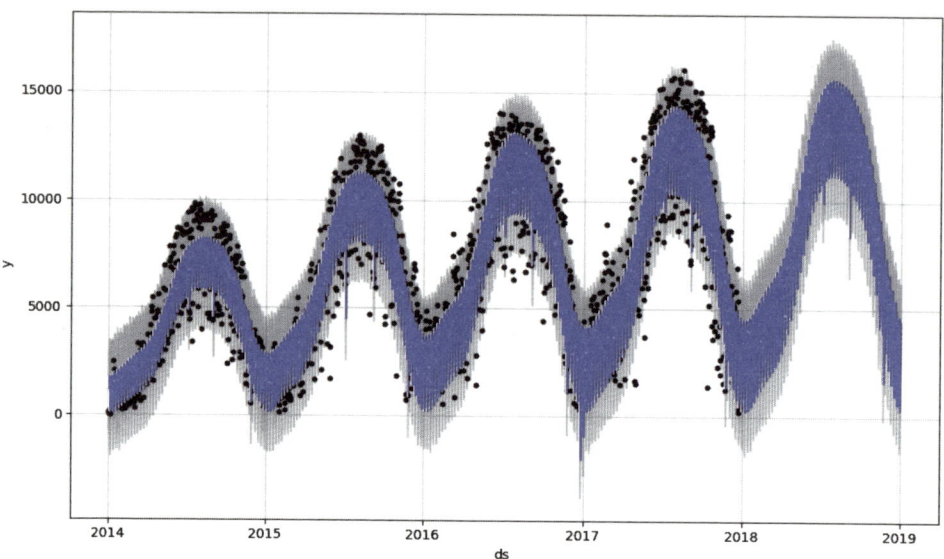

그림 6.1 미국 공휴일을 포함한 Divvy 예측

눈썰미가 좋은 독자라면 매년마다 중간 지점과 연말 무렵에 몇 개의 아래로 처지는 세로 줄, 즉 스파이크(spike)가 보일 것입니다. 그것이 무엇인지 파악하기 위해 구성 요소 플롯을 살펴보겠습니다.

```
fig2 = model.plot_components(forecast)
plt.show()
```

이 코드의 출력물에는 추세 및 주간 계절성과 연간 계절성이 포함되어 있으며 이전과 거의 동일하게 보입니다. 그러나 이번에는 새롭게 공휴일(holidays) 플롯이 추가됩니다. 다음 그림은 지면을 아끼기 위해 전체 플롯에서 공휴일 플롯만 잘라내 보여 주고 있습니다.

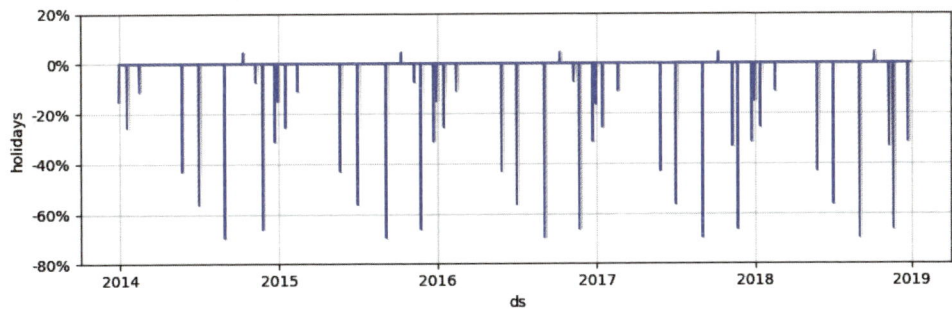

그림 6.2 Divvy 미국 공휴일 구성 요소(일부)

위 플롯은 Divvy 서비스 이용량이 추세에서 벗어난 스파이크를 보여 줍니다. 각 스파이크는 특정 공휴일에 해당합니다. 대부분의 공휴일에는 이용량이 감소하지만, 매년 4분기에 속하는 공휴일만은 예외입니다. 이를 조사해 보겠습니다.

모델에 포함된 공휴일 목록은 다음 코드로 확인할 수 있습니다.

```
model.train_holiday_names
```

이 코드는 모델에 포함된 인덱스 및 공휴일 이름을 담고 있는 파이썬 객체를 출력합니다. 참고로 인덱스는 파이썬 자료에 순서를 매기는 번호이며 0부터 시작합니다.

0	New Year's Day
1	Memorial Day
2	Independence Day
3	Labor Day
4	Veterans Day
5	Thanksgiving Day
6	Christmas Day
7	Christmas Day (observed)
8	Martin Luther King Jr. Day
9	Washington's Birthday
10	Columbus Day
11	New Year's Day (observed)
12	Veterans Day (observed)
13	Independence Day (observed)

그림 6.3 미국 공휴일

forecast 데이터프레임에 이들 공휴일이 포함돼 있습니다. 각 공휴일마다 해당 공휴일의 예측 효과와 불확실성의 상한 및 하한을 나타내는 총 세 개의 열이 추가됩니다. 예를 들어서 New Year's Day, New Year's Day_lower, New Year's Day_upper와 같은 이름의 열이 생성됩니다. 이 새로운 열을 사용하면 각 공휴일별 예측 효과를 정확하게 파악할 수 있습니다. 이를 위해 forecast 데이터프레임에서 각 공휴일의 0이 아닌 첫 번째 값을 출력해 보겠습니다.

이를 위해 first_non_zero라는 함수를 만들어 보겠습니다. 이 함수는 forecast 데이터프레임과 공휴일 이름(name)을 인수로 입력 받아 해당 공휴일 열에서 0이 아닌 첫 번째 값을 반환합니다. 그런 다음, 파이썬의 리스트 컴프리헨션(list comprehension) 형식을 사용해서 각 공휴일 이름에 대해 first_non_zero 함수를 적용합니다.

> **<역자 팁> 리스트 컴프리헨션**
>
> 다음 코드의 마지막에 사용된 first_non_zero(forecast, holiday) for holiday in model.train_holiday_names 부분이 리스트 컴프리헨션 형태입니다. 리스트 컴프리헨션은 for 반복문을 간략화한 파이썬 문법의 일종입니다.

```
def first_non_zero(fcst, holiday):
    return fcst[fcst[holiday] != 0][holiday].values[0]

pd.DataFrame({'holiday': model.train_holiday_names,
              'effect': [first_non_zero(forecast, holiday)
                         for holiday in model.train_holiday_names]})
```

forecast 데이터프레임의 각 행은 날짜(date)와 매칭되기 때문에 대부분의 공휴일(holiday) 열 값은 0이 됩니다. 이는 일반적인 날짜 중에 공휴일이 적기 때문입니다. 공휴일 당일에는 이 값이 0이 아닌 값으로 표기됩니다. 그 값이 양수이면 예상보다 자전거 이용량이 많고, 음수이면 예상보다 자전거 이용량이 적음을 의미합니다.

Prophet은 각 공휴일이 매년마다 동일한 영향을 미친다고 가정하므로 이 값은 해마다 일정하게 유지됩니다. 이번 예제에서는 seasonality_mode = 'multiplicative'로 설정했기 때문에 공휴일 효과는 추세로부터 이탈한 만큼의 비율(percentage)로 계산됩니다. 전역적 `seasonality_mode`는 공휴일에도 영향을 미칩니다. 다음 테이블은 이러한 효과를 보여 줍니다.

	holiday	effect
0	New Year's Day	-0.151649
1	Memorial Day	-0.430543
2	Independence Day	-0.563040
3	Labor Day	-0.696629
4	Veterans Day	-0.073596
5	Thanksgiving Day	-0.662743
6	Christmas Day	-0.312541
7	Christmas Day (observed)	-0.205772
8	Martin Luther King Jr. Day	-0.255851
9	Washington's Birthday	-0.111737
10	Columbus Day	0.042948
11	New Year's Day (observed)	-0.165139
12	Veterans Day (observed)	-0.331602
13	Independence Day (observed)	-0.210319

그림 6.4 공휴일 효과 값

이제 우리는 콜럼버스의 날(Columbus Day) 공휴일이 Divvy 자전거 이용량을 약 4% 늘리는 것을 명확히 확인할 수 있습니다. 그 외 다른 공휴일은 부정적인 영향을 미칩니다. 특히 노동절(Labor Day)에는 예측 추세 대비 무려 69%나 이용량이 감소합니다.

지금까지 배운 것은 Prophet의 기본 공휴일 기능입니다. 이는 Prophet에 별도의 추가적인 인자를 제공하지 않았을 때 생성되는 기본 계절성과 유사합니다. 즉, 기본 공휴일 기능은 대부분의 경우에 훌륭하게 작동하며 종종 이 기본 기능만으로도 충분합니다. 하지만 분석가가 계절성 효과를 세밀하게 제어할 수 있는 것처럼, 공휴일 설정 또한 기본값을 넘어 세밀하게 제어할 수 있습니다. 이를 위해 다음 절에서는 특정한 주나 도의 공휴일을 추가하는 과정을 다루겠습니다.

06-2 기본 지자체(주/도) 공휴일 추가

일리노이주의 공휴일을 추가하는 것은 그리 간단하지 않습니다. `add_country_holidays` 메서드는 오직 국가만 인자로 받을 수 있고, 주나 도는 입력으로 받을 수 없기 때문입니다. 주나 도 단위의 공휴일을 추가하려면 Prophet의 새로운 함수인 `make_holidays_df`를 사용해야 합니다. 해당 함수를 불러오겠습니다.

```
from prophet.make_holidays import make_holidays_df
```

이 함수는 공휴일 정보를 생산할 연도 목록과, 국가 및 주(혹은 도)에 대한 정보를 인자로 받습니다. 다만 원서 출간 시점과 현재의 Prophet 버전 등의 차이로 `make_holidays_df`의 수정이 필요해서 다음과 같이 해당 함수를 재정의합니다.

```
# 호환용 make_holidays_df 함수 재정의(역자 수정)
import holidays as _hol

def make_holidays_df(year_list, country, state=None):
    """
    Prophet의 make_holidays_df와 동일한 인터페이스.
    holidays 버전 차이를 흡수해 US-주(州) 휴일까지 포함한 데이터프레임을 생성.
    """
    # 최신 prophet 버전에서 주 반영을 위해 subdiv 인자를 사용하는 경우
    try:
        cal = _hol.country_holidays(country=country, years=year_list, subdiv=state)
    except TypeError:
        # 주 반영을 위해 state 인자를 사용하는 경우
        try:
            # 미국 전용 버전
            if country in ("US", "USA", "United States"):
                cal = _hol.US(years=year_list, state=state)
            else:
                cal = _hol.country_holidays(country=country, years=year_list, state=state)
```

```
        except TypeError:
            # 주 반영을 위해 prov 인자를 사용하는 경우
            try:
                if country in ("US", "USA", "United States"):
                    cal = _hol.UnitedStates(years=year_list, prov=state)
                else:
                    cal = _hol.country_holidays(country=country,
                                                years=year_list, prov=state)
            except TypeError:
                # 주(州) 인자 미지원이면 국가 공휴일만 반영
                cal = _hol.country_holidays(country=country,
years=year_list)

    df = pd.DataFrame(
        [(pd.Timestamp(d), name) for d, name in sorted(cal.items())],
        columns=["ds", "holiday"]
    ).drop_duplicates(subset=["ds", "holiday"])

    return df
```

이때 학습 데이터셋에 있는 모든 연도와 예측하려는 모든 연도를 사용해야 합니다. 이를 위해 다음 코드에서는 먼저 학습 데이터셋에 있는 모든 연도들을 담은 연도 리스트를 생성합니다. 그리고 make_future_dataframe 명령어가 예측에 1년을 추가하기 때문에, 연도 목록에 1년을 추가적으로 포함시킵니다.

```
year_list = df['ds'].dt.year.unique().tolist()
# 마지막 연도를 확인하고 거기에 1을 더함
year_list.append(year_list[-1] + 1)
holidays = make_holidays_df(year_list=year_list,
                            country='US',
                            state='IL')
```

다음 단계로 넘어가기 전에 holidays 데이터프레임의 첫 다섯 행을 출력해서 살펴보겠습니다.

```
holidays.head()
```

다음 출력에서 볼 수 있듯이, holidays(복수형) 데이터프레임은 ds와 holiday(단수형) 두 가지 열로 구성돼 있으며 각각 공휴일 날짜와 공휴일 명칭을 나타냅니다.

	ds	holiday
0	2014-01-01	New Year's Day
1	2014-01-20	Martin Luther King Jr. Day
2	2014-02-12	Lincoln's Birthday
3	2014-02-17	Washington's Birthday
4	2014-03-03	Casimir Pulaski Day

그림 6.5 일리노이주 공휴일

이러한 공휴일은 Prophet 모델에 불러오려면 모델을 생성하여 초기화할 때 holidays 데이터프레임을 모델에 전달하면 됩니다. 이후 절차는 이전과 유사하게 진행합니다.

```
model = Prophet(seasonality_mode='multiplicative',
                yearly_seasonality=4,
                holidays=holidays)
model.fit(df)
future = model.make_future_dataframe(periods=365)
forecast = model.predict(future)
```

model.train_holiday_names를 다시 호출하면 미국 공휴일에는 없지만 일리노이주에서 지정한 네 개의 공휴일이 추가된 것을 확인할 수 있습니다.

06-3 커스텀 공휴일 생성

미국의 기본 공휴일로는 추수감사절과 크리스마스 등이 있습니다. 그런데 블랙 프라이데이와 크리스마스 이브 같은 비공식 공휴일에도 자전거 이용량이 예측된 추세를 벗어날 가능성이 큽니다. 따라서 이러한 날짜를 우리의 예측에서 커스텀 공휴일로 포함시키겠습니다.

이 예제에서는 앞서 일리노이주 공휴일 데이터프레임을 생성했던 방식과 유사하게 미국 기본 공휴일용 데이터프레임을 만든 후 거기에 커스텀 공휴일을 추가할 예정입니다. 커스텀 공휴일을 생성하기 위해 holiday와 ds라는 두 열을 가진 데이터프레임을 만듭니다. 이전과 마찬가지로 이 데이터프레임은 과거의 모든 공휴일과 우리가 예측하려는 미래의 공휴일 모두를 포함해야 합니다.

이 예제에서는 기본 미국 공휴일로 채워진 holidays 데이터프레임을 먼저 생성하고, 앞선 예제에서 작성한 year_list도 계속 사용하겠습니다.

```
holidays = make_holidays_df(year_list=year_list, country='US')
```

이제 기본 공휴일 목록에 커스텀 공휴일을 추가할 것입니다. 이를 위해 holiday 및 ds 열을 갖는 두 개의 데이터프레임을 추가로 생성합니다. 두 데이터프레임은 각각 블랙 프라이데이와 크리스마스 이브를 나타내는 용도이며 이름도 각각 black_friday와 christmas_eve로 명명합니다.

```
black_friday = pd.DataFrame({'holiday': 'Black Friday',
                             'ds': pd.to_datetime(['2014-11-28',
                                                   '2015-11-27',
                                                   '2016-11-25',
                                                   '2017-11-24',
                                                   '2018-11-23'])})
christmas_eve = pd.DataFrame({'holiday': 'Christmas Eve',
                              'ds': pd.to_datetime(['2014-12-24',
                                                    '2015-12-24',
                                                    '2016-12-24',
                                                    '2017-12-24',
                                                    '2018-12-24'])})
```

물론 두 공휴일을 개별 행으로 포함하는 하나의 데이터프레임으로도 만들 수도 있지만, 명확한 설명을 위해 별도의 데이터프레임으로 구분하였습니다.

마지막으로 지금까지 작성한 세 개의 공휴일 데이터프레임인 holidays, black_friday, christmas_eve를 하나로 병합하여 최종적으로 이를 holidays 데이터프레임으로 다시 명명합니다.

```
holidays = pd.concat([holidays, black_friday, christmas_eve]
                    ).sort_values('ds').reset_index(drop=True)
```

위의 코드처럼 값을 정렬하거나 인덱스를 재설정(reset)하는 것이 반드시 필요한 것은 아니지만 이런 조치를 취해 놓으면 시각적으로 더 명확하게 파악하는 데 도움이 됩니다.

공휴일 데이터프레임 `holidays` 작성을 완료하였고, 이제 Prophet 모델을 생성하여 초기화 시 해당 데이터프레임을 전달합니다. 그리고 `fit` 메서드와 `predict` 메서드를 적용하여 예측을 수행합니다.

```
model = Prophet(seasonality_mode='multiplicative',
                yearly_seasonality=4,
                holidays=holidays)
model.fit(df)
future = model.make_future_dataframe(periods=365)
forecast = model.predict(future)
```

이제 `forecast` 데이터프레임이나 구성 요소 플롯을 살펴보면 매년 블랙 프라이데이와 크리스마스 이브에 해당하는 두 개의 추가 공휴일 항목이 포함된 것을 확인할 수 있습니다.

이러한 방식으로 공휴일을 생성하면 개별 공휴일을 훨씬 더 세밀하게 제어할 수 있습니다. 다음으로는 공휴일 설정을 조정할 수 있는 몇 가지 추가 파라미터를 살펴보겠습니다.

06-4 연휴 생성

가끔 공휴일이나 특별한 이벤트가 여러 날에 걸쳐 지속될 수 있습니다. 다행히 Prophet은 window 인자를 통해 이러한 시나리오를 처리하는 기능을 갖고 있습니다. 앞선 예제에서 공휴일을 정의하기 위해 생성한 `holidays` 데이터프레임에는 `lower_window` 열과 `upper_window` 열을 추가할 수 있습니다. 이 열들은 Prophet이 모델링하는 주요 공휴일을 기준으로 그 이전 또는 이후의 추가 날짜들을 공휴일로 지정하는 데 사용됩니다.

예를 들어 이전 예제에서 크리스마스와 크리스마스 이브를 각기 다른 공휴일로 설정했습니다. 이를 처리하는 또 다른 방법은 크리스마스만 공휴일로 지정하고 lower_window 인자의 값을 1로 입력하여 크리스마스 하루 전날인 이브를 공휴일 범위에 포함시키는 것입니다. 물론 이 방식은 당연히 크리스마스 이브가 항상 크리스마스 전날에 해당한다고 가정합니다. 그럴 리는 없겠지만 만약 크리스마스 이브가 크리스마스 전날로 고정되지 않고 매해 바뀐다면 이 window 메서드를 적용할 수 없습니다.

시카고에서는 매년 7월 Taste of Chicago라는 5일간의 축제가 열립니다. 이는 세계 최대 규모의 음식 축제이자 시카고 최대 규모의 축제입니다. 매년 백만 명 이상의 사람들이 다양한 음식 부스나 인기 콘서트를 즐기기 위해 이 축제를 찾아옵니다. 이처럼 많은 인파가 도시를 돌아다니는 상황에서 당연히 시카고 Divvy 네트워크의 자전거 이용량이 달라질 것이라고 쉽게 예측할 수 있습니다. 이번 예제에서는 Taste of Chicago 축제를 5일간의 공휴일로 모델링하고 이것이 Divvy 이용량 예측에 어떤 영향을 미치는지 살펴보겠습니다.

앞서와 마찬가지로 먼저 기본 미국 공휴일 정보를 담은 holidays 데이터프레임을 생성합니다. 다음으로는 매년 해당 이벤트의 첫째 날을 기준으로 taste_of_chicago 데이터프레임을 생성합니다. 이 날짜는 과거 데이터와 예측 기간 모두에 대해 설정합니다. 여기서 lower_window와 upper_window 열을 추가하여 lower_window 값을 0으로, upper_window 값을 4로 설정합니다. lower_window 값 0은 이벤트의 첫날 이전의 날짜는 포함하지 않는다는 의미입니다. 또한 upper_window 값 4는 이벤트 첫날 이후의 4일을 포함해서 공휴일 기간이 총 5일이 됨을 의미합니다. 그리고 holidays와 taste_of_chicago 데이터프레임을 병합하고 이처럼 병합한 데이터프레임을 다시 holidays로 명명합니다.

```
holidays = make_holidays_df(year_list=year_list, country='US')

taste_of_chicago = pd.DataFrame({'holiday': 'Taste of Chicago',
                                 'ds': pd.to_datetime(['2014-07-09',
                                                       '2015-07-08',
                                                       '2016-07-06',
                                                       '2017-07-05',
```

```
                                        '2018-07-11']),
                       'lower_window': 0,
                       'upper_window': 4})
holidays = pd.concat([holidays, taste_of_chicago]
              ).sort_values('ds').reset_index(drop=True)
```

이제 병합한 데이터프레임의 처음 열 개 행을 살펴봅니다.

```
holidays.head(10)
```

출력 결과에서 Taste of Chicago 공휴일이 포함된 것은 물론 추가된 `lower_window`와 `upper_window` 열도 보입니다.

	ds	holiday	lower_window	upper_window
0	2014-01-01	New Year's Day	NaN	NaN
1	2014-01-20	Martin Luther King Jr. Day	NaN	NaN
2	2014-02-17	Washington's Birthday	NaN	NaN
3	2014-05-26	Memorial Day	NaN	NaN
4	2014-07-04	Independence Day	NaN	NaN
5	2014-07-09	Taste of Chicago	0.0	4.0
6	2014-09-01	Labor Day	NaN	NaN
7	2014-10-13	Columbus Day	NaN	NaN
8	2014-11-11	Veterans Day	NaN	NaN
9	2014-11-27	Thanksgiving Day	NaN	NaN

그림 6.6 window 기능으로 생성한 공휴일

> **<팁>**
> 앞의 결과에서 **NaN**은 '숫자가 아님(Not a Number)'을 의미합니다. 이 값은 단순한 자리 표시자(placeholder)일 뿐이며 분석에 아무런 영향을 미치지 않습니다.

이제 모델을 적합시키고 예측을 실행합니다.

```
model = Prophet(seasonality_mode='multiplicative',
                yearly_seasonality=4,
                holidays=holidays)
model.fit(df)
future = model.make_future_dataframe(periods=365)
forecast = model.predict(future)
```

Taste of Chicago가 Divvy 자전거 이용량에 미치는 영향을 알아보기 위해 forecast 데이터프레임을 살펴보겠습니다.

```
forecast[forecast['ds'].isin(['2018-07-11',
                              '2018-07-12',
                              '2018-07-13',
                              '2018-07-14',
                              '2018-07-15']
                            )][['ds',
                                'Taste of Chicago']]
```

출력 결과는 forecast 데이터프레임 내용 중 2018년 Taste of Chicago 이벤트 기간인 5일간의 데이터를 보여 줍니다. 열은 날짜(ds 변수)를 보여 주고 이벤트가 자전거 이용량에 미치는 영향(Taste of Chicago 변수)을 각기 보여 줍니다.

	ds	Taste of Chicago
1649	2018-07-11	-0.036604
1650	2018-07-12	0.018863
1651	2018-07-13	0.068313
1652	2018-07-14	0.014960
1653	2018-07-15	0.021785

그림 6.7 Taste of Chicago가 자전거 이용량에 미치는 영향

예측 결과에 따르면 이벤트 첫째 날에는 이벤트가 없던 때보다 자전거 이용량이 3.6% 감소했습니다. 이벤트 둘째 날과 셋째 날은 각기 약 1.9% 및 6.8% 증가했으며 이벤트의 마지막 이틀은 각각 약 2% 정도 증가했습니다. 이 수치들의 크기가 기대보다 작게 느껴질 수도 있습니다. 특히 미국 독립기념일인 7월 4일에 자전거 이용량이 55%나 감소한 것과

비교하면 더 그렇습니다. 게다가 이들 수치 중 일부는 음수이고 일부는 양수라는 점까지 고려하면, 이러한 결과가 통계적으로 유의미한 차이라고 보기 어려울 수도 있습니다. 참고로 11장에서 이러한 결과가 통계적으로 유의미한 것인지 아닌지를 다룹니다.

여기서 Prophet의 plot 패키지에서 plot_forecast_component 함수를 불러와 이 공휴일 효과만 시각화할 수 있습니다. 먼저 해당 함수를 불러옵니다.

```
from prophet.plot import plot_forecast_component
```

이 함수는 첫 번째 인자로는 모델, 두 번째 인자로 forecast 데이터프레임, 세 번째 인자로 시각화할 구성 요소 이름을 문자열로 받습니다. 여기서는 'Taste of Chicago'를 입력합니다.

```
fig3 = plot_forecast_component(model,
                               forecast,
                               'Taste of Chicago',
                               figsize=(10.5, 3.25))
plt.show()
```

출력 결과에서는 [그림 6.7]의 테이블 내용을 시각화하며 이번에는 모든 연도를 표시합니다.

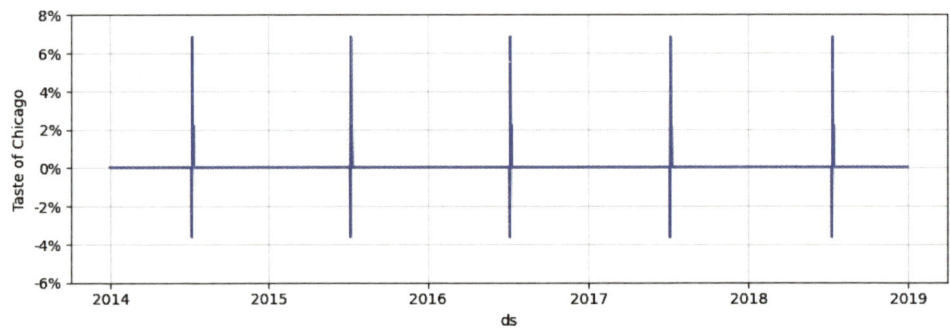

그림 6.8 Taste of Chicago 공휴일 효과

앞의 그림대로 이벤트의 첫째 날에는 자전거 이용량이 감소했고 나머지 나흘간은 이용량이 증가한 것이 보입니다. 지금까지 예측 모델에 공휴일을 추가하는 여러 방법을 배웠습니다. 이제는 공휴일 효과를 제어하는 또 다른 도구인 규제에 대해 살펴보겠습니다.

06-5 공휴일 규제

모델의 유연성을 제한하여 새로운 데이터에 더 잘 일반화하여 적합시키도록 돕는 과정을 규제라고 합니다. 5장에서는 Prophet에서 계절성 효과를 규제하는 방법에 대해 자세히 설명한 바 있습니다. Prophet 내부에서 공휴일 효과를 규제하거나 계절성 효과를 규제할 때 사용하는 수학적 절차는 동일하므로 5장의 개념들을 그대로 공휴일에도 적용할 수 있습니다.

일반적으로 공휴일이 모델에 예상보다 더 큰 영향을 미친다고 판단되면, 즉 그 영향력의 크기가 생각보다 크다면 규제를 고려해야 합니다. 규제는 공휴일 효과의 크기를 줄여서 공휴일이 예측에 큰 영향을 미치는 것을 방지합니다. Prophet은 이를 위해 `holidays_prior_scale` 파라미터를 제공합니다.

이는 이전 장에서 계절성을 규제하기 위해 설명한 `seasonality_prior_scale` 파라미터와 사용법이 유사합니다. 계절성을 전역적(global)으로 혹은 국소적(local)으로 규제할 수 있었듯이 공휴일도 그렇게 규제할 수 있습니다. 그 방법을 살펴보겠습니다.

6.5.1 전역적 공휴일 규제

Prophet은 공휴일 효과를 예측하는 데 사용하는 기본(디폴트) 사전 확률 분포를 가지고 있으며 이 분포를 활용해 데이터에 가장 적합한 값을 예측하려고 시도합니다. 하지만 그 사전 확률 분포의 범위가 실제값과 크게 다른 경우에는 Prophet이 최적값을 찾기 어려워집니다. 이때 Prophet에게 예측값에 대한 추가 정보를 준다면 Prophet은 사전 확률 분포를 업데이트함으로써 더 나은 예측을 할 수 있습니다. 공휴일에 대한 사전 스케일(prior scale)을 조정하는 것이 Prophet에서 이러한 추가 정보를 제공하는 방법입니다.

다만 안타깝게도 `holidays_prior_scale` 값은 직관적으로 이해하기 어렵다는 단점이 있습니다. 이 값은 수축(shrinkage) 정도를 조절한다는 점에서 라쏘 회귀(lasso regression)의 규제 파라미터와 유사합니다. 이 값이 작을수록 모델의 유연성을 제약합니다. 즉, 이 값이 작을수록 규제가 강화되어 공휴일 효과가 억제됩니다. 기본적으로 Prophet은 이 값을 10으로 설정하며 적절한 값의 범위는 10부터 0.001 사이입니다.

일반적으로 모든 데이터셋이 서로 다르기 때문에 다양한 사전 스케일 값을 실험해 보는 것이 크게 도움이 됩니다. 계절성에 대한 사전 스케일 값과 마찬가지로, 공휴일에 대한 사전 스케일 값을 10에서 0.01 사이로 설정하면 대부분의 경우 잘 작동합니다. 이 변수의 효과를 확인해 보기 위해 기본값인 10을 사용하는 모델과, 더 작은 값인 0.05를 사용하는 추가 모델을 만들어 보겠습니다.

Taste of Chicago 이벤트를 시각화할 때 사용한 `plot_forecast_component` 함수를 이번에도 사용합니다. 다만 이번에는 해당 함수에 `holidays` 인자를 전달해서 모든 공휴일 효과를 한 번에 그려냅니다. 먼저 기본 사전 스케일 값 10을 사용한 모델을 생성한 후에 `holidays` 구성 요소만 시각화해서 공휴일 효과를 확인해 보겠습니다.

```
model = Prophet(seasonality_mode='multiplicative',
                yearly_seasonality=4,
                holidays_prior_scale=10)
model.add_country_holidays(country_name='US')
model.fit(df)
future = model.make_future_dataframe(periods=365)
forecast = model.predict(future)
fig = plot_forecast_component(model,
                              forecast,
                              'holidays',
                              figsize=(10.5, 3.25))
plt.show()
```

앞 코드의 출력물은 `holidays` 구성 요소 플롯만 시각화합니다.

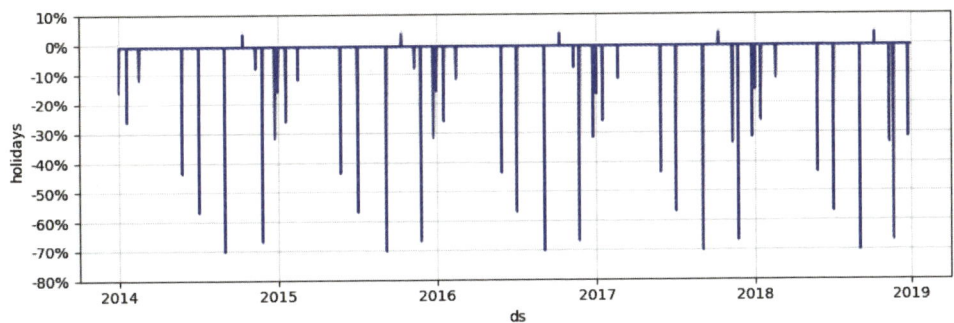

그림 6.9 규제가 없을 때의 holidays 구성 요소

위 그림에서 아래로 가장 긴 선분들은 추수감사절을 나타냅니다. 규제가 없는 경우 이 시기에 자전거 이용량은 약 65% 감소합니다. 참고로 공휴일 중에서 추수감사절이 가장 큰 공휴일 효과를 가집니다.

이제 다른 조건은 모두 동일하고 거기에 더 강한 규제를 적용한 모델을 구축한 후 holidays 구성 요소를 시각화합니다.

```
model = Prophet(seasonality_mode='multiplicative',
                yearly_seasonality=4,
                holidays_prior_scale=0.05)
model.add_country_holidays(country_name='US')
model.fit(df)
future = model.make_future_dataframe(periods=365)
forecast = model.predict(future)
fig = plot_forecast_component(model,
                              forecast,
                              'holidays',
                              figsize=(10.5, 3.25))
plt.show()
```

다시 한번 plot_forecast_component 함수를 사용하여 holidays 구성 요소만 시각화합니다.

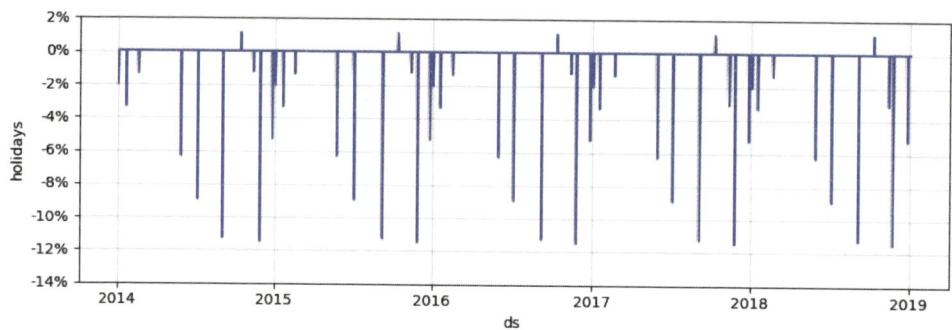

그림 6.10 강한 규제를 적용한 holidays 구성 요소

규제를 적용해서 생성된 플롯은 규제가 없을 때의 holidays 플롯과 유사해 보이지만 몇 가지 차이점이 있습니다. 첫째, 스케일이 많이 바뀌었습니다. 규제를 적용하기 전에 가장 강한 공휴일 효과는 자전거 이용량 65% 감소를 불러온 반면 규제를 적용하면 11.5% 감소로 바뀝니다. 둘째, 공휴일 효과가 모두 동일한 비율로 줄어든 것은 아닙니다. 이제는 추수감사절이 아닌 크리스마스가 가장 큰 공휴일 효과를 보입니다. 이는 많은 변수들이 서로 상호작용하는 상태에서 규제가 부과되었기 때문에 발생한 자연스러운 결과입니다.

사전 스케일 값을 고르는 것은 과학이라기보다는 일종의 노하우를 찾는 작업에 가깝습니다. 공휴일 효과가 여러분의 직관과 달리 너무 강하거나 약해 보이면 도메인 지식을 활용해 사전 스케일 값을 조정할 수 있습니다. 확실하지 않을 경우 다양한 값을 실험해 보고 가장 잘 작동하는 값을 찾아내면 됩니다. 가장 엄밀한 접근 방식은 교차 검증을 활용한 그리드 서치(grid search)입니다. 이 주제는 책의 마지막 부분에서 다루겠습니다.

이전에 했던 것처럼 `holidays_prior_scale` 파라미터를 사용하면 모든 공휴일이 전역적으로 조정됩니다. 즉, 모든 공휴일에 동일한 강도의 규제가 적용됩니다. 더 세밀한 제어를 위해 Prophet은 커스텀 공휴일 인터페이스를 통해 각 개별 공휴일에 대한 사전 스케일을 조정하는 기능도 제공합니다. 다음 절에서 이를 알아보겠습니다.

6.5.2 개별 공휴일 규제

이전과 같이 기본 공휴일 목록을 만들고 여기에 몇 가지 추가 공휴일을 덧붙이겠습니다. 이번에는 블랙 프라이데이와 크리스마스 이브에 사전 스케일 값 1, Taste of Chicago 5일 이벤트에는 사전 스케일 값 0.1을 각각 적용합니다. 다른 모든 공휴일에는 기본 사전 스케일 값 10을 유지합니다. 먼저 이전에 만들어 둔 year_list를 활용하여 holidays 데이터프레임을 생성합니다.

```
holidays = make_holidays_df(year_list=year_list, country='US')
```

이 목록은 Prophet이 제공하는 미국의 기본 공휴일 목록입니다. 여기에 세 가지 추가 공휴일을 덧붙이고자 합니다. 그래서 각각의 추가 공휴일에 대해 별도의 데이터프레임을 생성하겠습니다. 이때 각 공휴일마다 별도의 사전 스케일 값을 지정해야 하는 것을 잊지 말기 바랍니다.

```
black_friday = pd.DataFrame({'holiday': 'Black Friday',
                             'ds': pd.to_datetime(['2014-11-28',
                                                   '2015-11-27',
                                                   '2016-11-25',
                                                   '2017-11-24',
                                                   '2018-11-23']),
                             'prior_scale': 1})
christmas_eve = pd.DataFrame({'holiday': 'Christmas Eve',
                              'ds': pd.to_datetime(['2014-12-24',
                                                    '2015-12-24',
                                                    '2016-12-24',
                                                    '2017-12-24',
                                                    '2018-12-24']),
                              'prior_scale': 1})

taste_of_chicago = pd.DataFrame({'holiday': 'Taste of Chicago',
                                 'ds': pd.to_datetime(['2014-07-09',
                                                       '2015-07-08',
                                                       '2016-07-06',
                                                       '2017-07-05',
```

```
                        '2018-07-11']),
    'lower_window': 0,
    'upper_window': 4,
    'prior_scale': 0.1})
```

마지막 단계로 이들 네 개의 데이터프레임을 병합합니다.

```
holidays = pd.concat([holidays,
            black_friday,
            christmas_eve,
            taste_of_chicago]
        ).sort_values('ds').reset_index(drop=True)
```

블랙 프라이데이, 크리스마스 이브, Taste of Chicago 데이터프레임에 prior_scale 열을 추가했습니다. 이를 확인하기 위해 병합한 결과물인 holidays 데이터프레임의 처음 16개 행을 출력해 보겠습니다.

```
holidays.head(16)
```

다음 출력 테이블에서 알 수 있듯이 기본 공휴일 열 개에는 사전 스케일(prior scale)이나 윈도우(window) 값이 배정되지 않았습니다. Taste of Chicago 이벤트는 upper_window 값 4가 설정되었으며 사전 스케일은 0.1로 설정되어 있습니다. 블랙 프라이데이와 크리스마스 이브는 각각 사전 스케일 값 1을 갖습니다. Prophet은 모델을 구축할 때 누락된 사전 스케일에는 기본값을 자동으로 적용합니다. 다음 테이블에서 NaN은 단순히 결측값을 의미합니다.

	ds	holiday	prior_scale	lower_window	upper_window
0	2014-01-01	New Year's Day	NaN	NaN	NaN
1	2014-01-20	Martin Luther King Jr. Day	NaN	NaN	NaN
2	2014-02-17	Washington's Birthday	NaN	NaN	NaN
3	2014-05-26	Memorial Day	NaN	NaN	NaN
4	2014-07-04	Independence Day	NaN	NaN	NaN
5	2014-07-09	Taste of Chicago	0.1	0.0	4.0
6	2014-09-01	Labor Day	NaN	NaN	NaN
7	2014-10-13	Columbus Day	NaN	NaN	NaN
8	2014-11-11	Veterans Day	NaN	NaN	NaN
9	2014-11-27	Thanksgiving Day	NaN	NaN	NaN
10	2014-11-28	Black Friday	1.0	NaN	NaN
11	2014-12-24	Christmas Eve	1.0	NaN	NaN
12	2014-12-25	Christmas Day	NaN	NaN	NaN
13	2015-01-01	New Year's Day	NaN	NaN	NaN
14	2015-01-19	Martin Luther King Jr. Day	NaN	NaN	NaN
15	2015-02-16	Washington's Birthday	NaN	NaN	NaN

그림 6.11 사전 스케일을 지정한 holidays 데이터프레임

holidays 데이터프레임이 준비되었으므로, 이제 모델을 생성하여 초기화하고 이 모델에 fit 및 predict 메서드를 적용합니다.

```
model = Prophet(seasonality_mode='multiplicative',
                yearly_seasonality=4,
                holidays=holidays,
                holidays_prior_scale=10)
model.fit(df)
future = model.make_future_dataframe(periods=365)
forecast = model.predict(future)
```

이제 forecast 데이터프레임이 생성되었으므로 지금까지 배워 온 시각화 도구를 사용하여 예측 결과를 탐색해 볼 수 있습니다.

공휴일과 계절성 모두에 대해 적절한 사전 스케일을 선택하기란 때로는 어려울 수 있습니다. Prophet 기본 설정 값은 대부분의 경우에 매우 잘 작동합니다만 상황에 따라 이 값을

변경하거나 최적의 값을 찾아야 할 경우가 있습니다. 이 경우 교차 검증이 가장 좋은 접근 방법입니다. 13장에서는 적절한 성능 지표로 교차 검증을 수행해서 Prophet 모델을 최적화하는 방법을 배우게 됩니다.

다음 장에서는 Prophet에서 사용할 수 있는 다양한 성장 모드에 대해 살펴보겠습니다. 지금까지 우리가 사용한 모든 모델은 선형 성장 방식을 따랐지만, 예측 작업에서는 그 외의 성장 방식도 마주할 수 있기 때문입니다.

07장

성장 모드 조절

07-1 _ 선형 성장 적용

07-2 _ 로지스틱 함수

07-3 _ 포화 예측 로지스틱 성장 적용

07-4 _ 플랫 성장 적용

07-5 _ 커스텀 추세 생성

지금까지 이 책에서 수행한 모든 예측은 하나의 성장 모드, 즉 선형(linear) 성장을 따릅니다. 이때의 추세는 기울기가 증가하거나 감소하는 곳인 작은 굴곡이 있는 경우도 있었지만 기본적으로는 선형 구간으로 구성되어 있습니다. 여기에 더해 Prophet은 로지스틱(logistic)과 플랫(flat)이라는 두 가지 추가적인 성장 모드를 제공합니다.

최적이 아닌 성장 모드를 사용해 시계열 데이터를 모델링해도 종종 실제 데이터에 잘 맞는 것처럼 보일 때가 있습니다. 그러나 입력한 실제 과거 데이터에 잘 적합하더라도 미래 예측에는 매우 비현실적인 결과를 낼 수 있습니다. 때로는 데이터의 형태 자체가 어떤 성장 모드를 선택해야 할지 알려주기도 하고 어떤 경우에는 도메인 지식과 약간의 상식이 필요할 때도 있습니다. 이 장은 적절한 성장 모드를 채택하는 방법을 안내합니다. 더 나아가 이러한 성장 추세를 언제 그리고 어떻게 적용해야 하는지 배우게 됩니다.

이 장에서는 책의 깃허브에서 제공하는 chapter_07.ipynb 코랩 노트북 파일을 사용합니다.

07-1 선형 성장 적용

지금까지 우리가 만든 모든 모델은 기본 성장 모드인 선형 모드를 사용했습니다. 이는 추세선이 하나의 기울기를 가진 직선, 또는 변경점 사이를 연결하는 여러 개의 직선들로 구성된다는 의미입니다. 변경점에 대한 사례는 8장에서 자세히 살펴보겠습니다. 지금은 다시 Divvy 데이터를 불러와 성장 모드에 집중하겠습니다.

판다스, 맷플롯립, Prophet을 다시 불러옵니다. 이번에는 Prophet의 `plot` 패키지에서 새로운 함수인 `add_changepoints_to_plot` 함수를 불러옵니다.

```
import pandas as pd
import matplotlib.pyplot as plt
from prophet import Prophet
from prophet.plot import add_changepoints_to_plot
```

이 새로운 함수를 사용하면 예측 플롯에 추세선을 쉽게 그릴 수 있습니다. 이전에 했던 것처럼 Divvy 데이터를 불러와서 학습 데이터프레임으로 저장합니다.

```
df = pd.read_csv('/content/drive/MyDrive/Book7/data/divvy_daily.csv')
df = df[['date', 'rides']]
df['date'] = pd.to_datetime(df['date'])
df.columns = ['ds', 'y']
```

우리는 이미 5장에서 이 데이터셋은 곱셈형 계절성으로 모델링해야 하며 연간 계절성은 푸리에 차수 4로 제약해야 한다는 것을 배웠습니다. 여기서도 모델을 생성하여 초기화할 때 이 설정을 사용합니다. 또한 growth='linear'로 지정합니다. 이 설정은 기본값이어서 별도로 표기하지 않아도 작동하지만, 여기서는 명확한 이해를 도모하기 위해 명시적으로 포함하겠습니다.

```
model = Prophet(growth='linear',
                seasonality_mode='multiplicative',
                yearly_seasonality=4)
```

5장에서 일별 Divvy 데이터를 모델링했던 것처럼, 지금부터 모델을 적합하고 1년치 예측용 future 데이터프레임을 생성한 후 미래 값을 예측하고 그 결과를 시각화하겠습니다. 이번에는 add_changepoints_to_plot 함수를 사용합니다.

이 함수를 사용하려면 사용할 플롯 축(axes), 생성한 모델, 그리고 predict 메서드로 산출한 예측용 데이터프레임을 지정해 줘야 합니다. 축의 경우, 맷플롯립의 gca 메서드를 사용하여 현재 축을 가져와서 예측 결과를 시각화할 때 생성할 그림(figure)에 이를 적용합니다. 다음 코드에 해당 구문이 포함돼 있습니다. 또한 여기서는 추세선만 시각화할 목적이므로 cp_linestyle=' ' 설정을 도입하여 변경점 마커를 제거합니다.

```
model.fit(df)
future = model.make_future_dataframe(periods=365)
forecast = model.predict(future)
fig = model.plot(forecast)
add_changepoints_to_plot(fig.gca(), model, forecast, cp_linestyle='')
plt.show()
```

출력 결과는 [그림 5.8]과 유사한 예측으로 나타납니다. 다만 이번에는 추세선이 플롯 위에 겹쳐져 표시됩니다.

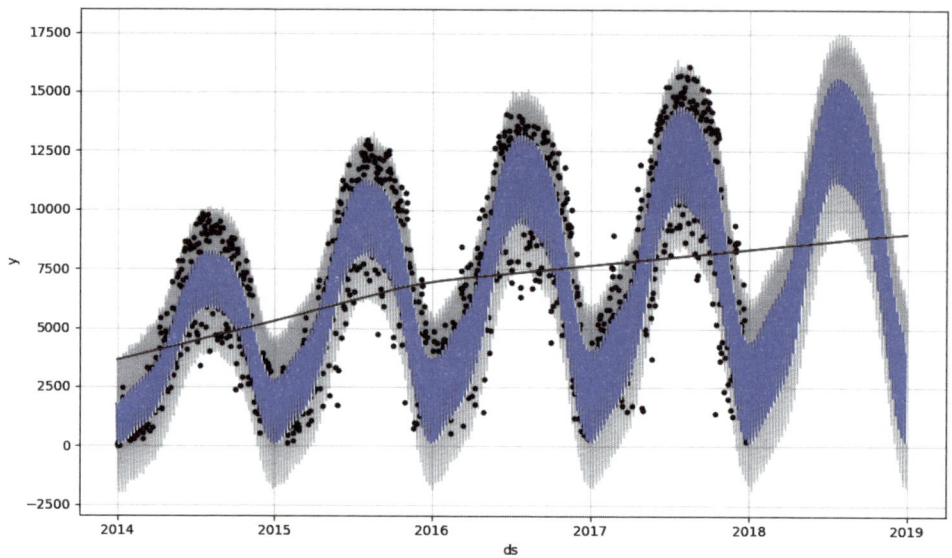

그림 7.1 추세선이 있는 Divvy 예측

Prophet이 가산형 회귀 모델인 것을 기억하기 바랍니다. 따라서 추세는 예측의 가장 기본적인 구성 요소입니다. 여기에 계절성, 공휴일, 추가적인 설명 변수(regressor)를 더해 세부 정보와 변동성을 추가합니다. 앞의 그림에서 추세선(사인 주기의 중간을 가로지르는 실선)은 계절성이 제거된 추세입니다. 왜냐하면 이 예제에서는 공휴일을 추가하지 않았기 때문입니다.

보시다시피 추세는 2014년부터 2015년말까지는 직선 구간이었다가, 약간의 굴곡 이후 2016년부터는 기울기가 완만한 또다른 직선 구간으로 이어집니다. 이 추세는 굴곡이 있음에도 불구하고 기본적으로 선형입니다.

이제 다음 성장 모드인 로지스틱 모드를 살펴보겠습니다. 이를 이해하려면 먼저 로지스틱 함수를 이해해야 합니다.

07-2 로지스틱 함수

로지스틱 함수는 S자 모양의 곡선을 생성하며 해당 수식은 다음과 같은 형태를 갖습니다.

$$y = \frac{L}{1+e^{-k(x-x_0)}}$$

여기서 L은 곡선의 최대값, k는 곡선의 로지스틱 성장률 또는 기울기, x_0는 곡선 중앙 부근 변곡점의 x 값을 의미합니다. $L=1$, $k=1$, $x_0=0$일 경우, 로지스틱 함수는 표준(standard) 로지스틱 함수가 되면 수식은 다음과 같습니다.

$$y = \frac{1}{1+e^{-x}}$$

아울러 이 함수의 그래프는 다음과 같습니다.

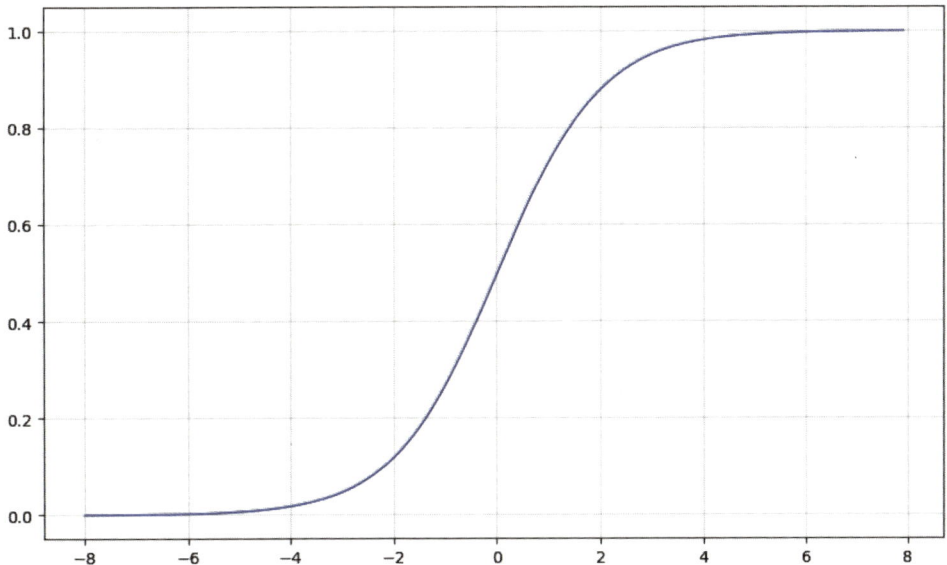

그림 7.2 표준 로지스틱 함수

로지스틱 회귀나 신경망을 접해 본 적이 있다면, 앞의 그래프가 시그모이드 함수라는 것을 알 수 있을 것입니다. 그래프에서 $-\infty$에서 ∞까지의 모든 입력 값 x는 0과 1 사이의 출력 값 y로 압축되어 출력됩니다. 이 수식 덕분에 로지스틱 회귀 모델은 어떤 입력값을 받아들여도 0과 1 사이의 확률로 변환하여 출력합니다.

이 수식은 벨기에 수학자 피에르 프랑수아 베르휠스트(Pierre François Verhulst)가 1838년에서 1847년 사이에 발표한 세 편의 논문을 통해 제안되었습니다. 그는 벨기에의 인구 증가를 모델링하고자 했습니다.

인구 증가는 대체로 초기에는 지수적 성장률을 따르다가 이후에는 선형(산술적이라고도 함) 성장률을 따르며, 인구가 포화점에 도달하면 성장이 0에 수렴하면서 느려집니다. [그림 7.2]의 플롯에서 보았던 곡선의 중간 지점부터 오른쪽으로 이어지는 형태가 이것입니다. 베르휠스트는 로지스틱이라는 용어를 산술적(arithmetic)이라는 용어와 기하급수적(geometric)이라는 용어에서 따 와서 로그함수적(logarithmic)이라는 의미로 명명했습니다.

Prophet의 로지스틱 성장 모드는 이 일반적인 곡선을 따릅니다. 곡선의 포화 수준은 상한과 하한을 의미하며, 곡선은 점근적으로 이 값에 수렴합니다.

로지스틱 곡선은 통계나 머신러닝 분야에서 로지스틱 회귀나 신경망 모델에 활용될 뿐 아니라 인구 증가 모델링에도 자주 사용됩니다. 예를 들어 베르휠스트 시대의 벨기에 인구 증가나, 이 장에서 다룰 동물 개체수 증가 등에 사용됩니다. 의학 분야에서는 종양, 감염자의 박테리아 또는 바이러스 수치, 또는 팬데믹 감염률을 모델링하는 데 흔히 사용됩니다.

경제학이나 사회학에서는 이 곡선을 사용하여 새로운 혁신이 채택되는 속도를 설명합니다. 언어학자들은 언어 변화를 모델링하는 데 사용하며, 심지어 소문이나 새로운 아이디어가 인구 전체에 확산되는 양상을 모델링하는 데에도 사용할 수 있습니다.

이제 Prophet에서 이를 어떻게 적용하는지 살펴보겠습니다.

07-3 포화 예측 로지스틱 성장 적용

1800년대 초 미국의 서부 개척 시대에 많은 정착민들과 그들이 키우는 가축이 토종 늑대 무리와 접촉하기 시작했습니다. 이 늑대들은 가축을 잡아먹기 시작했고 이에 정착민들은 자신의 가축을 지키기 위해 늑대를 사냥해서 죽였습니다. 훗날 옐로스톤 국립공원으로 지정된 지역 일대에서는 늑대의 일종인 회색 늑대가 있었지만 그 후 수십 년 동안 이 지역을 포함한 미국 전역에서 회색 늑대가 거의 멸종될 정도로 사냥당했습니다.

그러다가 1960년대에 들어서 사람들은 생태계 개념과 생물 종의 상호 연결성을 이해하기 시작했습니다. 그래서 1975년에 옐로스톤에 늑대 개체군을 복원하기로 결정하였으며 1995년에 캐나다로부터 회색 늑대 31마리를 들여와 이 공원에 풀어주었습니다. 이는 공원 내에서 자연적인 개체수 증가를 관찰할 수 있는 완벽에 가까운 실험 환경을 제공한 셈입니다.

다음 몇 가지 예제를 통해 이 늑대 개체군 데이터를 살펴보겠습니다. 다만 자연 상태에서의 실제 데이터를 정확히 파악하기 어렵기 때문에 시뮬레이션 데이터를 사용하겠습니다. 늑대는 인간과의 접촉을 피하는 습성이 있어 정확한 개체수 파악이 어려워 실제 데이터 수집이 어렵습니다. 또한 날씨처럼 우리가 모델링에 포함하지 않을(그러면서도 일반적으로 예측하기 어려운) 수많은 복합적인 요인이 존재합니다.

이러한 복합적인 요인을 이해하기 위해 미시건주의 슈피리어호에 있는 아일로열(Isle Royale) 섬 사례를 살펴보겠습니다. 이 섬을 대상으로 1959년부터 무스(사슴의 일종)와 늑대 개체군에 대한 지속적인 연구가 진행되어 왔습니다. 이는 세계에서 가장 오래 지속된 포식자-피식자 시스템에 대한 연구입니다. 다음 플롯에서 보듯이 이 시스템에서 개체수를 예측하는 것은 불가능해 보입니다.

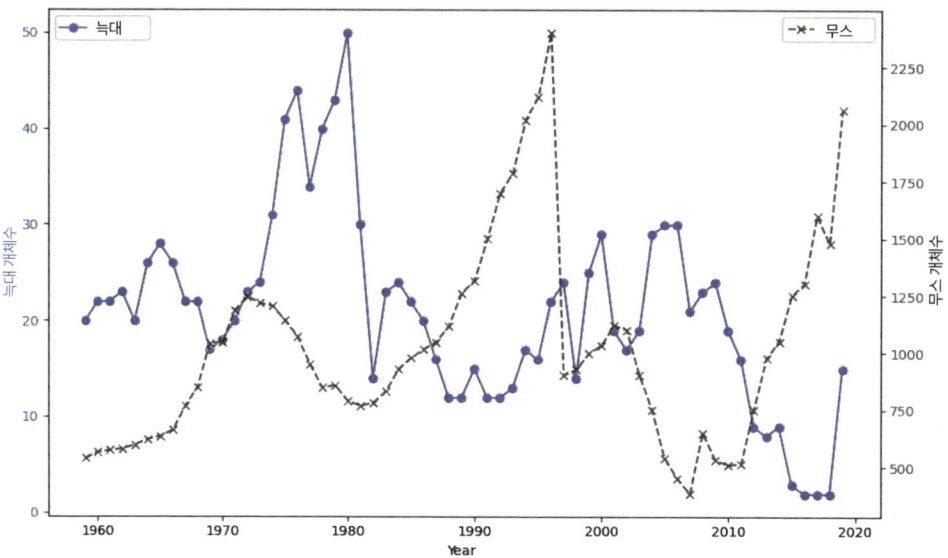

그림 7.3 아일로열 섬의 늑대와 무스의 개체수

1960년대와 1970년대에는 무스 개체수가 증가하면서 먹이가 풍부해졌고 이로 인해 늑대 개체수가 두 배로 늘어났습니다. 하지만 1980년에 인간이 뜻하지 않게 개-파보바이러스 (canine-parvovirus)라는 질병을 유입시켜 늑대 개체수가 급감했습니다. 유일한 포식자가 줄어들자 무스 개체수는 다시 증가했지만, 1996년에는 전체 기록 기간을 통틀어서 가장 혹독한 겨울과 무스 진드기 대량 발생이라는 이중고로 무스 개체수가 다시 붕괴되었습니다.

1990년대 내내 늑대 개체수는 건강한 번식을 하기에는 너무 적어 심각할 정도의 근친교배가 발생하면서 개체수 감소의 추가적인 원인이 되었습니다. 그러다 1990년대 후반 캐나다에서 온 한 마리의 늑대가 얼어붙은 호수를 건너 섬에 도착하면서 비로소 개체수가 반등하기 시작했습니다. 이후 늑대 개체수는 무스 개체수의 감소에도 불구하고 21세기 초반까지 증가했습니다. 이 모든 것은 소규모로 고립된 개체군은 매우 역동적인 시스템으로서 자연적인 외부 요인으로부터 분리되지 않는 한 정확한 예측이 힘들다는 것을 보여줍니다.

7.3.1 증가하는 로지스틱 성장

옐로스톤 공원의 늑대 개체수를 현실적으로 시뮬레이션해 보기 위해 1995년에 100마리의 늑대가 도입되었다고 가정하겠습니다. 공원 생태학자들은 해당 지역을 조사한 후 이 땅이 총 500마리의 늑대를 수용할 수 있다고 판단했습니다.

선형 성장 예제에서 이미 판다스, 맷플롯립, Prophet과 add_changepoints_to_plot 함수를 불러왔으므로, 이번에는 데이터셋을 생성하기 위해 넘파이와 random 라이브러리만 추가로 불러오면 됩니다. 그리고 코드를 실행할 때마다 동일한 난수를 얻기 위해, 즉 재현성을 확보하기 위해 랜덤 시드(random seed)도 설정해줘야 합니다.

```
import numpy as np
import random
random.seed(42)   # 재현성(repeatability) 확보를 위한 랜덤 시드 설정
```

늑대 개체수를 시뮬레이션하기 위해 먼저 1995년부터 2004년까지의 월별 날짜 시퀀스를 생성하겠습니다. 각 날짜마다 로지스틱 방정식의 출력값을 계산합니다. 그런 다음 연간 계절성을 반영하기 위해 사인 함수 형태의 주기적인 변동을 추가하고, 마지막으로 약간의 랜덤 노이즈를 추가합니다. 이제 이 곡선을 적절히 스케일링(데이터 값의 범위 조정)해 주기만 하면 됩니다.

```
x = pd.to_datetime(pd.date_range(
    '1995-01', '2004-02', freq='M').strftime("%Y-%b").tolist())
# 로지스틱 곡선 생성
y = [1 / (1 + np.e ** (-.03 * (val - 50))) for val in range(len(x))]
# 사인 함수 추가
y = [y[idx] + y[idx] * .01 * np.sin(
    (idx - 2) * (360 / 12) * (np.pi / 180)) for idx in range(len(y))]
# 노이즈 추가
y = [val + random.uniform(-.01, .01) for val in y]
# 스케일 확대
y = [int(500 * val) for val in y]
```

모든 것이 예상대로 작동하는지 확인하기 위해 곡선을 그려 보겠습니다.

```
plt.figure(figsize=(10, 6))
plt.plot(x, y)
plt.show()
```

모든 과정이 제대로 진행되었다면 다음과 같은 플롯이 생성됩니다.

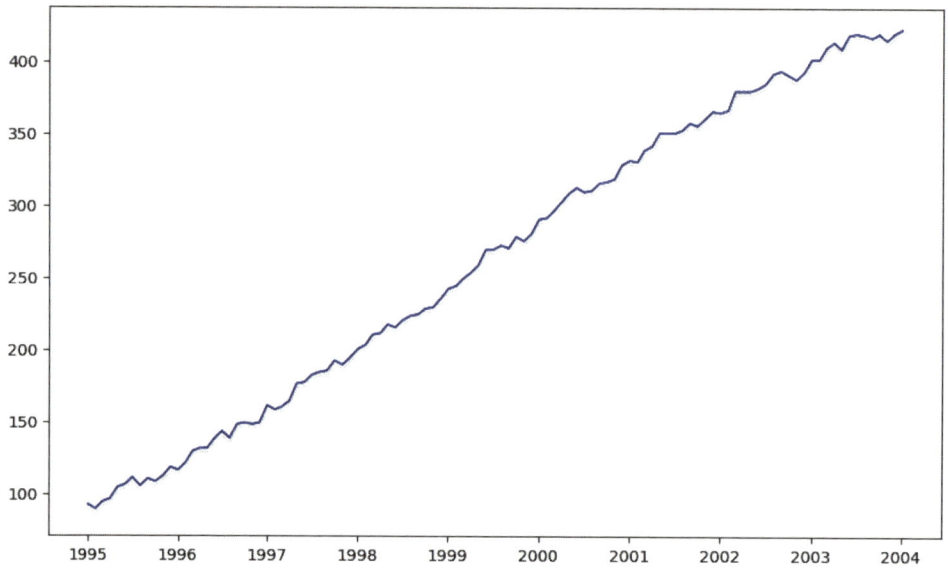

그림 7.4 옐로스톤 공원의 늑대 개체수 시뮬레이션

이 데이터에 선형 성장 Prophet 모델을 적합시켜 분석을 시작하겠습니다. 이 예제는 부적절한 성장 모드를 선택했을 때 발생할 수 있는 문제를 보여 줄 것입니다.

선형 성장 모델링

이전처럼 데이터를 Prophet에 사용 가능한 데이터프레임 형태로 정리하는 작업부터 해 보겠습니다.

```
df = pd.DataFrame({'ds': pd.to_datetime(x), 'y': y})
```

선형 성장 모델에 추가해서 연간 계절성의 푸리에 차수를 3으로 설정하고 계절성 모드를 multiplicative로 지정하겠습니다. 그런 다음 모델에 학습 데이터프레임을 적합시키고 미래 예측용 future 데이터프레임을 생성합니다. 이 데이터를 월별로 시뮬레이션하므로 10년 후까지 예측을 수행하고 freq='M'으로 설정합니다. 미래를 예측한 후에는 예측 결과를 시각화하고 add_changepoints_to_plot 함수를 사용해서 추세선을 예측 결과 위에 겹쳐 그립니다.

```
model = Prophet(growth='linear',
                yearly_seasonality=3,
                seasonality_mode='multiplicative')
model.fit(df)
future = model.make_future_dataframe(periods=12 * 10, freq='M')
forecast = model.predict(future)
fig = model.plot(forecast)
add_changepoints_to_plot(fig.gca(), model, forecast, cp_linestyle='')
plt.show()
```

아래 출력 플롯을 보면 예측 결과가 특정 수준에서 자연스럽게 포화(Saturating)되는 상황에서 선형 추세를 사용하면 문제가 발생한다는 것을 즉시 알 수 있습니다. 예측 기간이 길어질수록 예측값이 끝없이 상승하여 결국 무한대로 치닫게 됩니다.

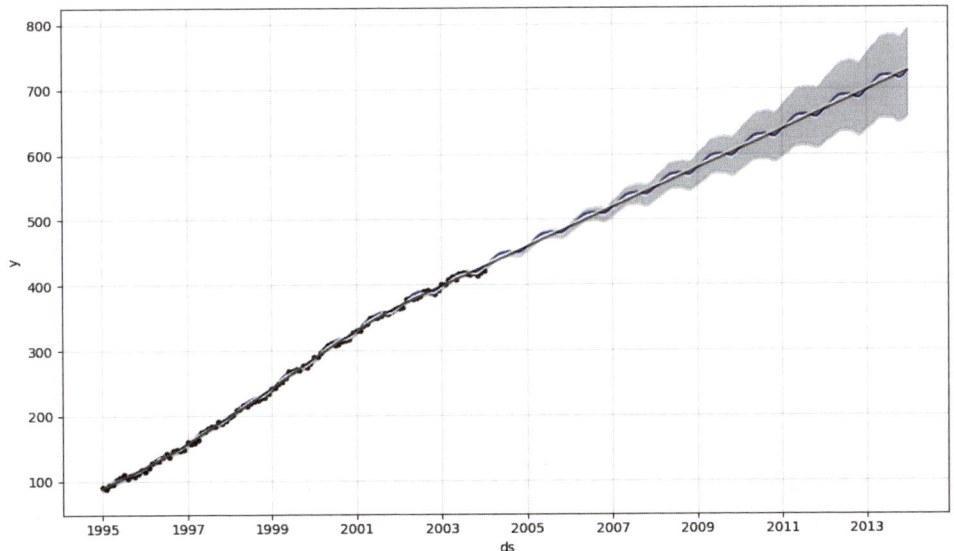

그림 7.5 선형 성장 모드로 예측한 늑대 개체수

당연히 이것은 현실과 동떨어진 결과입니다. 늑대들이 먹을 수 있는 먹이는 한정되어 있어서 특정 시점이 지나면 먹이가 부족해져서 굶주리기 시작합니다. 이제 로지스틱 성장을 사용하여 이를 모델링하고 어떤 결과가 나타나는지 살펴보겠습니다.

로지스틱 성장 모델링

로지스틱 성장 모드에서 Prophet은 반드시 상한을 지정해야 합니다. 상한이란 예측값이 초과할 수 없는 값입니다. 성장세가 감소하는 경우에는 하한도 함께 지정해야 합니다. 하지만 이번 예제에서는 성장을 다루므로 상한만 설정합니다. Prophet에서는 이 상한을 cap이라고 부릅니다. Prophet에 이 값을 적용하려면 학습 데이터프레임에 cap이라는 새로운 열을 생성하고 미래 예측용 future 데이터프레임에도 동일한 열을 추가해야 합니다.

일반적으로 cap을 결정하는 일은 다소 어려울 수 있습니다. 예측 곡선이 이미 포화 수준에 가까워졌다면 어떤 값에 접근하고 있는지 잘 파악할 수 있습니다. 그러나 그렇지 않다면 약간의 도메인 지식을 활용해야 합니다. 로지스틱 성장을 모델링하기 전에 포화 수준이 결국 어디에 도달할지는 어느 정도 가늠하고 있어야 합니다. 일반적으로 이 상한은 데이터나 시장 규모에 대한 전문 지식을 활용하여 설정됩니다. 본 예제에서는 생태학자들이 추정한 값인 500마리 개체수를 상한, 즉 cap으로 설정하겠습니다.

```
df['cap'] = 500
```

이전 예제와 동일한 방식으로 작업을 진행하면서 이번에는 성장 모드를 logistic으로 설정한 후 모델을 적합시키고 미래 예측용 future 데이터프레임을 생성합니다.

```
model = Prophet(growth='logistic',
                yearly_seasonality=3,
                seasonality_mode='multiplicative')
model.fit(df)
future = model.make_future_dataframe(periods=12 * 10, freq='M')
```

future 데이터프레임에도 cap 값을 추가해야 합니다.

```
future['cap'] = 500
```

이제 예측을 수행하고 그 결과를 시각화하면 상당히 다른 모양의 곡선을 볼 수 있습니다.

```
forecast = model.predict(future)
fig = model.plot(forecast)
add_changepoints_to_plot(fig.gca(), model, forecast, cp_linestyle='')
plt.show()
```

기본적으로 Prophet은 상한 혹은 하한을 수평 점선으로 표시합니다.

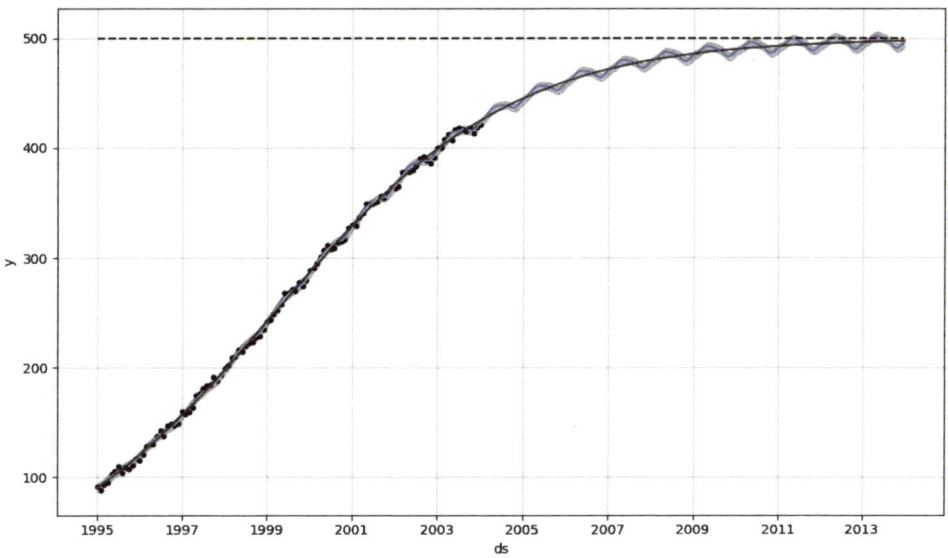

그림 7.6 로지스틱 성장 모드로 예측한 늑대 개체수

로지스틱 성장을 사용하면 늑대 개체수가 수년 동안 거의 일정한 비율로 성장할 수 있습니다. 그러다가 자연 자원이 감당할 수 있는 최대 개체수인 포화점에 가까워질수록 성장률은 점점 느려집니다. 이 지점을 지나면 성장률은 평탄하게 유지되어 겨울에 늙은 늑대가 죽고 봄에 새끼 늑대가 태어나는 약간의 계절적 변동만 나타납니다.

7.3.2 변동하는 상한 cap

상한인 cap 값은 반드시 일정할 필요는 없습니다. 예를 들어 판매량을 예측하는 경우 포화 한계는 전체 시장 규모가 될 것입니다. 하지만 다양한 요인으로 인해 더 많은 소비자가 제품을 구매하는 데 나서면 시장 규모가 점차 더 커질 수 있습니다. 이를 모델링하는 방법에 대한 간단한 예제를 살펴보겠습니다. 우리는 옐로스톤 국립공원의 늑대 개체수가 공원 크기에 의해 제한된다고 가정했습니다. 이제 2007년부터 공원 크기가 점차 확장되어 매달 늑대 두 마리가 더 서식할 수 있는 가상의 상황을 만들어보겠습니다.

우선 상한인 cap 값을 설정하는 함수를 만들어 보겠습니다. 2007년 이전 날짜에 대해서는 공원의 포화 한계를 500으로 유지합니다. 하지만 2007년부터 시작하는 모든 날짜에 대해서는 매달 cap 값을 2씩 증가시킵니다.

```
def set_cap(row, df):
    if row.year < 2007:
        return 500
    else:
        pop_2007 = 500
        idx_2007 = df[df['ds'].dt.year == 2007].index[0]
        idx_date = df[df['ds'] == row].index[0]
        return pop_2007 + 2 * (idx_date - idx_2007)
```

이제 방금 정의한 set_cap 함수를 학습 데이터프레임 df에 적용해서 cap 값을 입력합니다.

```
df['cap'] = df['ds'].apply(set_cap, args=(df,))
```

학습 데이터는 2004년에 끝나므로 cap 값은 전체 기간 동안 500을 유지합니다. 이제 이전과 동일하게 모델을 생성하되 set_cap 함수를 future 데이터프레임에도 적용하여 cap 값을 입력합니다.

```
model = Prophet(growth='logistic',
                yearly_seasonality=3,
```

```
                    seasonality_mode='multiplicative')
model.fit(df)
future = model.make_future_dataframe(periods=12 * 10, freq='M')
future['cap'] = future['ds'].apply(set_cap, args=(future,))
forecast = model.predict(future)
fig = model.plot(forecast)
add_changepoints_to_plot(fig.gca(), model, forecast, cp_linestyle='')
plt.show()
```

아래 그림에서 우리가 설정한 cap 값이 2007년 이후 점점 증가하는 것을 볼 수 있습니다. 아울러 늑대 개체수도 점점 증가하는 cap 값에 점근적으로 접근하는 것을 확인할 수 있습니다.

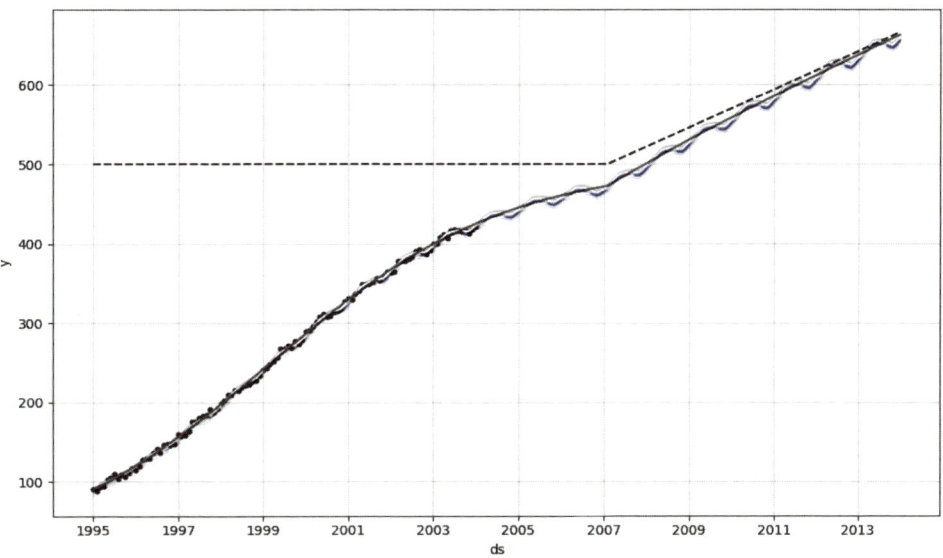

그림 7.7 변동하는 상한 cap으로 예측한 늑대 개체수

cap 값은 데이터프레임의 각 행에 대해 설정되는 값일 뿐입니다. 즉, 각 날짜마다 적절하다고 판단되는 값을 설정할 수 있습니다. 첫 번째 예처럼 cap 값은 일정할 수도 있고 방금처럼 선형적으로 변동하게 만들 수도 있습니다. 더 나아가 사용자가 정의한 임의의 곡선을 따를 수도 있습니다.

이제 반대 상황을 살펴보겠습니다. 늑대 개체수가 안타깝게도 감소하여 멸종 위기에 처하는 가상의 시나리오입니다.

7.3.3 감소하는 로지스틱 성장

이 예제에서의 유일한 차이점은 상한인 cap 값 외에 하한을 의미하는 floor 값도 함께 지정해야 한다는 점입니다. 이번에는 감소하는 성장세를 보이는 임의의 데이터셋을 만들어 보겠습니다.

```
x = pd.to_datetime(
    pd.date_range('1995-01','2035-02', freq='M').strftime("%Y-%b").tolist())
# 로지스틱 곡선 생성
y = [1 - 1 / (1 + np.e ** (-.03 * (val - 50))) for val in range(len(x))]
# 사인 함수 추가
y = [y[idx] + y[idx] * .05 * np.sin(
    (idx - 2) * (360 / 12) * (np.pi / 180)) for idx in range(len(y))]
# 노이즈 추가
y = [val + 5 * val * random.uniform(-.01, .01) for val in y]
# 스케일 확대
y = [int(500 * val) for val in y]

plt.figure(figsize=(10, 6))
plt.plot(x, y)
plt.show()
```

생성한 성장 곡선은 다음과 같습니다.

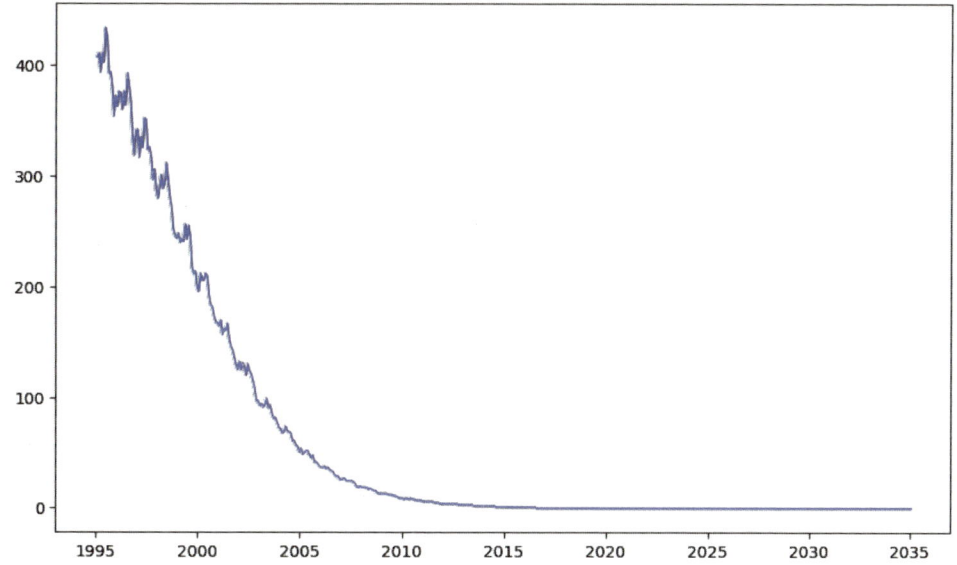

그림 7.8 옐로스톤에서 감소하는 늑대 개체수 시뮬레이션

이번 예측에서는 학습 데이터를 2006년 직전까지로 삼고, 그 이후 늑대 개체수가 완전히 사라지는 시점을 예측하려고 합니다. 데이터프레임 `df2`를 생성할 때 이전과 마찬가지로 `cap` 값을 지정하고 이번에는 `floor` 값도 함께 지정합니다.

```
df2 = pd.DataFrame({'ds': pd.to_datetime(x), 'y': y})
df2 = df2[df2['ds'].dt.year < 2006]
df2['cap'] = 500
df2['floor'] = 0
```

다음 코드로 모델을 완성하겠습니다. 모든 과정은 이전 예제와 동일하지만 이번에는 미래 예측용 `future` 데이터프레임에 `floor` 값도 함께 설정하는 점이 다릅니다.

```
model = Prophet(growth='logistic',
                yearly_seasonality=3,
                seasonality_mode='multiplicative')
model.fit(df2)
future = model.make_future_dataframe(periods=12 * 10, freq='M')
future['cap'] = 500
```

```
future['floor'] = 0
forecast = model.predict(future)
fig = model.plot(forecast)
add_changepoints_to_plot(fig.gca(), model, forecast, cp_linestyle='')
plt.show()
```

Prophet은 이런 경우도 손쉽게 처리합니다.

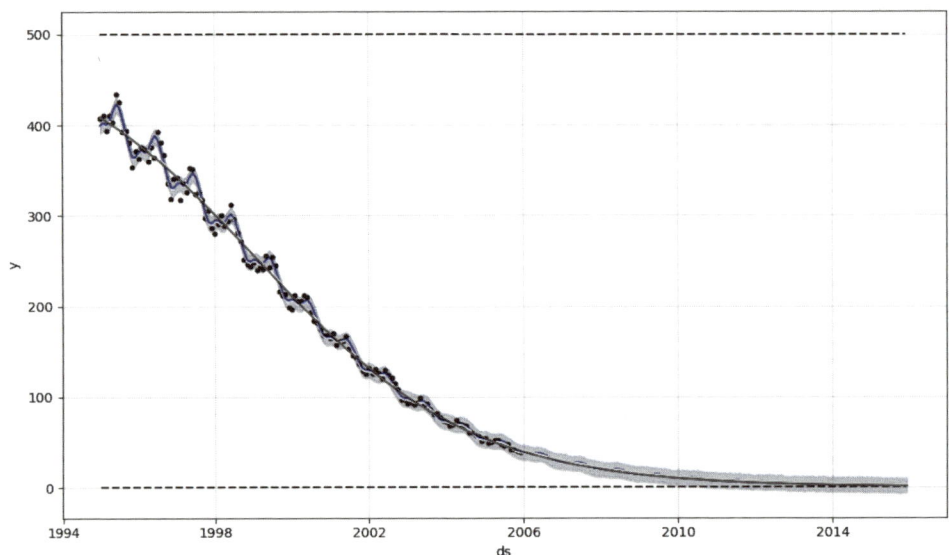

그림 7.9 감소하는 로지스틱 성장 모드로 예측한 늑대 개체수

Prophet은 소수점 단위까지 정밀하게 예측하지만 늑대는 당연히 정수 단위로 존재하기에 소수점 단위의 예측값까지 신경 쓸 필요는 없습니다. 이 플롯은 2010년에서 2014년 사이에서 늑대가 멸종할 것임을 보여 줍니다. 실제 상황에서는 마지막 남은 늑대들이 번식 가능한 쌍인지 여부도 중요하지만 여기서 그 요소는 무시했습니다.

상한인 cap 값과 하한인 floor 값을 모두 지정했기 때문에 Prophet은 플롯에서 이 둘을 수평 점선으로 표시합니다. 로지스틱 성장이 감소하는 경우 이 사례처럼 cap이 실질적으로 필요 없더라도 모델에 반드시 포함되어야 합니다. 모델에 영향을 미치지 않도록 임의의 큰 cap 값을 설정할 수 있습니다. 하지만 이 경우 해당 값이 플롯에 높은 점선으로 표시되므로 Prophet의 나머지 예측값들이 매우 낮은 값처럼 보일 수 있다는 점은 유념해야 합니다.

이 경우 `fig = model.plot(forecast, plot_cap=False)`와 같이 `plot_cap` 인자를 포함하면 해당 값을 플롯에서 제외할 수 있습니다. 이 설정은 `cap`과 `floor` 모두를 제외합니다. 다만 아직까지 Prophet에서 `cap`이나 `floor` 중 하나만 선택적으로 제외하는 기능은 지원하지 않습니다.

Prophet은 플랫(flat 혹은 no growth)이라는 또 다른 성장 모드를 더 지원합니다. 이 글을 쓰는 시점 기준으로 Prophet 팀은 다른 성장 모드를 개발 중이어서 공식 문서를 주기적으로 확인하는 것이 좋습니다. 이제 마지막 성장 모드인 플랫 모드를 살펴보겠습니다.

07-4 플랫 성장 적용

플랫 성장(flat growth)이란 추세선이 데이터 전체에 걸쳐 완벽하게 일정한 경우를 말합니다. 데이터 값의 차이는 계절성, 공휴일, 추가 설명 변수나 노이즈로 인해 발생합니다. 플랫 성장을 모델링하는 방법을 알아보기 위해 늑대 개체수 데이터를 계속 사용하되 이번에는 개체수가 완전히 안정화된 먼 미래를 가정해 보겠습니다.

먼저 새로운 데이터셋을 생성합니다. 이는 기본적으로는 이전의 로지스틱 성장 데이터셋과 동일하지만 훨씬 더 긴 시간 범위를 갖습니다.

```
x = pd.to_datetime(
    pd.date_range('1995-01','2096-02', freq='M').strftime("%Y-%b").tolist())
# 로지스틱 곡선 생성
y = [1 / (1 + np.e ** (-.03 * (val - 50))) for val in range(len(x))]
# 사인 함수 추가
y = [y[idx] + y[idx] * .01 * np.sin(
    (idx - 2) * (360 / 12) * (np.pi / 180)) for idx in range(len(y))]
# 노이즈 추가
y = [val + 1 * val * random.uniform(-.01, .01) for val in y]
```

```
# 스케일 확대
y = [int(500 * val) for val in y]

plt.figure(figsize=(10, 6))
plt.plot(x, y)
plt.show()
```

이제 늑대를 데려와 옐로스톤 공원에 풀어준 시점으로부터 100년 후까지 고려합니다.

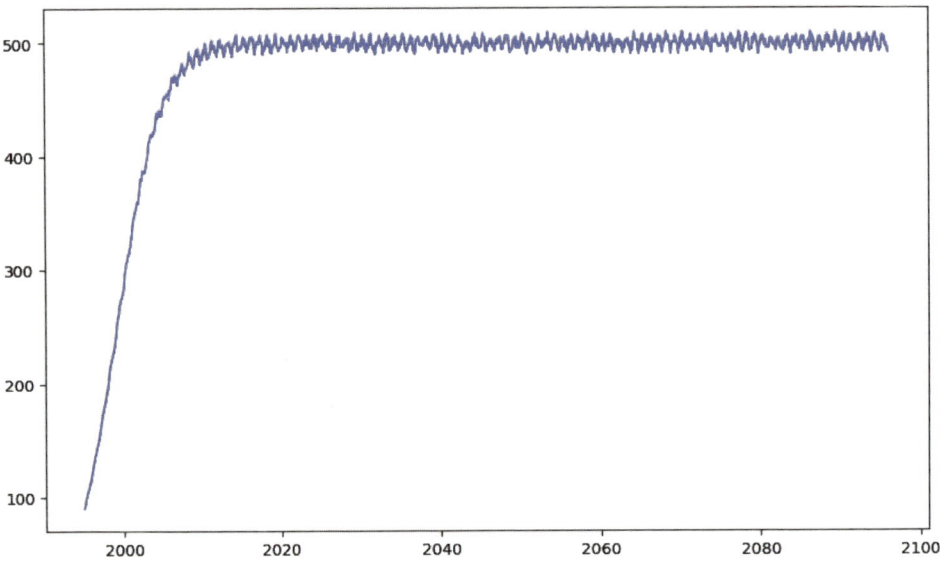

그림 7.10 100년에 걸친 늑대 개체수 시뮬레이션

이 정도 시간이 흐른 후에 늑대 개체수는 포화 상태에 도달해 안정화됩니다. 이제 학습용 데이터프레임을 생성하되 전체 구간 중에서 이미 충분히 포화된 상태인 마지막 10년의 데이터를 학습용 데이터프레임으로 제한하겠습니다.

```
df = pd.DataFrame({'ds': pd.to_datetime(x), 'y': y})
df = df[df['ds'].dt.year > 2085]
plt.figure(figsize=(10, 6))
plt.plot(df['ds'], df['y'])
plt.show()
```

이 데이터를 시각화하면 성장은 전혀 없고 노이즈가 두드러지는 계절성만 보일 것입니다.

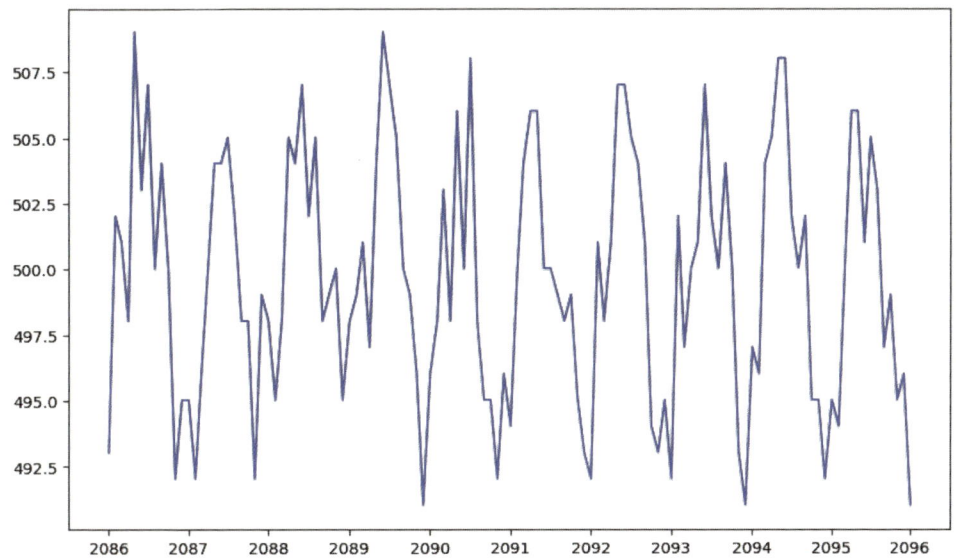

그림 7.11 안정적인 늑대 개체수 시뮬레이션

먼저 기본값인 선형 성장 모델을 사용해서 어떤 문제가 발생하는지 살펴보겠습니다.

```
model = Prophet(growth='linear',
                yearly_seasonality=3,
                seasonality_mode='multiplicative')
model.fit(df)
future = model.make_future_dataframe(periods=12 * 10, freq='M')
forecast = model.predict(future)
fig = model.plot(forecast)
add_changepoints_to_plot(fig.gca(), model, forecast, cp_linestyle='')
plt.show()
```

데이터의 랜덤 노이즈 때문에 Prophet은 추세가 있는 것처럼 보이는 짧은 구간을 찾습니다. 이 추세는 양의 방향일 수도 있고 음의 방향일 수도 있습니다. 이러한 구간 중 하나가 학습 데이터의 마지막에서 발생하면 해당 곡선은 예측된 미래 데이터의 전체 기간에 걸쳐 계속 이어져서 출력됩니다.

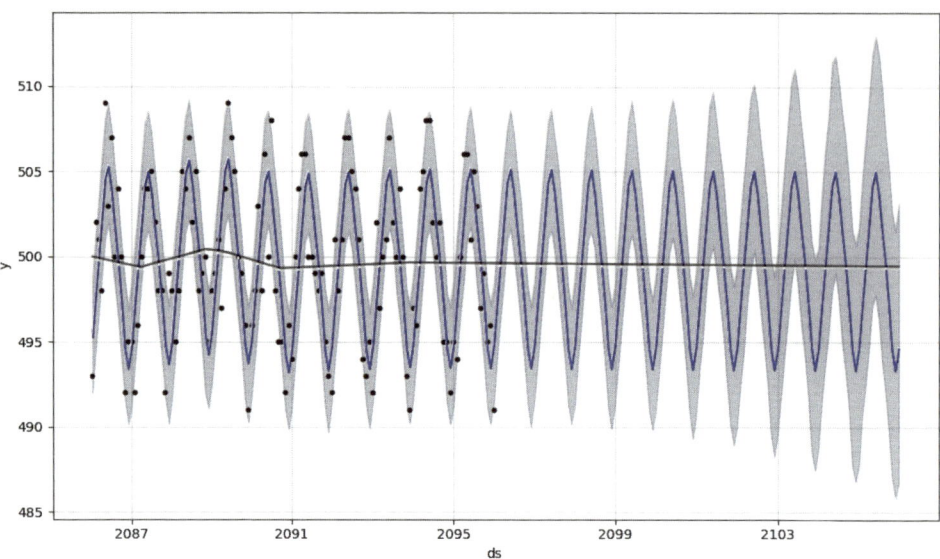

그림 7.12 선형 성장 모드로 예측한 안정적인 늑대 개체수

보다시피 늑대 개체수가 상당히 안정적인데도 Prophet은 개체수가 (미세하게나마) 감소하고 있다고 예측합니다. 게다가 불확실성 구간도 점점 넓어지고 있습니다. Prophet은 이것이 한참 빗나간 예측이라는 것을 알 만큼 똑똑합니다. 이제 플랫 성장을 사용해서 모델링해 보겠습니다. 추세가 일정할 것이므로 계절성 모드를 설정할 필요가 없습니다. Prophet은 여전히 가산형이든 곱셈형이든 계절성 계산을 하겠지만 결과는 동일하게 나옵니다. 여기서는 이 부분을 무시하겠습니다.

플랫 성장 모델을 만들려면 모델을 생성해서 인스턴스화할 때 `growth='flat'`으로 설정하기만 하면 됩니다.

```
model = Prophet(growth='flat',
                yearly_seasonality=3)
model.fit(df)
future = model.make_future_dataframe(periods=12 * 10, freq='M')
forecast = model.predict(future)
fig = model.plot(forecast)
add_changepoints_to_plot(fig.gca(), model, forecast, cp_linestyle='')
plt.show()
```

이제 Prophet 추세선은 완전히 평평합니다.

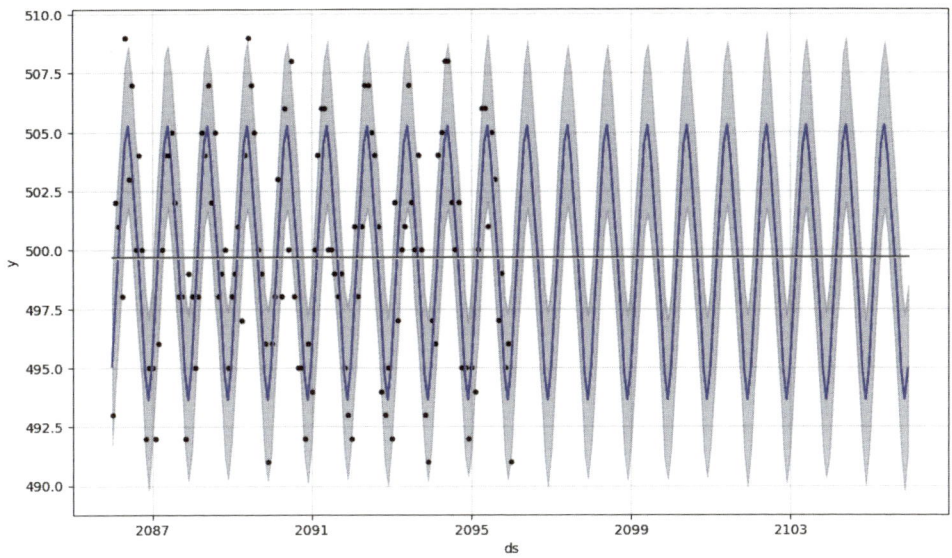

그림 7.13 플랫 성장 모드로 예측한 안정적인 늑대 개체수

이 경우 아무리 먼 미래를 예측하더라도 추세는 안정적으로 유지됩니다. 이 예제에서 Prophet 모델에 나타나는 유일한 변동은 연간 계절성에서 비롯됩니다. 이는 공휴일을 추가하지 않고, 일간이나 주간 계절성도 포함시키지 않았기 때문입니다.

선형(linear), 로지스틱(logistic), 플랫(flat) 이 세 가지 성장 모드는 업계에서 가장 널리 사용되고 있으며 대부분의 예측 작업을 처리할 수 있습니다. 하지만 때로는 분석가가 커스텀 성장 모드를 필요로 하는 경우도 발생합니다. 간단한 작업은 아니지만 Prophet은 수학적으로 정의할 수 있는 모든 성장 모드를 수용할 수 있습니다.

07-5 커스텀 추세 생성

오픈소스 소프트웨어의 주요 장점은 모든 사용자가 소스 코드를 다운로드하여 자신의 용도에 맞게 수정할 수 있다는 점입니다. Prophet에 구현된 세 가지 추세 모드(선형, 로지스틱, 플랫)로 대부분의 일반적인 시계열을 모델링할 수 있지만 여전히 또 다른 추세 모델이 필요한 경우도 있습니다. Prophet은 오픈소스이기 때문에 이 경우 필요한 기능을 비교적 쉽게 만들 수 있습니다. 단, '비교적 쉽다'는 것은 개념적으로 그렇다는 의미입니다. 실제 수학적으로는 매우 복잡한 작업을 동반하는 경우가 많습니다. 아울러 코드를 성공적으로 수정하려면 탄탄한 소프트웨어 엔지니어링 기술이 있어야 합니다.

가능한 예제를 하나 살펴보겠습니다. 매 시즌마다 컬렉션을 업데이트하는 작은 의류 소매업체를 생각해 보십시오.

```
df = pd.read_csv('/content/drive/MyDrive/Book7/data/clothing_retailer.csv')
df['ds'] = pd.to_datetime(df['ds'])
```

일일 매출은 현재 판매 중인 컬렉션의 인기에 크게 좌우되므로 추세는 대부분 평탄하다가, 3개월마다 새 컬렉션이 출시되면 급격한 계단식 변화를 보입니다.

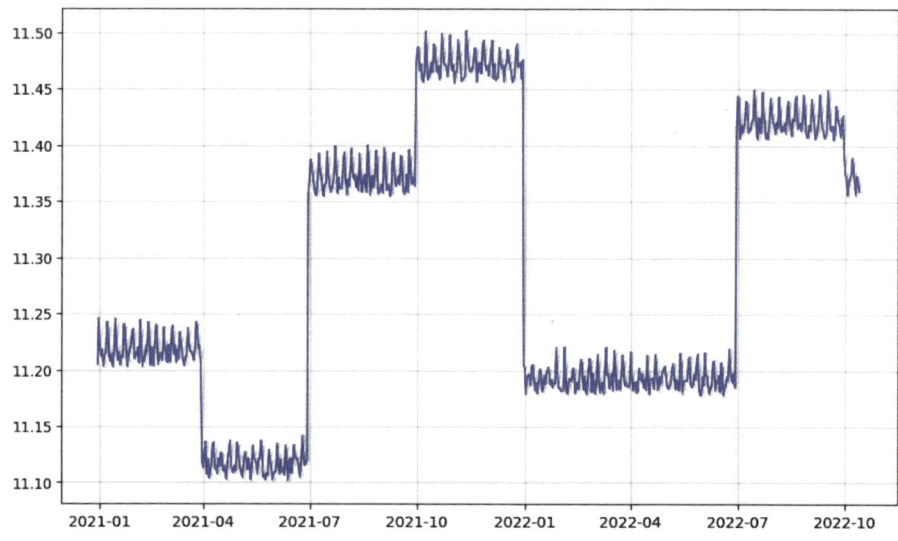

그림 7.14 의류 소매업체 일별 매출(천 달러 기준)

새 시즌의 데이터가 2주일치만 있고, 이번 시즌의 나머지 기간의 판매량을 예측하려고 합니다. Prophet이 제공하는 기존의 추세 모델 중 이 예측 작업을 제대로 수행하기 어렵습니다. 가장 현실적인 선택은 기본 성장 모델인 선형(linear) 성장을 사용하는 것입니다. 하지만 이렇게 시도했을 때 어떤 결과가 나오는지 살펴보겠습니다.

```
model = Prophet()
model.fit(df)
future = model.make_future_dataframe(76)
forecast = model.predict(future)
fig = model.plot(forecast)
add_changepoints_to_plot(fig.gca(), model, forecast)
plt.show()
```

아래 예측 결과를 보면 너무 많은 변경점이 포함되어 있습니다. 참고로 변경점은 다음 장에서 자세히 다룰 예정입니다.

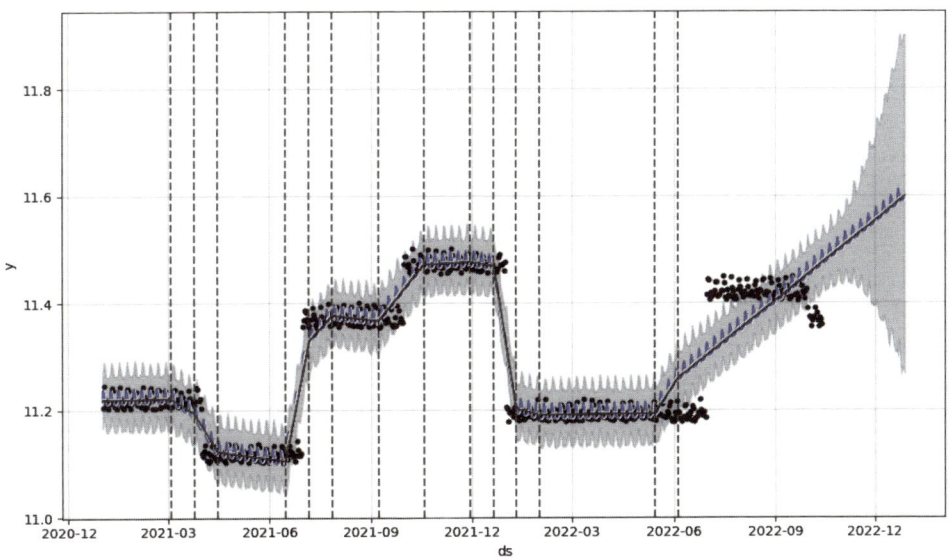

그림 7.15 부적절한 선형 예측

예측 기간 동안 신뢰 구간이 급격히 확대되는 이유는 모델이 더 많은 잠재적인 변경점을 예상하기 때문입니다. 또한 최근 3개월 동안 데이터가 평탄했다는 사실을 무시하고 비현실적인 하키 스틱 형태의 지속적인 성장률을 예측합니다. 플랫 성장 모델이 더 나은 선택인 경우도 있지만 Prophet에 구현된 플랫 성장 모델로는 변경점을 처리할 수 없습니다.

여기서부터는 프로세스가 복잡해지고 상당한 수준의 소프트웨어 엔지니어링 역량이 요구됩니다. 우리는 커스텀 추세 모델을 생성해야 합니다. 복잡한 과정을 요약하자면, https://github.com/facebook/prophet/blob/main/python/prophet/forecaster.py에 있는 Prophet 소스 코드의 forecaster.py 파일에 정의된 Prophet 클래스를 복사한 후 몇 가지 수정을 해야 합니다. 특히 이 새로운 클래스(깃허브 예제에서는 ProphetStepWise 클래스를 선보입니다)는 기본 Prophet 클래스로부터 모든 메서드와 속성을 상속받고 다음과 같은 방식으로 수정해야 합니다.

1. 새로운 단계별(stepwise) 성장 모드를 초기화하기 위해 원래 Prophet 클래스의 fit 함수를 수정합니다.
2. 기존의 flat_growth_init 함수와 유사한 stepwise_growth_init이라는 새 함수를 생성합니다. 이 함수는 플랫 성장으로 추세를 초기화합니다. 기존 flat_growth_init 함수는 오프셋(offset) 파라미터를 과거 값의 평균과 같게 설정하지만, 새로운 stepwise_growth_init 함수는 변경점 위치를 고려하여 각 변경점 사이마다 다양한 오프셋 파라미터를 적용합니다.
3. 기존 flat_trend 함수와 유사한 새로운 함수 stepwise_trend를 생성하여 새로운 단계별 추세를 평가합니다.
4. 새로운 stepwise_trend 함수를 사용할 수 있게 플랫 성장 모드를 재정의하기 위해 기존 sample_predictive_trend 함수를 수정합니다.
5. 마지막으로, 플랫 성장 모드 설정 시 기존 flat_trend 함수 대신 stepwise_trend 함수를 사용하도록 기존 predict_trend 함수를 수정합니다.

이 모든 단계에 대한 전체 코드는 너무 길어서 여기서 모두 수록하기는 어렵지만, 앞서 언급한 깃허브 저장소의 Chapter07 폴더에 전체가 포함되어 있습니다.

이 새로운 ProphetStepWise 클래스가 생성되면 기존 Prophet 클래스처럼 예측에 사용할 수 있습니다. 여기서는 성장 모드를 플랫 성장으로 선언하고 각 변경점의 위치를 수동으로 지정합니다. 이때 변경점은 모두 새로운 의류 시즌이 시작되는 첫 날짜와 일치합니다. 다만 지금은 이런 세부 사항에 신경 쓰지 않아도 됩니다.

```
model = ProphetStepWise(growth='flat',
                        changepoints= ['2021-04-01',
                                       '2021-07-01',
                                       '2021-10-01',
                                       '2022-01-01',
                                       '2022-04-01',
                                       '2022-07-01',
                                       '2022-10-01'])
model.fit(df)

future = model.make_future_dataframe(76)
forecast = model.predict(future)

fig = model.plot(forecast)
add_changepoints_to_plot(fig.gca(), model, forecast, threshold=0.00)
```

다음과 같이 수정된 예측 결과가 훨씬 더 합리적으로 보입니다!

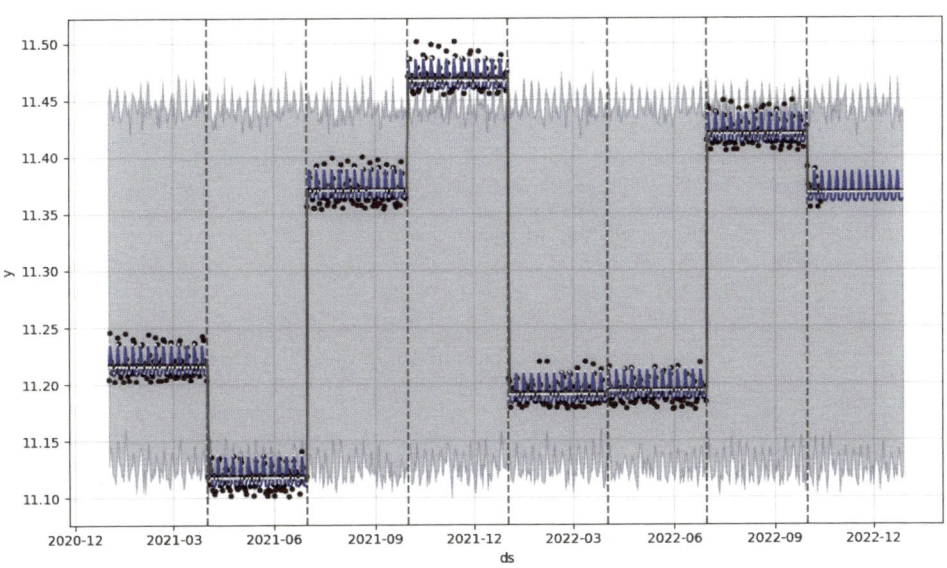

그림 7.16 새로운 단계별(stepwise) 추세

앞의 플롯을 보면 이번 시즌 나머지 기간에 대한 예측은 상당히 정확하지만, 안타깝게도 신뢰 구간이 매우 넓다는 점을 알 수 있습니다. 이 문제를 해결하려면 `prophet.stan` 파일도 수정해야 합니다. 이 책에서는 파이썬 코드만 다루므로 이처럼 Stan 모델을 변경하는 것은 책의 범위 밖에 있습니다. 하지만 관심 있는 분들을 위해 Stan 변경 사항을 포함하는 단계별 추세 모델 예제가 Prophet 공식 깃허브 저장소에 등록되어 있습니다(https://github.com/facebook/prophet/pull/1466/files). 실제로 이 섹션의 많은 코드는 해당 예제에서 가져왔습니다.

다음 장에서는 변경점에 대해 자세히 배우고 이를 통해 추세선을 보다 정밀하게 제어하는 방법을 학습합니다.

08장

추세 변경점 조절

08-1_추세 변경점 자동 탐지

08-2_변경점 규제

08-3_커스텀 변경점 위치 설정

Prophet 개발 과정에서 엔지니어링 팀은 실제 시계열 데이터의 궤적이 종종 급격하게 변하는 것을 발견했습니다. 근본적으로 선형 회귀 모델인 Prophet은 특별한 조치를 취하지 않는 한 이러한 급격한 변화를 포착할 수 없습니다. 그러나 여러분은 지금까지 이 책에서 선보인 예제들의 예측 플롯에서 추세선이 항상 완벽한 직선이 아니었던 것을 눈치챘을 것입니다. 이는 엔지니어링 팀이 Prophet 선형 모델에서도 이들 굴곡을 포착해내는 방법을 개발해 냈기 때문입니다. 이러한 굴곡이 발생하는 지점을 변경점(changepoints)이라고 부릅니다.

Prophet은 이러한 변경점을 자동으로 식별하고 추세가 변경점을 지나도록 동작합니다. 또한 Prophet이 변경점을 포착하느라 과적합 혹은 과소적합하는 경우를 대비해서 Prophet의 동작을 제어할 수 있는 몇 가지 기능을 제공합니다. 이 장에서는 Prophet의 추세 변경점 자동 탐지 기능을 살펴보면서 기본 설정 모델에서 무슨 일이 벌어지는지 이해할 수 있도록 도와드릴 것입니다. 그리고 변경점 처리 과정을 더 세밀하게 제어할 수 있는 두 가지 추가 기법을 알아봅니다.

> 이 장에서는 책의 깃허브에서 제공하는 chapter_08.ipynb 코랩 노트북 파일을 사용합니다.

08-1 추세 변경점 자동 탐지

추세 변경점은 시계열 데이터에서 모델의 구성 요소 중 추세의 기울기가 갑자기 바뀌는 지점입니다. 이러한 변경점이 발생하는 이유는 데이터셋에 따라 여러 가지 이유가 있습니다. 예를 들어 페이스북은 자사의 비즈니스 문제나 추세를 예측하기 위해 Prophet을 개발했습니다. 이를 통해 일일 활성 사용자 수를 모델링하며 새로운 기능 출시 후 갑작스러운 추세 변화를 감지할 수 있었습니다.

또한 항공기 이용객 수는 규모의 경제로 인해 비행 요금이 저렴해지면 갑작스럽게 변할 수 있습니다. 대기 중 이산화탄소 농도는 수만 년 동안 비교적 평평하게 유지되었지만 산업 혁명 시기를 전후로 갑작스럽게 변했습니다.

앞서 살펴본 Divvy 자전거 이용량 데이터셋에서는 약 2년 후 성장세가 둔화되는 것을 확인했습니다. 이 예제를 계속 사용해서 Prophet의 자동 변경점 탐지 기능을 자세히 살펴보겠습니다.

8.1.1 기본(디폴트) 변경점 탐지

Prophet은 먼저 변경점이 발생할 수 있는 잠재적 날짜의 수를 식별한 후 변경점을 설정합니다. 그런 다음 각 지점에서의 변화 크기를 계산하여 해당 변화 크기를 가능한 한 작게 유지한 채 추세 곡선을 적합시키려고 시도합니다. 이때 changepoint_prior_scale 파라미터를 조정함으로써 Prophet의 이러한 유연성은 제어할 수 있습니다. 이전에도 이 파라미터를 봤을 것입니다. 계절성과 공휴일 규제 시에도 자체적인 사전 스케일(prior scale)을 적용한 바 있습니다.

변경점에 대해서도 changepoint_prior_scale 파라미터는 마찬가지의 효과를 가지며 이에 대해서는 이 장의 뒷부분에서 자세히 다루겠습니다. Prophet 기본 설정에서 대부분의 잠재적 변경점의 기울기 변화 크기(magnitude)는 거의 0에 수렴하기 때문에 추세 곡선에 미치는 영향은 무시할 수 있을 정도로 작습니다.

분석 작업을 시작하려면 필요한 라이브러리와 Divvy 데이터셋을 불러와야 합니다. 여기서는 일별 Divvy 데이터를 사용합니다. 또한 add_changepoints_to_plot 함수를 함께 불러옵니다. 이 함수는 앞서 7장에서 소개한 바 있습니다.

```
import pandas as pd
import matplotlib.pyplot as plt
from prophet import Prophet
from prophet.plot import add_changepoints_to_plot

df = pd.read_csv('/content/drive/MyDrive/Book7/data/divvy_daily.csv')
df = df[['date', 'rides']]
df['date'] = pd.to_datetime(df['date'])
df.columns = ['ds', 'y']
```

Prophet 기본 설정에서는 전체 데이터의 처음 80% 데이터 구간에 잠재적인 변경점 25개를 균등한 간격으로 배치한 뒤 각 변경점의 기울기 변화 크기를 결정합니다. Divvy 데이터에서 이 25개의 위치는 아래 그림에서 수직 점선으로 표시됩니다.

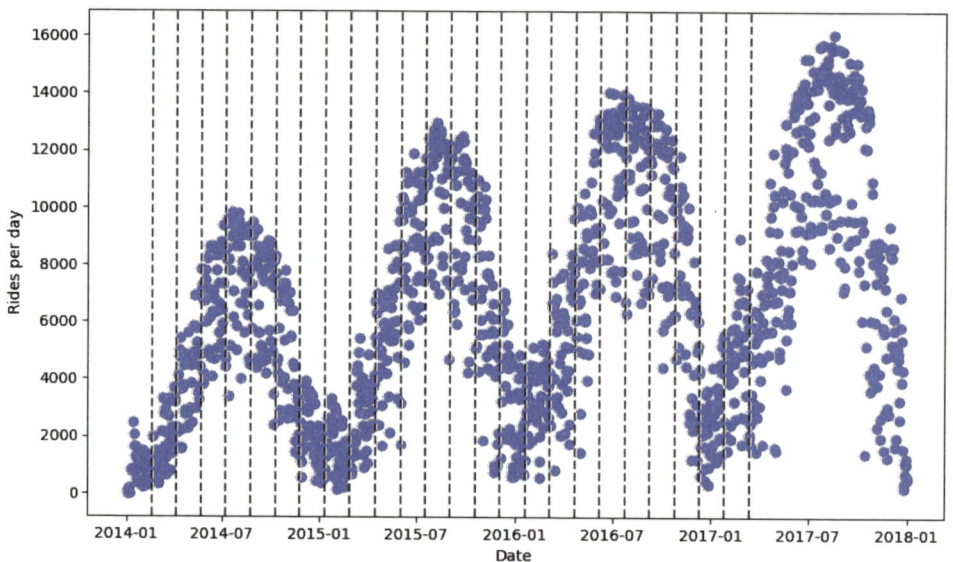

그림 8.1 잠재적 변경점 위치가 표시된 Divvy 데이터

이제 Prophet 모델을 적합시킵니다. 이 단계에서 Prophet은 각 잠재적 변경점에 어떤 기울기 변화 크기를 적용할지 결정합니다. 이전 장들의 예제에서 우리는 이 데이터를 곱셈형 계절성(multiplicative seasonality)으로 모델링하고, 데이터의 연간 계절성을 푸리에 차수로 제한하는 방법을 배웠습니다. 여기서도 Prophet 객체 생성 시 이러한 설정이 반영되어 있습니다.

모델을 적합시킨 후 `predict` 메서드를 호출하며 이때 미래 예측용 `future` 데이터프레임을 따로 마련하지는 않습니다. 이렇게 하면 Prophet이 모델을 구성하고 과거값까지는 예측하지만 미래값을 예측하지는 않습니다.

```
model = Prophet(seasonality_mode='multiplicative',
                yearly_seasonality=4)
model.fit(df)
forecast = model.predict()
```

이제 모델을 시각화하겠습니다. 주요 변경점의 위치를 확인하기 위해 `add_change points_to_plot` 함수를 사용합니다. 이 함수는 앞서 7장에서 봤듯이 세 개의 필수 인자를 사용합니다. 첫 번째 인자는 변경점을 추가할 축(axes)입니다. 이는 플롯을 호출할 때 생성한 `fig` 객체에 현재 축을 가져오는 함수인 `gca()` 메서드를 적용해 지정합니다. 두 번째 인자는 모델이고, 세 번째 인자는 예측 결과(forecast)입니다.

7장에서는 Prophet이 변경점을 표시하지 않고 추세만 표시하도록 `cp_linestyle` 인자를 사용했습니다. 하지만 이번에는 해당 인자를 사용하지 않습니다.

```
fig = model.plot(forecast)
add_changepoints_to_plot(fig.gca(), model, forecast)
plt.show()
```

아래 그림에서 Prophet이 25개의 잠재적 변경점 중 여섯 개만이 실질적으로 유의미하다고 판단한 것을 확인할 수 있습니다. 이 여섯 개의 변경점은 아래 플롯에서 수직 점선으로 표시됩니다.

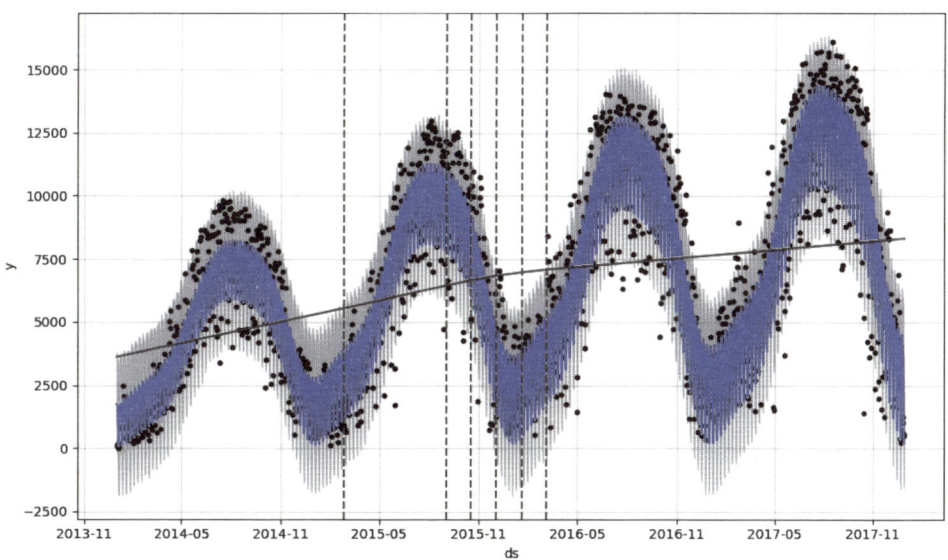

그림 8.2 Divvy 변경점 플롯

첫 번째 변경점에서는 추세가 실제로 꺾이는지 눈으로 확인하기 어렵지만, 그다음 다섯 개의 변경점에서는 추세가 바뀌는 것이 조금이나마 더 잘 보입니다. 이처럼 각 변경점에서 추세 기울기는 눈으로 확인하기 어려울 정도로 완만하게 변할 수도 있습니다.

25개의 잠재적 변경점 각각의 기울기 변화 크기는 `model.params`에 저장됩니다. 이 값들은 정규화 처리되어 있어서 절대값은 의미가 없고 상대적인 크기가 중요합니다. 모델의 파라미터는 딕셔너리 형태로 저장되며, 변경점 기울기 변화 크기의 키(key)는 `delta`입니다. 한번 살펴보겠습니다.

```
print(model.params['delta'])
```

이 모델에서의 변경점 기울기 변화 크기는 다음 [그림 8.3]에 나타난 변경점 기울기 변화의 크기와 같아야 합니다. 이 값들은 결정론적 방정식이 아니라 최적화 과정을 통해 계산되므로 정확한 값은 다를 수 있지만 지수(exponent)는 최대한 비슷한 값을 가져야 합니다.

```
[[ 2.79592e-08 -9.97401e-09 -8.39147e-10 -1.47431e-07  1.25546e-07
   2.07167e-08  1.46447e-07  2.37944e-05  2.90226e-02  3.26898e-06
   1.13852e-08 -9.49494e-08 -1.03066e-02 -9.18082e-02 -8.35057e-02
  -5.49021e-02 -3.43724e-02 -9.55178e-05 -8.22804e-08 -6.94642e-10
  -1.82087e-08  5.80475e-09  3.31089e-08  2.11582e-08  1.99484e-08]]
```

그림 8.3 Divvy 변경점 기울기 변화의 크기(magnitude)

대부분의 변경점 기울기 변화 크기의 지수는 -08 또는 -09의 지수를 갖습니다. 이를 보통 숫자 형식으로 보려면 소수점을 왼쪽으로 8자리 내지 9자리 이동시켜야 하며, 이는 분수로 표현하면 분모에 10^8 내지 10^9를 두는 것과 같은 조치입니다. 때문에 이 값들이 0에 매우 가깝게 됩니다. 이러한 값들을 시각화를 통해 확인할 수 있습니다. 여기에서는 추세선과 주요 변경점의 위치, 변경점의 기울기 변화 크기를 겹쳐서 보여 드립니다.

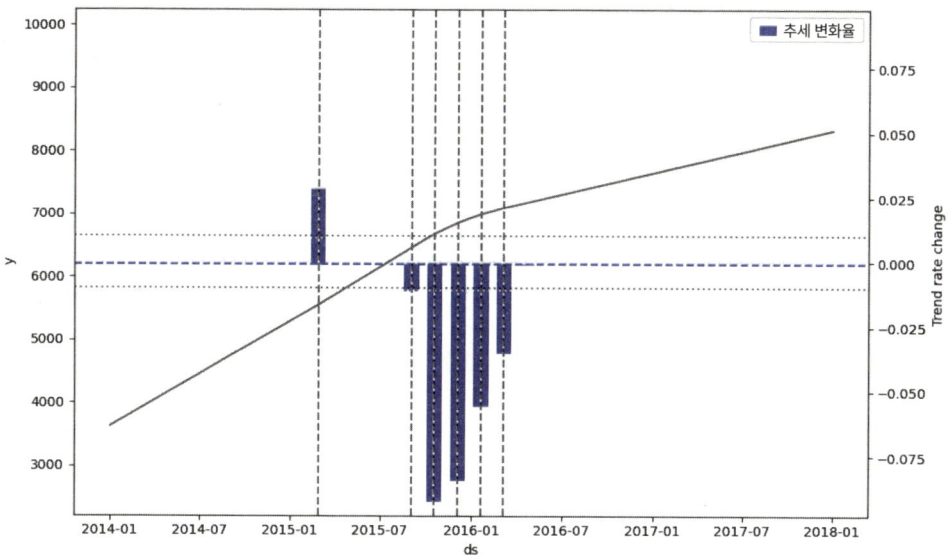

그림 8.4 변경점 기울기 변화 크기

이 플롯의 왼쪽 y축은 [그림 8.2]의 y축과 동일합니다. 왼쪽 아래에서 오른쪽 위로 우상향하는 실선인 추세선은 이 축을 기준으로 그려집니다. 수직 점선은 Prophet이 식별한 유의미한 변경점입니다. 굵은 수직 막대는 변경점의 기울기 변화 크기를 시각화한 것으로 그 크기는 오른쪽 Trend rate change 축을 기준으로 표시됩니다.

다시 말하지만, 이러한 변경점 기울기 변화 크기의 대부분은 0에 매우 가까워서 플롯에 표시되지 않습니다. 수평 점선은 변경점의 기울기 변화 크기가 0임을 나타냅니다. 이 선 위로 뻗은 막대는 양의 기울기 변화 크기를 가진 변경점으로 추세가 위쪽으로 꺾이는 지점입니다. 반대로 이 선 아래로 뻗은 막대는 음의 기울기 변화 크기를 가진 변경점으로 추세가 아래쪽으로 꺾이는 지점입니다.

`add_changepoints_to_plot` 함수는 절대값이 0.01보다 큰 변경점만 시각화합니다. 두 개의 수평 점선은 각각 0.01과 −0.01의 크기를 나타내며, Prophet은 이 경계를 초과하는 크기만 플롯에 표시합니다. 이 임계값은 함수의 `threshold` 인자를 사용해 변경할 수 있습니다. 예를 들어 `add_changepoints_to_plot(fig.gca(), model, forecast, threshold=0.1)`라는 코드는 임계값이 ±0.1로 설정됩니다. 이 설정은 시각화에만 영향을 주고 실제 변경점에는 영향을 미치지 않습니다.

따라서 [그림 8.4]는 Prophet이 대부분의 잠재적 변경점들의 추세에 대한 영향을 무시할 수 있을 정도로 작게 만들고 있다는 사실을 보여 줍니다. 유일하게 양의 값을 가진 변경점은 2015년 1월 직후에 나타나며, 잘 보이진 않지만 이 지점에서 추세가 미약하게나마 가팔라집니다. 반면 다른 주요 변경점들에서는 추세가 더 완만해집니다.

지금까지 살펴본 예제는 완전히 자동화된 설정에서 Prophet이 추세 변경점을 처리하는 방식을 보여 주었습니다. 다음 절에서는 변경점을 제어하는 기법을 살펴보겠습니다.

08-2 변경점 규제

앞서 언급했듯이 Prophet은 기본적으로 전체 시계열의 처음 80% 구간에 25개의 잠재적 변경점을 배치합니다. Prophet의 추세 변경점 자동 탐지 기능을 제어하려면 모델을 생성할 때 n_changepoints와 changepoint_range 인자의 값을 수정하면 됩니다. 예를 들어, 잠재적 변경점 수를 5로 줄이려면 다음과 같이 설정합니다.

```
model = Prophet(seasonality_mode='multiplicative',
                yearly_seasonality=4,
                n_changepoints=5)
```

이렇게 하면 전체 데이터의 처음 80% 구간에 균등하게 분포한 다섯 개의 잠재적 변경점을 다음과 같이 생성합니다.

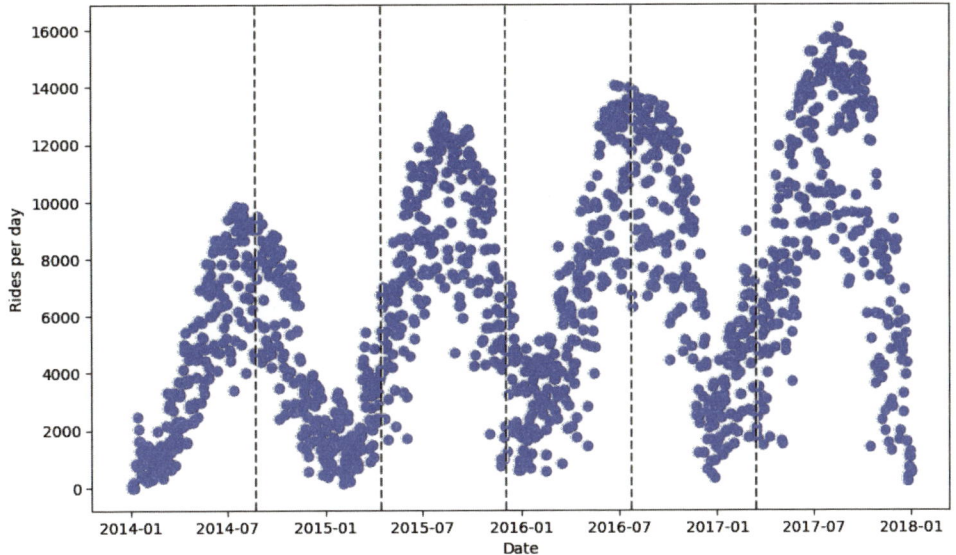

그림 8.5 다섯 개의 잠재적 변경점

또는 25개의 변경점을 전체 데이터의 처음 80% 구간이 아닌, 처음 50% 구간에 배치할 수도 있습니다.

```
model = Prophet(seasonality_mode='multiplicative',
                yearly_seasonality=4,
                changepoint_range=.5) # 5에서 0.5로 값 변경
```

이제 잠재적 변경점들이 전체 데이터 범위의 처음 50% 구간에만 배치된 것을 볼 수 있습니다.

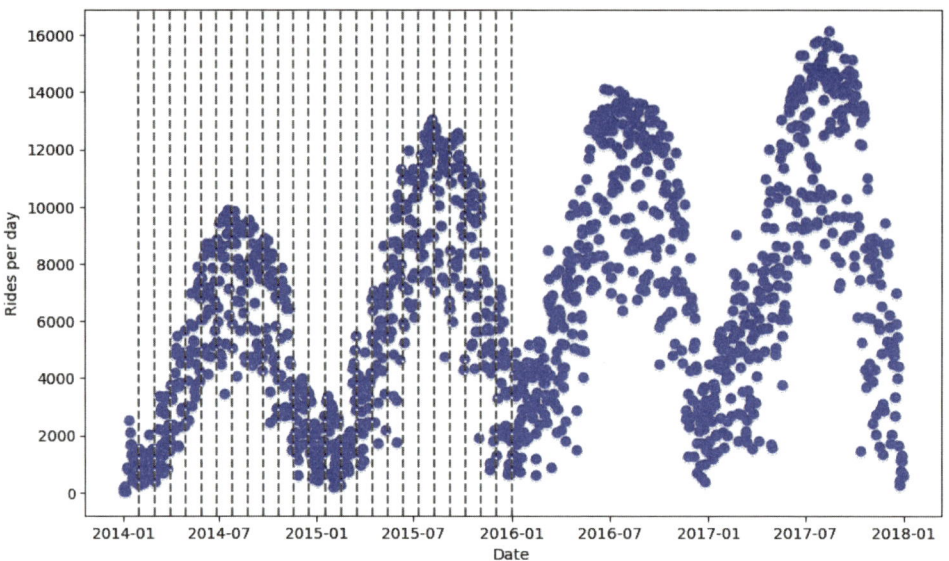

그림 8.6 데이터의 처음 50% 구간에 배치된 변경점

물론 이 두 인자를 하나의 모델에서 함께 사용할 수도 있습니다. 두 경우 모두 Prophet에게 해당 위치에 (확정된) 변경점을 반드시 배치하라고 지시하는 것이 아니라 잠재적 변경점을 염두에 두라고 지시하는 것입니다. Prophet은 여전히 가능한 한 많은 변경점의 기울기 변화 크기를 0으로 만들려고 시도할 것이며, 실제로 두 경우 모두 기본 설정의 예제와 거의 동일한 예측 추세를 보여 줍니다.

또한 Prophet은 미래 예측 구간에 변경점을 배치하지 않습니다. Prophet이 기본 설정에서 전체 데이터의 처음 80%만 사용하는 이유는 데이터가 거의 없는 시점에 잘못된 변경점을 설정하는 것을 방지하기 위한 조치입니다. 다만 Prophet은 불확실성 구간을 생성할 때는 미래 변경점을 추정합니다. 따라서 기울기 변화 크기가 큰 변경점이 많이 포함된 모델일수록 더 큰 예측 불확실성이 나타납니다.

일반적으로 시계열의 맨 마지막 부분에 변경점을 설정하면 과적합 가능성이 높습니다. 그 이유를 설명하기 위해 Divvy 데이터에 대한 2년 예측을 수행하되 Prophet이 학습 데이터셋의 마지막 두 달간의 데이터에서 단 하나의 변경점만 선택하도록 설정했습니다. 11월에는 겨울철 이용 감소로 인해 하루 기준 자전거 이용량이 빠르게 줄어듭니다. 이 예제에서 Prophet은 이를 줄어드는 추세로 해석하여 이후의 예측 결과를 그에 따라 조정합니다.

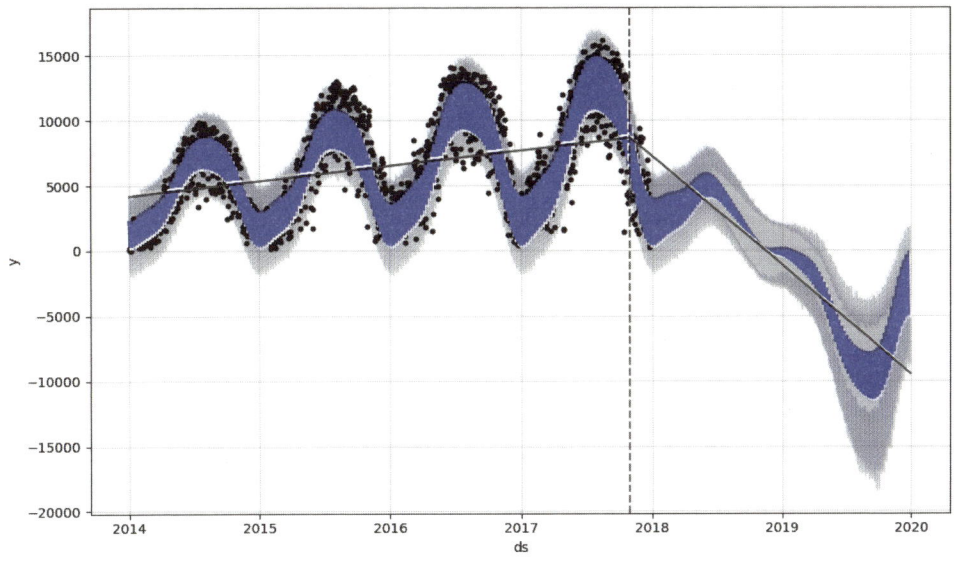

그림 8.7 시계열 데이터 마지막 구간에 변경점을 설정한 Prophet

제가 Prophet보다 미래 예측을 더 잘한다고 말할 수는 없지만, 이 경우에는 Prophet이 미래 구간에 대해 정확하지 않은 예측을 했다고 확신합니다.

그렇다고 해서 변경점의 개수나 범위를 자주 조정할 필요는 없습니다. Prophet 기본 설정은 대부분의 경우 매우 잘 작동합니다. 다만 Prophet이 변경점을 과적합하거나 과소적합하는 것을 발견하면 규제를 통해 이를 제어하는 것이 좋습니다. 5장과 6장과 마찬가지로 규제에는 사전 스케일(prior scale)을 사용합니다.

앞서 5장과 6장의 예측에서 보았듯이 사전 스케일은 Prophet의 유연성을 제어하는 데 사용됩니다. 모델이 지나치게 유연하면 실제 신호 외에 너무 많은 노이즈까지 모델링하여 과적합 확률이 높아집니다. 반면에 모델의 유연성이 부족하면 데이터에 대해 과소적합하거나 사용 가능한 신호 일부를 포착하지 못하는 문제가 생깁니다.

seasonality_prior_scale과 holidays_prior_scale은 둘 다 기본 설정값이 10입니다. 그러나 changepoint_prior_scale의 기본 설정값은 0.05입니다. 계절성과 공휴일 사전 스케일과 마찬가지로 이 값을 높이면 추세가 더 유연해지고 값을 낮추면 추세가 덜 유연해집니다. 이에 대한 적절한 값의 범위는 일반적으로 0.001에서 0.5 사이입니다.

이제 changepoint_prior_scale 값을 1로 증가시켜 모델을 적합시키고 그 결과를 시각화해 보겠습니다. 이렇게 하면 Prophet의 추세가 매우 유연해집니다.

```
model = Prophet(seasonality_mode='multiplicative',
                yearly_seasonality=4,
                changepoint_prior_scale=1) # 값을 1 로 변경
model.fit(df)
forecast = model.predict()
fig = model.plot(forecast)
add_changepoints_to_plot(fig.gca(), model, forecast)
plt.show()
```

아래 그림을 보면 Prophet 추세가 매우 심하게 과적합되어 있습니다.

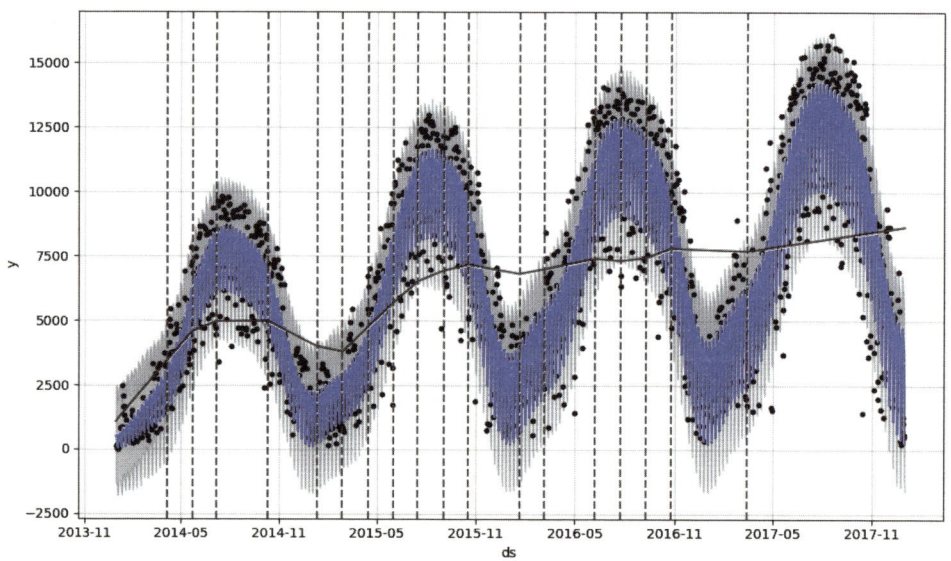

그림 8.8 추세 규제가 지나치게 약한 Prophet

규제 파라미터를 완화하면 Prophet은 추세선을 과적합하기 시작하고 연간 계절성의 일부도 포착하려고 시도합니다. 이는 Prophet의 추세 적합 시 너무 많은 유연성을 허용한 결과입니다.

이번에는 반대로 규제를 지나치게 엄격하게 적용한 경우를 살펴보겠습니다. 이 예제에서는 changepoint_prior_scale 값을 기본값에서 0.007로 낮춰 보겠습니다.

```
model = Prophet(seasonality_mode='multiplicative',
                yearly_seasonality=4,
                changepoint_prior_scale=.007) # 값을 1에서 0.007로 변경
model.fit(df)
forecast = model.predict()
fig = model.plot(forecast)
add_changepoints_to_plot(fig.gca(), model, forecast)
plt.show()
```

changepoint_prior_scale 값을 낮추자 다음 플롯에서는 Prophet 추세가 유연성을 잃은 것을 확인할 수 있습니다.

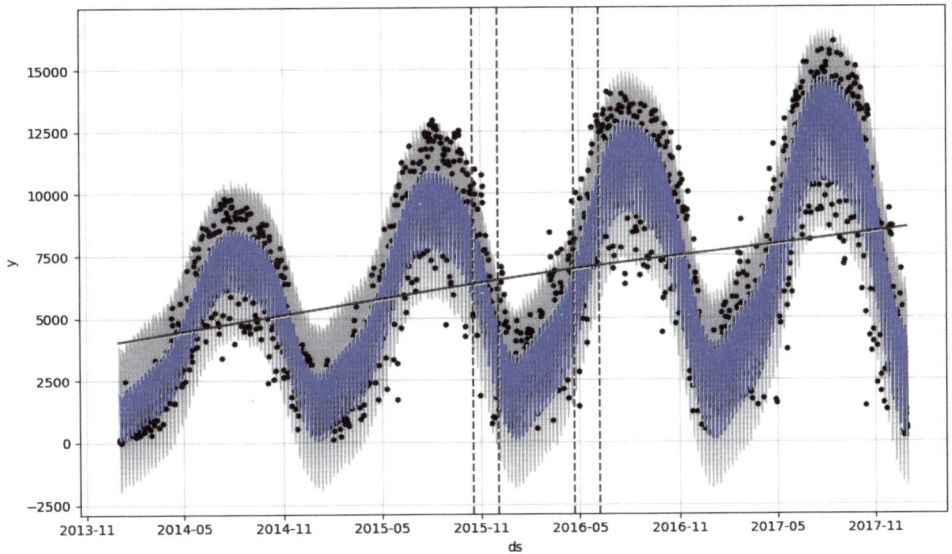

그림 8.9 추세 규제가 지나치게 강한 Prophet

이 [그림 8.9]와 이 장 앞부분의 [그림 8.2]를 비교해 보십시오. 두 그림의 변경점 위치는 약간 다르기도 하지만, 규제 수준이 달라서 변경점의 기울기 변화 크기가 지나치게 제약되었습니다. [그림 8.2] 변경점에서 뚜렷했던 굴곡은 [그림 8.9]에서는 너무 미미해서 거의 눈에 띄지 않을 정도입니다.

Prophet에서 변경점을 제어하는 또 다른 방법은 사용자가 직접 커스텀 변경점 위치를 지정하는 것입니다. 이를 알아보기 위해 새로운 데이터셋으로 축구 선수 하메스 로드리게스(James Rodríguez)의 인스타그램 계정인 @jamesrodriguez10을 살펴보겠습니다. 이 데이터는 2019년 11월 22일에 수집되었습니다.

08-3 커스텀 변경점 위치 설정

하메스 로드리게스는 2014년과 2018년 월드컵에 출전한 콜롬비아 축구 선수입니다. 그는 두 대회 모두에서 두각을 나타냈으며, 특히 2014년에는 대회 최다 득점자가 받는 골든 부트(Golden Boot) 상을 받았습니다. 참고로 아쉽게도 콜롬비아 대표팀은 2022년 월드컵 예선을 통과하지 못해 그의 월드컵 출전 기록은 위의 두 대회에 그치고 맙니다. 그의 인스타그램 계정을 선택한 이유는 이 계정이 변경점 없이 모델링하기에는 매우 어려운 패턴을 보여 주기 때문입니다.

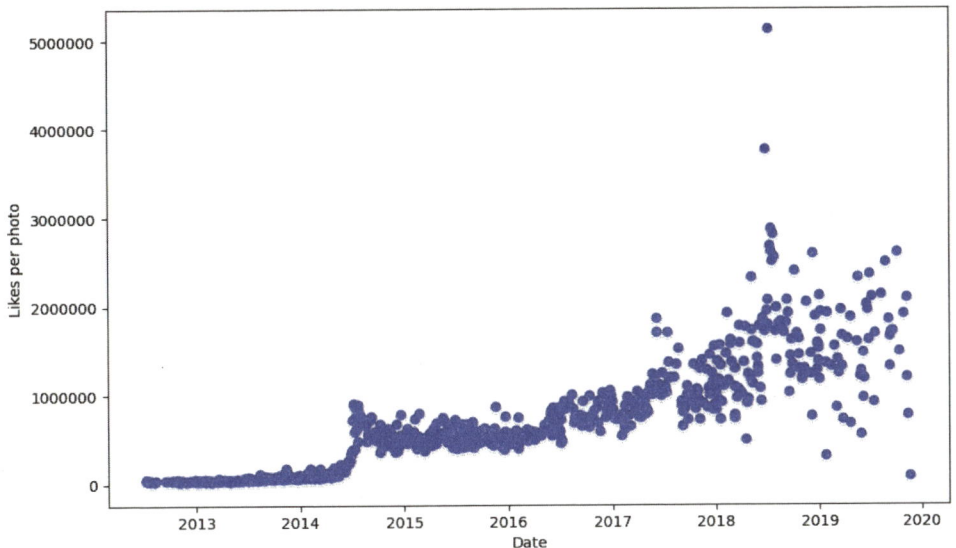

그림 8.10 하메스 로드리게스 일별 인스타그램 '좋아요' 개수

그의 인스타그램 게시물이 받는 '좋아요' 개수는 시간이 지남에 따라 점진적으로 증가하지만 2014년과 2018년 여름 월드컵 기간 동안 두 차례 눈에 띄는 급증이 있었습니다. 특히 2014년의 급증은 뚜렷한 추세 변화를 일으켰다는 것이 분명합니다. 월드컵 기간 동안 그의 게시물 '좋아요' 개수는 급격히 증가했다가 이후 감소하기는 하지만 이전의 기준선으로 돌아가지는 않았습니다. 그는 이 기간 동안 많은 수의 새로운 팔로워를 확보했고 그 결과 꾸준히 더 많은 '좋아요'를 받았습니다.

마찬가지로 2018년에도 월드컵 기간 동안 그의 프로필에서 '좋아요' 개수가 급격히 증가했습니다. 그러나 대회가 끝난 뒤에도 뚜렷한 추세 변화가 있었는지는 명확하지 않습니다. 또한 2017년 여름에도 또 다른 급증 현상이 확인됩니다. 그해 7월 11일 로드리게스는 바이에른 뮌헨 팀과 계약을 체결했다는 사실을 발표했습니다. 우리는 이 사실도 모델에 반영할 것입니다.

이러한 행동을 모델링하려면 먼저 월드컵과 새로운 소속 팀 발표라는 특별한 이벤트를 반영해야 합니다. 이를 위해 커스텀 공휴일을 생성할 것입니다. 둘째, 추세 변화도 반영해야 하며 이를 위해 커스텀 추세 변경점을 설정할 것입니다. 이 데이터에는 계절성이 크게 나타나지 않으므로 모델을 단순화하기 위해 Prophet에게 계절성을 적합하지 않도록 지시하겠습니다.

앞에서 필요한 라이브러리를 이미 가져왔으므로 Prophet 데이터프레임에 데이터를 저장하는 작업부터 시작하겠습니다.

```
df = pd.read_csv(
    '/content/drive/MyDrive/Book7/data/instagram_jamesrodriguez10.csv'
)
df['Date'] = pd.to_datetime(df['Date'])
df.columns = ['ds', 'y']
```

이제 특별 이벤트들을 위한 데이터프레임을 생성해야 합니다. 이는 6장에서 배운 것과 동일한 절차입니다. 이번 예제에서 추가해야 할 이벤트는 2014년 월드컵, 2017년 바이에른 뮌헨 입단, 2018년 월드컵 이렇게 세 가지입니다. 각 이벤트는 holiday 열에 이름이 있어야 하고 ds 열에 날짜가 있어야 합니다.

두 번의 월드컵은 각각 32일 동안 진행되었으므로 시작일을 지정하고 upper_window 값을 31로 설정합니다. 이는 개최일 이후의 31일을 포함해서 월드컵 기간 총 32일 모두를 포함함을 의미합니다. lower_window 값은 0으로 설정합니다. 마지막 이벤트인 바이에른 뮌헨 입단의 경우에는 그 영향이 며칠 동안 게시물에 미쳤다고 가정하여 2주간의 여유 기간을 설정하겠습니다.

```
wc_2014 = pd.DataFrame({'holiday': 'World Cup 2014',
                        'ds': pd.to_datetime(['2014-06-12']),
                        'lower_window': 0,
                        'upper_window': 31})
wc_2018 = pd.DataFrame({'holiday': 'World Cup 2018',
                        'ds': pd.to_datetime(['2018-06-14']),
                        'lower_window': 0,
                        'upper_window': 31})
signing = pd.DataFrame({'holiday': 'Bayern Munich',
                        'ds': pd.to_datetime(['2017-07-11']),
                        'lower_window': 0,
```

```
                 'upper_window': 14})
```

```
special_events = pd.concat([wc_2014, wc_2018, signing])
```

이제 커스텀 변경점을 지정해야 합니다. 이를 위해 Prophet에 날짜 목록을 전달하면 됩니다. 판다스 라이브러리가 유효한 날짜-시간(date-time) 포맷으로 인식하는 모든 날짜를 사용할 수 있습니다.

```
changepoints = ['2014-06-12',
                '2014-07-13',
                '2017-07-11',
                '2017-07-31',
                '2018-06-14',
                '2018-07-15']
```

각 특별 이벤트마다 이벤트 시작일과 종료일에 하나씩 잠재적 변경점을 추가합니다. 이는 사진마다 '좋아요' 개수가 팔로워 수에 비례하는 경향이 있지만 특별 이벤트가 이 추세를 뒤엎을 수 있다는 점을 반영하기 위해서입니다.

특별 이벤트 기간 동안 팔로워 수가 훨씬 더 빠른 속도로 증가하고 이로 인해 사진마다 '좋아요' 개수도 증가하게 됩니다. 이는 새로운 추세선을 필요로 합니다. 이벤트가 종료되면 새로운 팔로워 증가 속도가 둔화되므로 이 지점에서 또 하나의 추세선이 필요합니다. 이로써 두 개의 변경점을 통해 연결된 세 개의 서로 다른 추세 기울기가 나타납니다.

특별 이벤트를 생성하고 잠재적 변경점을 설정한 후 이제 Prophet 객체를 생성하면서 이 특별 이벤트와 변경점들을 함께 전달합니다. 이번 예제에서는 계절성 모드를 곱셈형(multiplicative)으로 설정합니다. 이 데이터는 개수 데이터이기에 5장에서 다룬 것처럼 이런 데이터는 종종 곱셈형 계절성을 따릅니다.

하지만 이 경우 가산형 계절성을 사용해야 한다는 의견도 있습니다. 월드컵을 계기로 로드리게스의 프로필을 방문했지만 팔로우를 하지 않은 사람들(비팔로워)로부터 '좋아요' 개수가 증가했다면 이는 가산형 효과로 볼 수 있습니다. 반면 기존 팔로워들의 활동이 증가한 것이라면 이는 인스타그램의 알고리즘으로 인해 발생한 곱셈형 효과일 수 있습니다. 어느 경우든 이 다음 절차는 동일합니다.

모델을 단순화하기 위해 계절성을 제거하기로 했으므로 yearly_seasonality와 weekly_seasonality 값을 모두 False로 설정합니다. 계절성이 하나도 없는데 왜 seasonality_mode를 설정하는지 궁금할 수 있습니다. 이는 seasonality_mode가 공휴일 설정에도 영향을 미치기 때문입니다.

마지막으로, 변경점에 대한 사전 스케일인 changepoint_prior_scale을 1로 설정합니다. 이는 규제 강도를 다소 완화하기 위함입니다(이 값은 다른 값으로 직접 실험해 봐도 좋습니다. 저는 이 데이터에는 기본 설정값이 너무 강한 제약을 가한다고 판단했습니다). 그리고 변경점 목록을 changepoints 인자에 전달합니다.

```
model = Prophet(seasonality_mode='multiplicative',
                holidays=special_events,
                yearly_seasonality=False,
                weekly_seasonality=False,
                changepoint_prior_scale=1,
                changepoints=changepoints)
```

여기서 이전 예제들과 마찬가지로 fit 및 predict 메서드를 호출하여 계속 진행합니다. 이번 예제에서는 미래를 예측하지 않지만 만약 미래에 특별한 이벤트가 예상된다면 해당 이벤트를 추가해야 합니다. 마지막으로 예측 결과와 구성 요소를 시각화합니다.

```
model.fit(df)
forecast = model.predict()
fig = model.plot(forecast)
add_changepoints_to_plot(fig.gca(), model, forecast)
plt.show()
fig2 = model.plot_components(forecast)
plt.show()
```

먼저 예측 결과입니다.

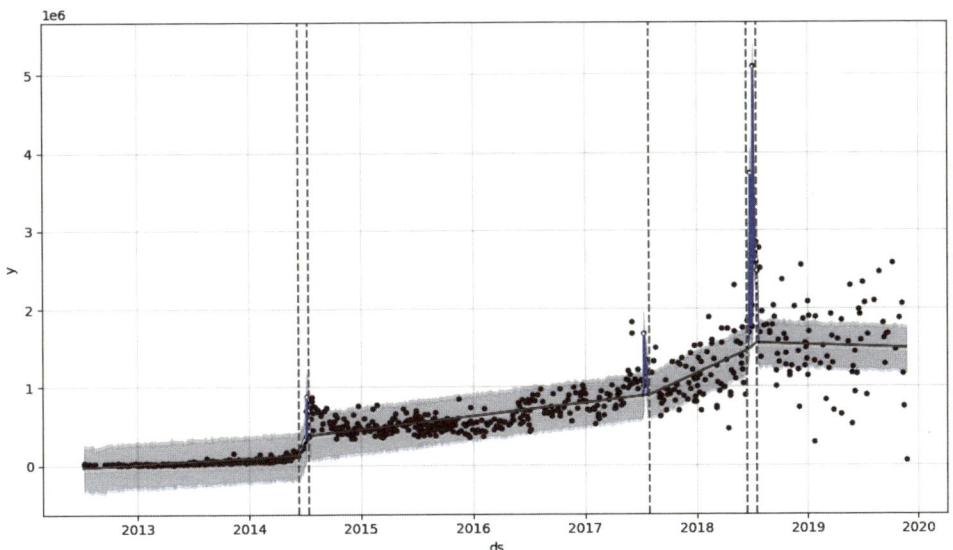

그림 8.11 하메스 로드리게스 인스타그램 '좋아요' 개수 예측

모델을 단순화했음에도 불구하고 추세선이 놀라울 정도로 잘 맞아떨어집니다. 이제 구성 요소 플롯을 살펴보겠습니다.

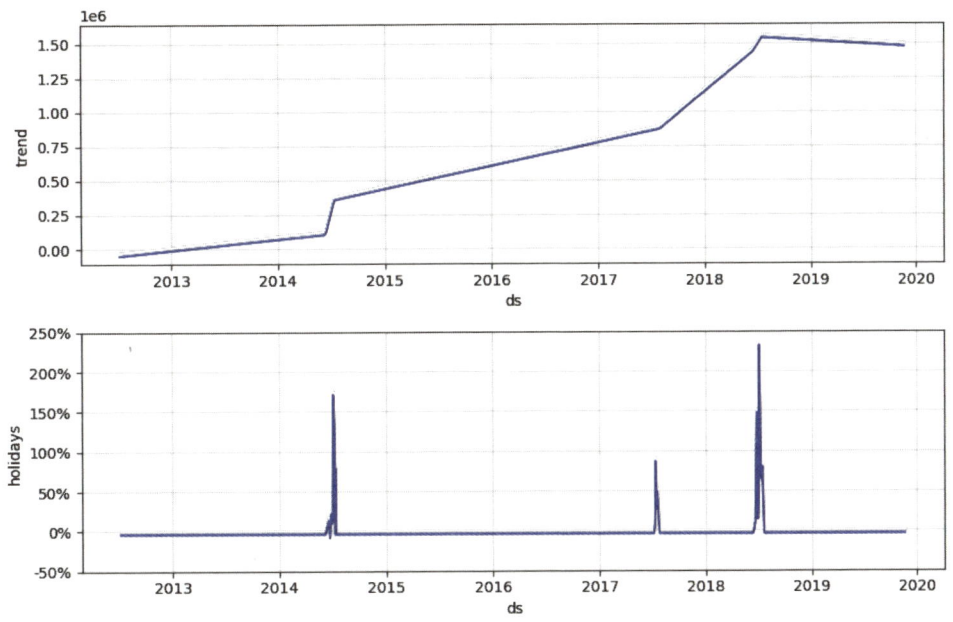

그림 8.12 하메스 로드리게스 구성 요소 플롯

공휴일(holidays) 플롯을 보면 두 번의 월드컵 기간 동안 하메스 로드리게스의 계정에서 게시물당 '좋아요' 수가 어림잡아 200% 증가했음을 확인할 수 있습니다. 바이에른 뮌헨에 입단했을 때는 그보다는 소폭이지만 여전히 인상적인 증가가 있습니다. 그리고 추세(trend) 플롯은 이러한 변화를 반영하고 있습니다.

각 월드컵 기간 동안 그의 게시물당 '좋아요' 수가 급격히 증가했고 이벤트 이후에는 증가 속도가 둔화되었지만 이전보다 더 높은 기준선을 유지했습니다. Prophet은 각 월드컵 전후에 두 개의 변경점이 필요하다고 판단했으나 새 팀 입단 발표는 추세에 하나의 중요한 변화만 가져왔다고 분석했습니다.

변경점 위치를 처리하는 또 다른 방법은 Prophet의 기본 설정과 커스텀 변경점을 혼합한 하이브리드 기법입니다. 이 기법에서는 Prophet의 기본 설정처럼 고르게 분포된 변경점 그리드(격자)를 만들고 여기에 사용자의 커스텀 변경점을 추가하여 보강합니다. 이 작업을 자세히 알아보기 위해 또 다른 예제를 살펴보겠습니다.

Prophet 소스 코드에는 잠재적 변경점들의 그리드를 생성하는 `set_changepoints`라는 메서드가 있습니다. 변경점을 미리 지정되지 않은 경우 `fit` 명령을 실행할 때 이 메서드는 자동으로 호출됩니다. 아래에 제시한 함수는 Prophet 클래스 외부에서도 잠재적 변경점 그리드를 생성할 수 있도록 기존의 `set_changepoints` 메서드를 모방하여 생성하였습니다. 이 함수를 사용하려면 넘파이 라이브러리도 불러와야 합니다.

```
import numpy as np
import pandas as pd

def set_changepoints(df, n_changepoints=25, changepoint_range=.8):
    df = df.sort_values('ds').reset_index(drop=True)
    hist_size = int(np.floor(df.shape[0] * changepoint_range))

    if n_changepoints + 1 > hist_size:
        n_changepoints = hist_size - 1
        print(
            f'n_changepoints greater than number of observations. '
            f'Using {n_changepoints}.'
```

```
            )
        if n_changepoints > 0:
            cp_indexes = np.linspace(
                0,
                hist_size - 1,
                n_changepoints + 1
            ).round().astype(int)   # np.int → int 변경
            changepoints = df.iloc[cp_indexes]['ds'].tail(-1)
        else:
            # 빈 변경점 설정
            changepoints = pd.Series(pd.to_datetime([]), name='ds')

    return changepoints   # return 문 수정
```

이 함수는 세 개의 인자를 필요로 합니다. 첫 번째는 ds와 y 열을 갖춘 Prophet 데이터프레임입니다. 두 번째는 생성할 변경점의 개수로서 Prophet 기본값인 25로 설정합니다. 세 번째는 변경점 범위로 이 역시 Prophet 기본값인 0.8로 설정합니다. 이 함수는 잠재적 변경점 위치를 담은 판다스 시리즈(pandas series) 형식을 반환하며 여기에 사용자의 커스텀 변경점을 간단히 추가하면 됩니다.

이 함수를 사용하여 데이터의 처음 80% 구간에 동일한 간격으로 균등하게 분포된 변경점 다섯 개를 생성하고, 이전 예제에서 사용한 여섯 개의 특별 이벤트 변경점을 여기에 추가하여 자동 변경점을 보강해 보겠습니다.

```
changepoints = set_changepoints(df, 5, 0.8)
new_changepoints = pd.Series(pd.to_datetime(['2014-05-02',
                                             '2014-08-25',
                                             '2017-07-31',
                                             '2018-06-14',
                                             '2018-06-04',
                                             '2018-07-03']))
changepoints = pd.concat([changepoints, new_changepoints])
changepoints = changepoints.sort_values().reset_index(drop=True)
```

이제 이전 모델을 다시 생성하되 이번에는 새로 만든 변경점 목록을 함께 전달해 보겠습니다.

```
model = Prophet(seasonality_mode='multiplicative',
                holidays=special_events,
                yearly_seasonality=False,
                weekly_seasonality=False,
                changepoint_prior_scale=1,
                changepoints=changepoints)
model.fit(df)
forecast = model.predict()
fig = model.plot(forecast)
add_changepoints_to_plot(fig.gca(), model, forecast)
plt.show()
```

그 결과 Prophet이 이전보다 훨씬 많은 변경점을 사용한 것을 확인할 수 있습니다.

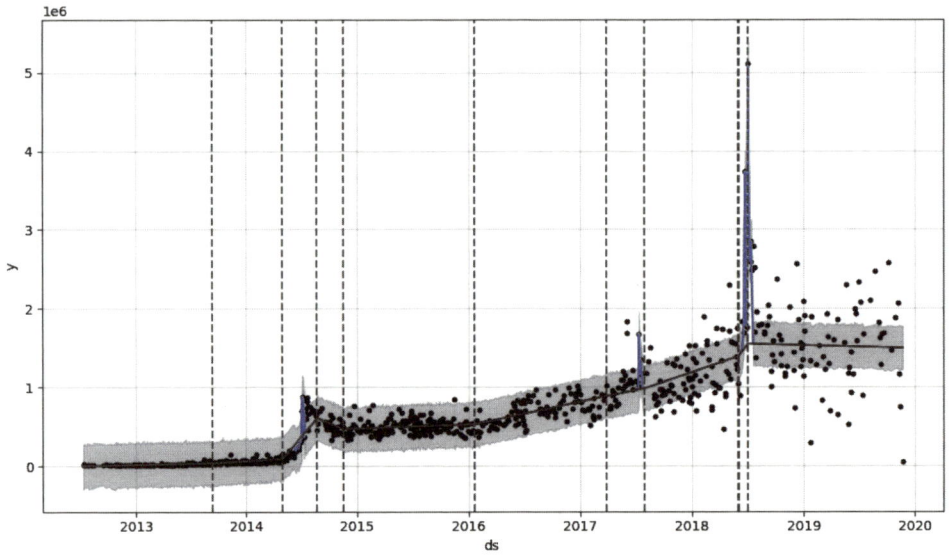

그림 8.13 하이브리드(자동 및 수동) 잠재적 변경점으로 수행한 예측

또한 매우 유연한 추세선이 생성되었습니다. 아마도 이는 과적합 때문일 수도 있습니다. 이 부분은 분석가인 여러분이 판단할 문제입니다. 결론적으로 이 예제는 사용자가 지정한 커스텀 변경점을 잠재적 변경점 그리드와 결합하는 방법을 충분히 보여 주고 있습니다.

다음 장에서는 Divvy 데이터셋을 다시 살펴보되 Prophet 예측에 추가 설명 변수를 포함하는 방법을 배우기 위해 기온과 날씨 조건에 대한 추가 열을 추가할 것입니다.

09장

설명 변수 추가

09-1_이진값 변수 추가

09-2_연속형 변수 추가

09-3_계수의 해석

2장에서 처음 생성해 본 Prophet 모델에서 오직 날짜 데이터만 가지고 마우나로아의 이산화탄소 농도를 예측했습니다. 또한 6장에서는 시카고의 Divvy 자전거 공유 네트워크 이용량을 예측할 때 공휴일 정보를 추가하여 예측 정확도를 높이는 방법을 배웠습니다.

Prophet에 공휴일을 추가하는 것은 실은 이진값 설명 변수(binary regressor, 이하 설명 변수를 줄여서 '변수'로 호칭함)를 추가한 예제이기도 합니다. Prophet에는 이진값 변수와 연속형 변수 모두를 추가할 수 있습니다.

이 장에서는 날씨 정보를 추가하여 Divvy 데이터셋을 보강합니다. 먼저 햇빛, 구름, 비의 유무를 나타내는 이진값 날씨 조건을 추가하고 이어서 연속형 기온 측정값을 도입할 것입니다. 추가 변수를 사용하면 모델에 더 많은 정보를 입력해서 예측력을 향상시킬 수 있습니다.

> 이 장에서는 책의 깃허브에서 제공하는 chapter_09.ipynb 코랩 노트북 파일을 사용합니다.

09-1 이진값 변수 추가

이진값 혹은 연속형 추가 변수를 사용할 때 가장 먼저 고려해야 할 점은 예측 기간 전체에 걸쳐 해당 변수의 미래 구간 값을 알고 있어야 한다는 것입니다. 공휴일의 경우에는 미래의 발생 시점을 정확히 알고 있기 때문에 문제가 되지 않습니다. 모든 미래 값은 공휴일처럼 이미 알려져 있거나, 값이 알려져 있지 않은 경우에는 별도로 예측해야 합니다. 하지만 예측된 데이터를 기반으로 또 다른 예측을 수행할 때는 주의가 필요합니다. 최초 예측의 오류가 두 번째 예측에 누적되어 전체 오류가 점점 더 커질 수 있기 때문입니다.

그러나 한 변수가 다른 변수보다 훨씬 예측하기 쉽다면 이러한 누적(stacked) 예측 방식이 유용할 수 있습니다. 계층적 시계열(hierarchical time series)이 그 대표적인 사례입니다. 예를 들어, 하나의 시계열에서 신뢰할 만한 일별 값을 먼저 예측한 후, 그 예측값을 바탕으로 다른 시계열의 (예측하기 더 어려운) 시간대별 값을 예측하여 좋은 결과를 낳을 수 있습니다.

이번 장의 예제에서는 날씨 예보를 활용하여 Divvy 예측 모델을 보완할 것입니다. 일반적으로 향후 일주일 정도의 날씨 예보는 꽤 믿을 만하기 때문에 날씨 정보를 추가 변수로 사용할 수 있습니다. 이 책의 다른 예제에서는 Divvy 데이터를 사용해 1년 동안을 예측한 경우가 많습니다만 이 장에서는 2주만 예측할 것입니다. 시카고의 기상 예보관들이 이 기간 동안 정확한 예보를 제공할 것이라 가정하고 논의를 지속하겠습니다.

먼저 필요한 패키지와 데이터를 불러오겠습니다.

```
import pandas as pd
import matplotlib.pyplot as plt
from prophet import Prophet

df = pd.read_csv('/content/drive/MyDrive/Book7/data/divvy_daily.csv')
```

이 데이터의 일별 자전거 이용량을 시각화한 그래프는 5장의 [그림 5.6]을 참고하십시오. 같은 장의 [그림 5.7]에서는 데이터의 일부를 보여 주고 있습니다. 지금까지는 이 데이터셋에 포함된 날씨와 기온 두 열을 항상 제외했지만 이번에는 이를 사용하겠습니다. 첫 번째 예제로는 날씨(weather) 열을 살펴보겠습니다. 각 날씨 조건이 데이터셋에서 몇 번씩 등장했는지를 집계하여 발생 빈도를 확인합니다.

```
print(df.groupby('weather')['weather'].count())
```

위 print 문의 출력 결과는 다음과 같습니다.

```
weather
clear              41
cloudy           1346
not clear           2
rain or snow       69
Name: weather, dtype: int64
```

그림 9.1 Divvy 데이터셋 날씨 조건 집계

데이터를 날씨 조건 기준으로 그룹화하고 개수를 집계하면 각 날씨 조건이 보고된 일수를 확인할 수 있습니다. 맑은 날이 41일 동안 나타났고, 구름 낀 날은 1,346회로 가장 많이

발생했습니다. 흐린(not clear) 날은 단 2회만 보고되었으며, 비 혹은 눈(rain or snow)이 온 날은 69회 발생했습니다.

이제 우리의 데이터를 이해했으니 이를 불러와 알맞는 형식의 데이터프레임으로 저장하겠습니다. 다음 예제에서 연속형 열(값이 연속적인 범위에 걸쳐 존재하는 열)을 다룰 때 사용할 요량으로 기온(temp) 열도 함께 불러오겠습니다.

weather 열을 불러와 판다스 get_dummies 메서드를 사용하여 고유한 날씨 조건을 담을 이진값 열을 변환할 것입니다. 각각의 고유한 날씨 조건에 대해 각기 하나씩의 열이 생성되며, 각 열은 해당 날씨 조건이 존재하는지 여부를 나타내는 1 또는 0의 값을 갖습니다. 이러한 변수를 더미 변수 혹은 플래그(flag) 변수라고 합니다.

```
df['date'] = pd.to_datetime(df['date'])
df.columns = ['ds', 'y', 'temp', 'weather']
df = pd.get_dummies(df, columns=['weather'], prefix='', prefix_sep='')
```

이제 데이터프레임의 처음 다섯 행을 출력해서 앞 코드 블록의 작업 결과를 알아봅니다.

```
df.head()
```

출력 결과는 다음과 같습니다.

	ds	y	temp	clear	cloudy	not clear	rain or snow
0	2014-01-01	95	19.483158	False	False	False	True
1	2014-01-02	111	16.833333	False	False	False	True
2	2014-01-03	6	-5.633333	True	False	False	False
3	2014-01-04	181	30.007735	False	False	False	True
4	2014-01-05	32	16.756250	False	False	False	True

그림 9.2 더미 날씨 열이 추가된 데이터프레임

이제 weather 열의 각 고유한 값이 새로운 열로 변환된 것을 확인할 수 있습니다. 책의 앞부분에서 했던 것처럼 seasonality_mode를 multiplicative로 설정하고, 연간 계절성의 푸리에 차수를 4로 설정하여 모델을 생성하고 초기화하겠습니다.

또한 add_regressor 메서드를 사용하여 추가 변수를 모델에 포함하겠습니다. 이 메서드의 인자로는 해당 변수의 이름, 즉 데이터프레임 내 열의 이름을 전달해야 합니다. 공휴일, 계절성, 추세 변경점과 마찬가지로 사전 스케일(prior_scale) 인자를 사용하여 추가된 변수를 규제할 수 있습니다. 사전 스케일을 지정하지 않으면 holidays_prior_scale 기본값 10이 적용됩니다.

추가 변수가 가산형(additive)인지 곱셈형(multiplicative)인지를 지정할 수도 있습니다. 아무것도 지정하지 않으면 추가된 변수는 seasonality_mode에 설정된 값이 적용됩니다. 마지막으로 이 메서드는 standardize라는 인자를 가집니다. 이 인자는 기본값으로 auto 문자열을 가지며, 이는 해당 열의 값이 이진값이 아니라면 자동으로 값을 표준화(standardize)합니다. 기본값 auto를 사용하지 않는 경우 standardize 인자의 값으로 True 또는 False를 지정해서 표준화 적용 여부를 명시적으로 지정할 수 있습니다. 이 예제에서는 모든 기본값이 잘 작동합니다.

명확한 이해를 위해 첫 번째 add_regressor를 호출할 때에만 모든 인자를 명시적으로 설정하고, 나머지 add_regressor를 호출할 때는 변수명만 지정하고 다른 모든 인자는 기본값 그대로 사용하겠습니다.

각 추가 변수마다 하나의 add_regressor를 호출해야 하지만 구름 낀(cloudy) 날씨에 대한 변수에 대해서는 호출하지 않겠습니다. 이는 add_regressor로 생성한 모든 이진 변수를 포함할 경우 다중공선성(multicollinearity)이 발생할 위험이 있어서 이를 회피하기 위함입니다. 다중공선성이 생기면 각 조건이 미치는 개별적인 영향을 해석하기 어려워집니다. 따라서 하나의 날씨 조건 변수인 cloudy 변수를 제외합니다. 다행히 Prophet은 추가 변수 간의 다중공선성에 대해 상당히 안정적인(robust) 성능을 보입니다.

앞서 pd.get_dummies를 호출할 때 drop_first=True 인자를 지정해서 여러 조건 중 하나를 자동으로 제외할 수도 있었습니다. 하지만 어떤 열을 제외할지 수동으로 직접 선택하기 위해 이 옵션을 사용하지 않겠습니다. 가장 자주 나타나는 구름 낀(cloudy) 날씨 조건을 제외함으로써, 이 조건을 기본(default) 날씨 조건으로 설정하고 나머지 조건들은 기본 날씨 조건으로부터의 편차로 간주할 것입니다.

```
model = Prophet(seasonality_mode='multiplicative',
                yearly_seasonality=4)
model.add_regressor(name='clear',
                    prior_scale=10,
                    standardize='auto',
                    mode='multiplicative')
model.add_regressor('not clear')
model.add_regressor('rain or snow')
```

앞서 언급했듯이 추가 변수를 사용하려면 예측 기간에 해당하는 미래 데이터가 필요합니다. 이번에는 2주 동안만 예측하기 때문에 해당 2주 동안 날씨 데이터는 있지만 자전거 이용량 데이터는 없는 상황을 시뮬레이션해야 합니다. 이를 위해 학습 데이터에서 2주 분량을 인위적으로 줄여야 합니다. 따라서 파이썬에 내장된 `datetime` 패키지에서 `timedelta`를 가져옵니다.

이제 판다스의 불리언 인덱싱을 사용해서 학습용 데이터프레임 `train`을 생성하겠습니다. `train` 데이터프레임은 `ds` 열의 마지막 날짜(`df['ds'].max()`)에서 2주(`timedelta(weeks=2)`)를 뺀 시점을 기준으로 그 이전의 모든 날짜를 선택해서 생성합니다.

```
from datetime import timedelta

# 학습용 데이터프레임 train에서 마지막 2주 제거
train = df[df['ds'] < df['ds'].max() - timedelta(weeks=2)]
```

이 시점에서 우리는 데이터가 2017년 12월 31일(원본 `df` 데이터프레임 기준)이 아니라 2017년 12월 16일에 종료된 것으로 간주합니다. 그리고 누락된 2주에 대한 날씨 예보 데이터를 갖고 있다고 가정합니다. 이제 이 `train` 데이터에 모델을 적합시키고 후속 14일치에 해당하는 `future` 데이터프레임을 생성합니다.

다음으로는 추가 변수 열들을 `future` 데이터프레임에 포함시켜야 합니다. 우리는 원래 데이터프레임 `df`를 수정하는 대신 `train` 데이터프레임을 따로 생성했기 때문에, 날씨에 대한 값들은 여전히 `df`에 저장되어 있습니다. 이 값을 가져와 `future` 데이터프레임에 사용할 수 있습니다. 마지막으로 미래 구간에 대한 예측을 수행합니다.

예측 결과 플롯은 이전 Divvy 예측과 유사할 것입니다. 따라서 이 결과를 건너뛰고 바로 구성 요소 플롯(components plot)으로 넘어가겠습니다.

```
model.fit(train)

future = model.make_future_dataframe(periods=14)
future['clear'] = df['clear']
future['not clear'] = df['not clear']
future['rain or snow'] = df['rain or snow']
forecast = model.predict(future)

fig2 = model.plot_components(forecast)
plt.show()
```

다음 결과를 보면 기존 구성 요소들과 함께 새로운 서브플롯(subplot)이 추가된 것을 확인할 수 있습니다. 다음 플롯은 전체 구성 요소 플롯의 일부를 표시한 것입니다. 이 플롯은 연간 계절성과 새로운 구성 요소만 보여 줍니다.

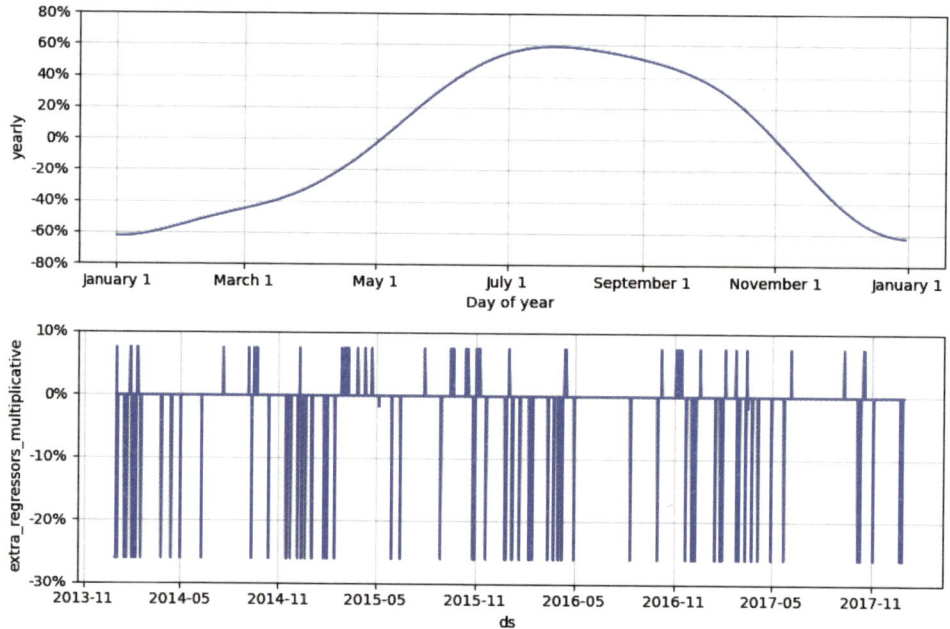

그림 9.3 이진값 추가 변수에 대한 구성 요소 플롯

앞의 [그림 9.3]의 연간 계절성과 책 분량상 생략한 추세, 주간 계절성은 모두 이전에 본 것과 거의 동일한 형태입니다. 그러나 이번에는 구성 요소 플롯에 extra_regressors_multiplicative라는 새로운 요소가 추가되었습니다. 만약 일부 변수를 additive로 지정했다면, 여기에 extra_regressors_additive라는 두 번째 서브플롯도 함께 표시될 것입니다.

extra_regressors_multiplicative 플롯에서 값이 0%인 날짜들은 구름 낀 날이며 이를 기준으로 삼기 때문에 베이스라인(baseline) 날짜가 됩니다. 나머지 날짜들은 구름 낀 날에서 벗어난 날씨 조건에 해당합니다. 이 부분은 조금 뒤에 더 자세히 살펴보겠습니다. 우선은 기온 변수를 모델에 불러와 연속형 변수(continuous regressor)로 추가하고자 합니다.

09-2 연속형 변수 추가

이번 예제에서는 이전 예제의 내용을 그대로 따르고 여기에 기온 변수를 추가하겠습니다. 먼저 기온 데이터를 살펴보겠습니다.

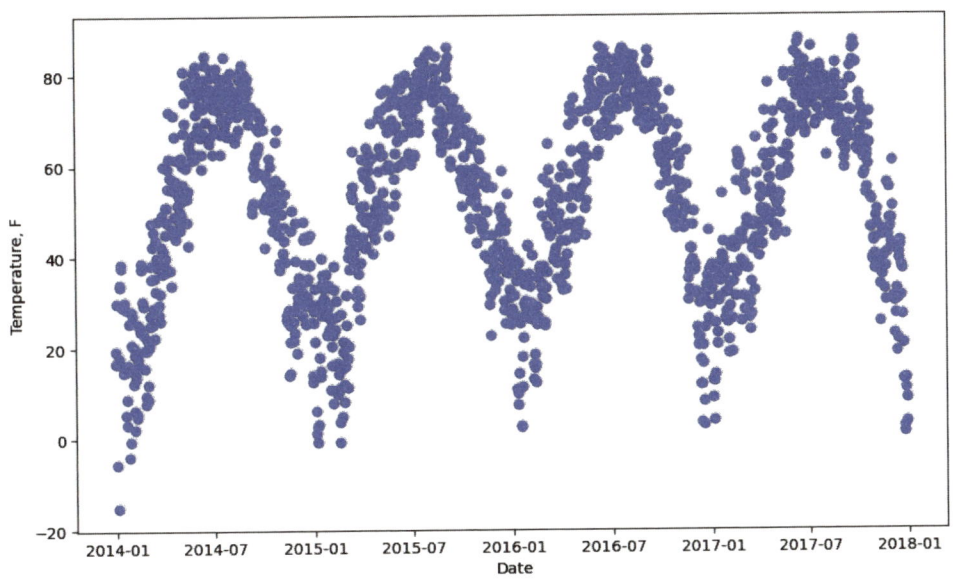

그림 9.4 수년간의 시카고 기온

앞의 플롯에서 그다지 놀랄 만한 점은 없습니다. 일별 기온은 여름에는 상승하고 겨울에는 하강합니다. 이는 5장의 [그림 5.6]과 매우 유사해 보이지만 상승 추세는 나타나지 않습니다. 분명히 Divvy 자전거 이용량과 기온은 함께 상승하고 함께 하락합니다.

기온과 같은 연속형 변수를 추가하는 것은 이진값 변수(binary variable)를 추가하는 것과 다르지 않습니다. 단지 Prophet 모델 초기화로 생성한 인스턴스인 model에 add_regressor 호출을 한 번 더 추가하면 됩니다. 이때 추가할 변수명으로 temp를 지정하고 미래 예측용 데이터프레임 future에 기온 예측을 포함시킵니다. 그리고 이전과 마찬가지로 마지막 2주 분량의 데이터를 제외한 학습용 데이터프레임 train을 사용해 모델을 적합시킵니다. 마지막으로 구성 요소를 시각화하여 결과를 확인합니다.

```
model = Prophet(seasonality_mode='multiplicative',
                yearly_seasonality=4)
model.add_regressor('temp')
model.add_regressor('clear')
model.add_regressor('not clear')
model.add_regressor('rain or snow')

model.fit(train)

future = model.make_future_dataframe(periods=14)
future['temp'] = df['temp']
future['clear'] = df['clear']
future['not clear'] = df['not clear']
future['rain or snow'] = df['rain or snow']
forecast = model.predict(future)

fig2 = model.plot_components(forecast)
plt.show()
```

이제 extra_regressors_multiplicative 플롯에는 수년간 시카고 기온 플롯인 [그림 9.4]에서 나타났던 것과 동일한 변동 패턴이 표시됩니다.

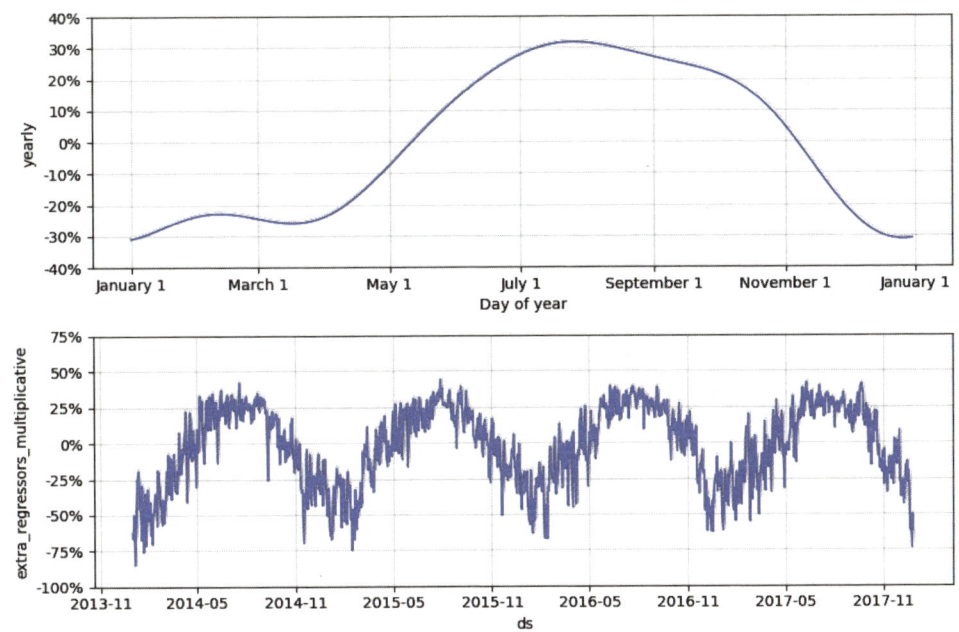

그림 9.5 이진값 및 연속형 추가 변수에 대한 구성 요소 플롯

또한 [그림 9.3]의 연간(yearly) 플롯에서는 60%에서 정점에 달했던 것에 주목하기 바랍니다. 그러나 이제 우리는 이 효과의 일부가 기온 때문이라는 점을 확인할 수 있습니다. [그림 9.5]의 연간(yearly) 플롯에서는 최대 정점이 약 30%에 그친 반면, extra_regressors_multiplicative 플롯에서는 자전거 이용량이 특정 여름날에 약 40% 증가하고 특정 겨울날에 약 80% 감소하는 양상을 보여 줍니다. 이를 더 자세히 분석하기 위해서는 이 데이터를 해석하는 방법을 논의해야 합니다.

09-3 계수의 해석

이제 이러한 추가 변수들의 영향을 확인하는 방법을 살펴보겠습니다. Prophet에는 utilities라는 패키지가 포함되어 있으며 여기에는 regressor_coefficients라는 유용한 함수가 들어 있습니다. 이 함수를 불러오겠습니다.

```
from prophet.utilities import regressor_coefficients
```

이 함수를 사용하는 방법은 매우 간단합니다. 이 함수에 모델을 인자로 넘겨주기만 하면 모델에 포함된 추가 변수에 대한 유용한 정보를 담은 회귀 계수(regressor_coefficients) 데이터프레임을 출력합니다.

```
regressor_coefficients(model)
```

이 데이터프레임을 살펴보겠습니다.

	regressor	regressor_mode	center	coef_lower	coef	coef_upper
0	temp	multiplicative	53.423706	0.012285	0.012285	0.012285
1	clear	multiplicative	0.000000	0.110607	0.110607	0.110607
2	not clear	multiplicative	0.000000	-0.033506	-0.033506	-0.033506
3	rain or snow	multiplicative	0.000000	-0.205482	-0.205482	-0.205482

그림 9.6 회귀 계수(regressor coefficients) 데이터프레임

이 데이터프레임에는 모델에 포함된 각 추가 변수별로 하나씩 행이 생성됩니다. 이 예제에서는 기온(temp) 변수에 대한 행과, 날씨 조건에 대한 세 개(clear, not clear, rain or snow)에 대한 행이 있습니다. regressor_mode 열은 각 변수가 y에 미치는 영향에 따라 additive 또는 multiplicative라는 문자열 값을 갖습니다. 표준화 조치 이전의 변수 값(원본 입력 데이터)의 평균값은 center 열에 저장됩니다. 해당 변수값이 표준화되지 않으면 이 값은 0이 됩니다.

여기서 주목해야 할 열은 coef 열입니다. 이 열은 계수(coefficient)의 기대값을 나타내며, 이는 해당 변수가 한 단위 증가할 때 y 값에 미치는 예상 효과를 의미합니다. 위 데이터프레임에서 기온(temp)의 coef 값은 0.012285입니다. 이 계수는 center 열에 저장된 평균값인 53.4도 대비 온도가 1도씩 올라갈 때마다 자전거 이용량이 0.012285 증가, 즉 약 1.2% 증가할 것이라고 알려줍니다.

rain or snow는 이진값 변수로 비나 눈이 오는 날에는 (비교 기준이 되는) 구름 낀 날에 비해 자전거 이용량이 약 20.5% 감소한다는 것을 의미합니다. 여기서 구름 낀 날은 우리가 모델에서 제외한 기준 변수입니다. 통계에서는 날씨 조건 중 하나를 기준 변수로 삼아 제거하는 것이 올바른 조치입니다.

마지막으로 coef_lower와 coef_upper 열은 각각 계수에 대한 불확실성 구간의 하한과 상한을 나타냅니다. 이 값들은 mcmc_samples가 0보다 큰 값으로 설정된 경우에만 의미가 있습니다. 여기서 mcmc_samples는 마르코프 연쇄 몬테 카를로(MCMC, Markov Chain Monte Carlo) 샘플링을 의미하며 11장에서 자세히 설명합니다. 이 예제처럼 mcmc_samples가 기본값으로 설정된 경우 coef_lower와 coef_upper는 coef와 동일한 값을 갖습니다.

이제 이러한 추가 변수를 plot_forecast_component 함수를 사용해서 개별적으로 시각화할 수 있습니다. 이 함수는 6장에서 도입한 함수입니다. Prophet의 plot 패키지에서 해당 함수를 불러온 후에 회귀 계수(regressor_coefficients) 데이터프레임 내 각 변수에 대해 반복 루프를 실행해 플롯을 그립니다.

```
from prophet.plot import plot_forecast_component

fig, axes = plt.subplots(len(regressor_coefficients(model)),
                         figsize=(10, 15))
for i, regressor in enumerate(
    regressor_coefficients(model)['regressor']):
    plot_forecast_component(model,
                            forecast,
                            regressor,
                            axes[i])
plt.show()
```

이 모든 변수를 서브플롯(subplot)으로 시각화한 결과는 다음과 같습니다.

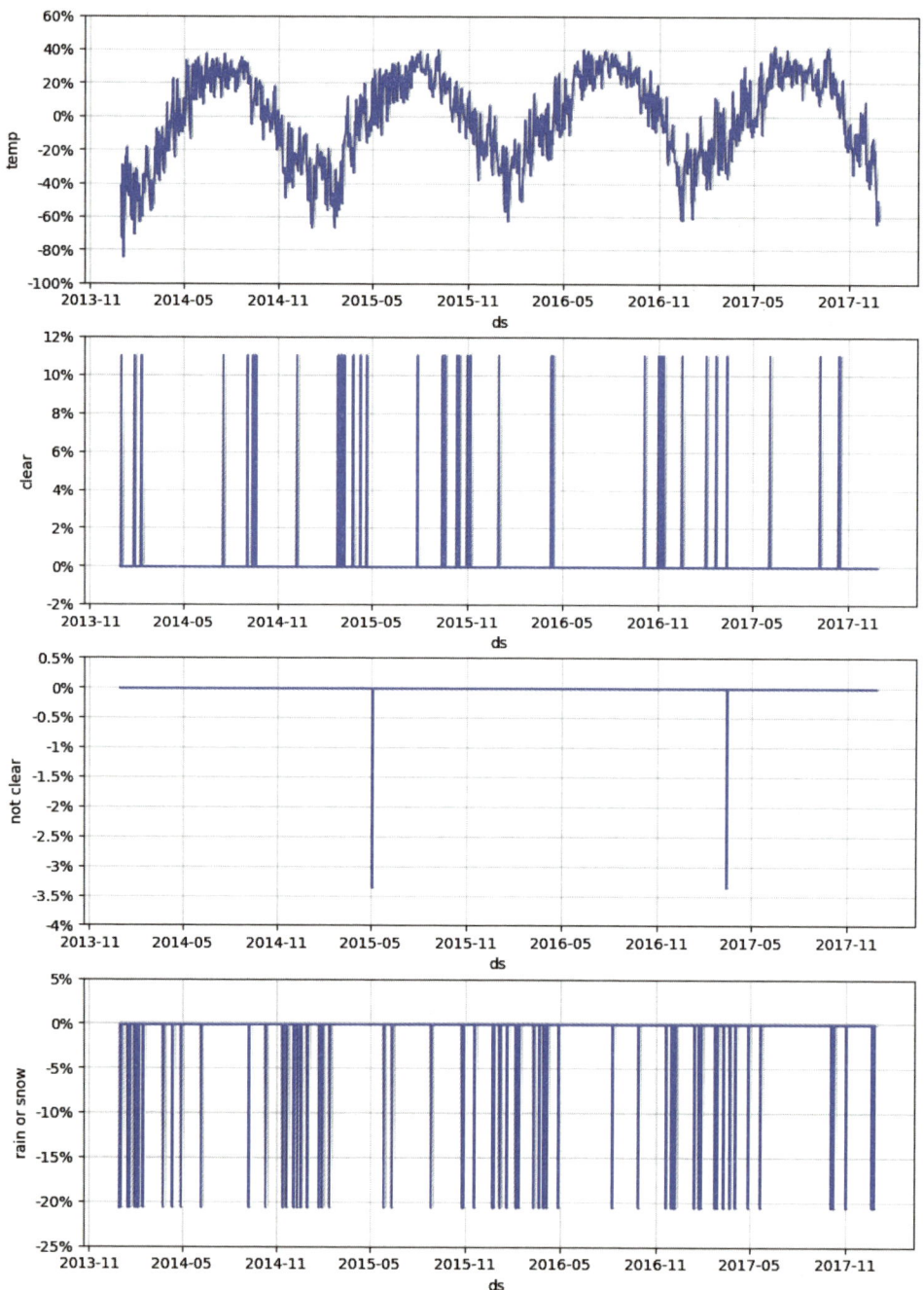

그림 9.7 Divvy 추가 변수 플롯

이제 이러한 변수들이 예측에 미치는 영향을 개별적으로 시각화할 수 있습니다. 이 플롯에 담긴 영향력은 `regressor_coefficients` 함수로 생성한 데이터프레임의 coef 값과 일치해야 합니다. 이 coef 값은 앞서 보여 드린 [그림 9.6] 데이터프레임에 담겨 있습니다.

Prophet에서 추가 변수를 사용할 때 유의할 점이 하나 있습니다. Prophet은 추가 변수를 선형 관계로 모델링합니다. 예를 들어 온도가 1도 상승할 때마다 자전거 이용량이 1.2% 증가하는 것으로 나타났다면 Prophet은 이 증가 추세가 무한대로 계속된다고 가정합니다. 다시 말해, 만약 기온이 섭씨 50도까지 급등하더라도 Prophet에게 '너무 더워져서 지금부터는 이용량이 감소할 것 같다'는 정보를 알려줘서 기존 선형 관계를 변경할 수 있는 방법이 없습니다.

이러한 단점은 현재 Prophet 설계 방식의 한계 때문에 발생하는 것이지만 실제로는 큰 문제가 되지 않는 경우가 많습니다. 선형 관계는 실제 관계를 근사하는 매우 유용한 방식이며 특히 데이터 범위가 작을 경우에는 더욱 그렇습니다. 또한 여전히 모델에 많은 추가 정보를 제공하여 예측을 정교하게 만들 수 있습니다.

다음 장에서는 Prophet이 이상값을 어떻게 처리하는지 그리고 사용자가 이 과정을 어떻게 제어할 수 있는지 살펴보겠습니다.

10장

이상값과 특별 이벤트

10-1 _ 계절성 변동을 초래하는 이상값 수정

10-2 _ 넓은 불확실성 구간을 초래하는 이상값 수정

10-3 _ 이상값 자동 탐지

10-4 _ 이상값을 특별 이벤트로 모델링

10-5 _ COVID-19 봉쇄 충격 모델링

이상값은 데이터를 그래프로 그렸을 때, 하나 이상의 축을 기준으로 다른 데이터 포인트(값)보다 현저하게 멀리 떨어져 있는 데이터 포인트를 의미합니다. 이상값은 잘못 보정된 센서로 인해 발생한 값이거나, 키보드 입력 시 실수로 잘못 입력된 값일 수 있습니다. 또는 태풍이 불어 평상시와는 극단적으로 다른 풍속이 기록된 경우일 수도 있습니다.

이러한 특이한 측정값들은 통계 모델, 머신러닝 모델, 딥러닝 모델 결과를 왜곡시킵니다. 그래서 이상값을 보정하는 일은 데이터 과학과 통계학 전반에 걸쳐 어려운 과제입니다. 다행히 Prophet은 경미한 이상값은 안정적으로 처리합니다. 다만 극단적인 이상값이 있을 경우 두 가지 문제가 발생합니다. 하나는 계절성과 관련된 문제이고 다른 하나는 불확실성 구간과 관련된 문제입니다.

이 장에서는 이러한 문제점과 관련된 예제를 살펴보고 이들이 예측에 미치는 영향을 완화하는 방법을 배웁니다. 또한 이상값을 자동으로 탐지하는 몇 가지 기법도 익히게 됩니다. 그리고 8장에서 배웠던 추세 변경점을 적용하여, 모델에서 이상값을 유지하면서도 Prophet이 이상값 때문에 추세나 계절성을 고치지 못하게 조치하는 방법을 배웁니다.

이 장에서는 책의 깃허브에서 제공하는 chapter_10.ipynb 코랩 노트북 파일을 사용합니다.

10-1 계절성 변동을 초래하는 이상값 수정

이 장에서는 이상값을 살펴보기 위해 새로운 데이터셋을 사용합니다. 이 데이터셋은 내셔널 지오그래픽 인스타그램 계정인 @NatGeo에 게시된 포스트의 일별 평균 '좋아요' 개수를 2019년 11월 21일에 수집한 것입니다.

이 데이터셋을 선택한 이유는 다음 그림에서 표시된 것처럼 여러 가지 두드러진 이상값을 포함하고 있기 때문입니다.

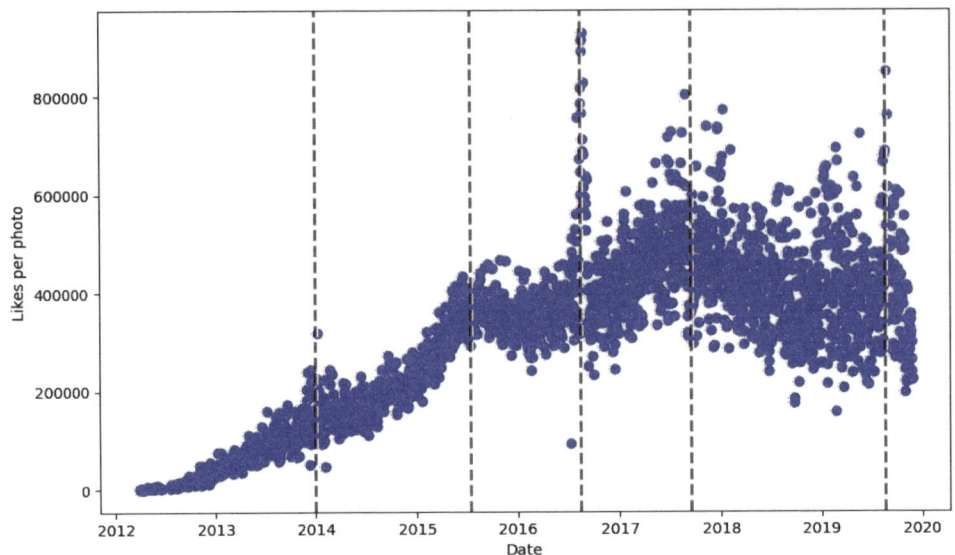

그림 10.1 내셔널 지오그래픽 인스타그램 계정의 이상값

위 [그림 10.1]에서 점선으로 된 수직선은 시계열 데이터가 크게 이탈한 시점을 나타냅니다. 왼쪽에서 두 번째 선은 2015년 여름에 발생한 급격한 추세 변화를 나타내며, 나머지 네 개의 선은 이상값을 나타냅니다. 이 중 마지막 두 개는 비교적 넓은 기간에 걸쳐 발생한 이상값입니다. 우리는 특히 2016년 중반, 정확히는 8월에 발생한 선에 주목할 것입니다. 이 선은 가장 극단적인 이상값을 나타냅니다.

2014년에 발생한 이상값은 예측에 큰 영향을 미치지 않기 때문에 무시해도 됩니다. 반면 2017년과 2019년의 이상값은 계절성 효과일 수 있으므로 연간 계절성이 이상값을 포착하게 조치할 것입니다.

2016년 9월 내셔널 지오그래픽은 [@NatGeo: The Most Popular Instagram Photos] 라는 책을 출간했습니다. 그 전 달인 8월에 내셔널 지오그래픽은 인스타그램 계정의 '좋아요' 수를 끌어올리기 위해 몇 가지 마케팅 활동을 진행했던 것으로 보입니다.

8장에서 보았듯이, 축구 선수 하메스 로드리게스의 계정도 월드컵 출전 기간 동안 '좋아요' 수가 증가했습니다. 그의 경우 이러한 이벤트가 끝난 뒤에도 '좋아요' 수의 기준선이 높아진 상태로 계속 유지되어 뚜렷한 추세 변화가 발생했습니다. 반면에 내셔널 지오그래픽의 8월 마케팅 활동은 '좋아요' 수를 일시적으로 증가시키기는 했지만 지속적인 추세 변화를 일으키지는 못했습니다.

이 급격한 증가(스파이크)는 이상값이 Prophet에서 일으킬 수 있는 첫 번째 유형의 문제를 나타냅니다. 즉, 이상값이 계절성 곡선을 지배하는 것입니다. Prophet 예측 결과를 시각화해 보면서 그 의미를 설명드리겠습니다. 먼저 필요한 라이브러리와 데이터를 불러오고 예측 결과를 시각화합니다. 우리는 곱셈형 계절성을 사용할 것이며, 연간 계절성의 푸리에 차수를 6으로 낮추겠습니다.

```python
import pandas as pd
import matplotlib.pyplot as plt
from prophet import Prophet

from prophet.plot import add_changepoints_to_plot

df = pd.read_csv(
    '/content/drive/MyDrive/Book7/data/instagram_natgeo.csv'
)
df['Date'] = pd.to_datetime(df['Date'])
df.columns = ['ds', 'y']

model = Prophet(seasonality_mode='multiplicative',
                yearly_seasonality=6)
model.fit(df)
future = model.make_future_dataframe(periods=365 * 2)
forecast = model.predict(future)
fig = model.plot(forecast)
plt.show()
```

이러한 이상값 때문에 Prophet은 매년 8월마다 '좋아요' 수가 급증하는 스파이크 형태를 모델링해야 합니다.

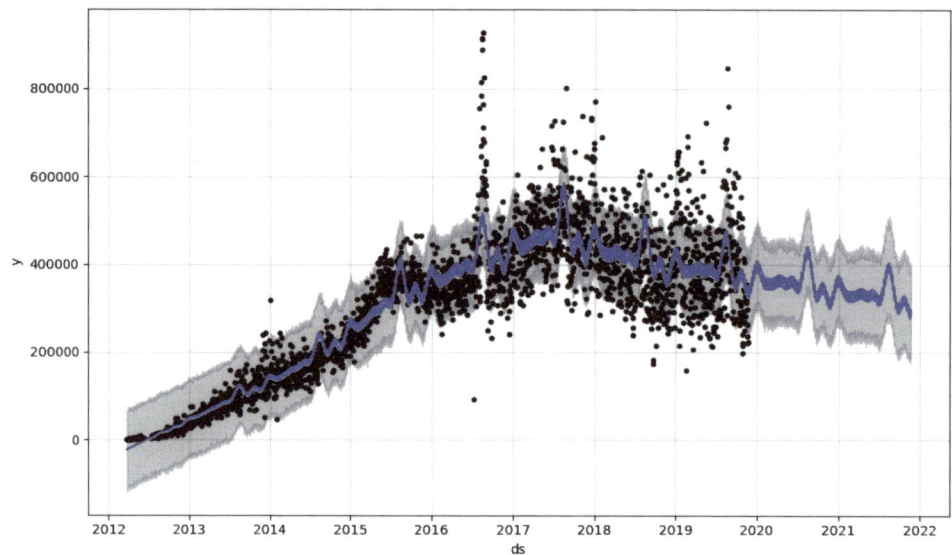

그림 10.2 이상값이 있는 NatGeo 예측값

2013년, 2015년, 2017년, 그리고 2019년의 8월에도 '좋아요' 수가 증가하는 기간이 실제로 있었던 것은 사실이지만 짝수 해에는 그런 현상이 없었습니다. 어느 정도의 계절성은 예상되었지만 이 정도까지 아니었습니다. 설상가상으로 이 효과는 미래에도 계속해서 반영됩니다. 이 효과가 얼마나 큰 영향을 미치는지는 연간 계절성 플롯을 보면 알 수 있습니다.

```
from prophet.plot import plot_yearly

plot_yearly(model, figsize=(10.5, 3.25))
plt.show()
```

다음 플롯에서는 8월의 급증 현상이 명확히 보입니다.

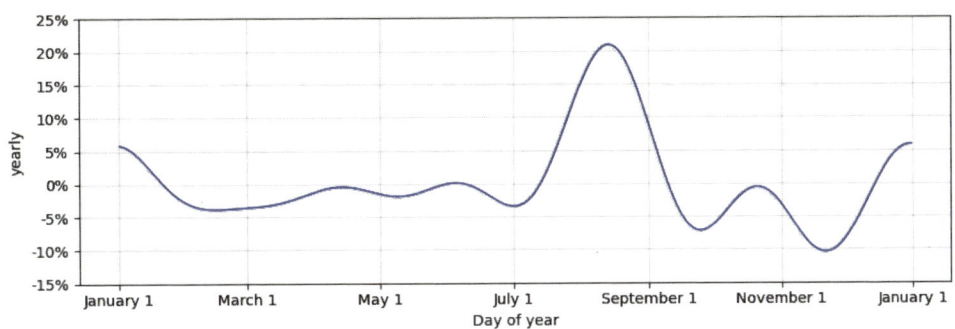

그림 10.3 이상값이 있는 Prophet 연간 계절성

2016년의 이상값에 연간 계절성을 적합시키려고 시도하면서 Prophet은 8월의 예상 '좋아요' 수를 20% 이상 증가시킵니다. 우리는 짝수 해 8월의 빈번한 급증 현상을 인식하기에 Prophet이 이를 모델링하길 원합니다만 현재는 2016년의 이상값이 모든 연도에 지배적인 영향력을 발휘하고 있습니다.

간단한 해결 방법은 이상값을 보이는 해당 지점을 제거하는 것입니다. Prophet은 누락된 데이터를 매우 잘 처리하므로 작은 누락 구간이 생기더라도 문제가 되지 않습니다. 참고로 우리는 4장을 통해 future 데이터프레임에서 이러한 규칙적인 누락 구간을 제거하는 방법도 이미 배웠습니다. 하지만 이번 경우에는 다른 연도의 8월 데이터가 존재하므로 규칙적인 누락 구간 제거 조치를 취하지는 않겠습니다.

첫 번째 주요 이상값은 7월 29일에 발생했고, 마지막 이상값은 9월 1일에 발생했습니다. 판다스 라이브러리의 불리언 인덱싱을 사용하여 해당 날짜 사이의 데이터를 제외하겠습니다.

```
df2 = df[(df['ds'] < '2016-07-29') | (df['ds'] > '2016-09-01')]
```

새롭게 생성한 데이터프레임 df2는 기존의 df와 동일하고 이상값들을 제외한 것입니다. 이제 이전과 동일한 Prophet 모델을 구축하되, 기존의 데이터프레임 df 대신 이 새로운 df2를 사용하겠습니다.

```
model = Prophet(seasonality_mode='multiplicative',
                yearly_seasonality=6)
model.fit(df2)
future = model.make_future_dataframe(periods=365 * 2)
forecast = model.predict(future)
fig = model.plot(forecast)
plt.show()
```

다음 플롯에서 2016년 8월에 한 달간의 누락이 나타납니다. 예측값은 이 누락 구간을 그대로 통과합니다. 아래 플롯을 [그림 10.2]와 비교하면 그 차이가 명백히 드러납니다.

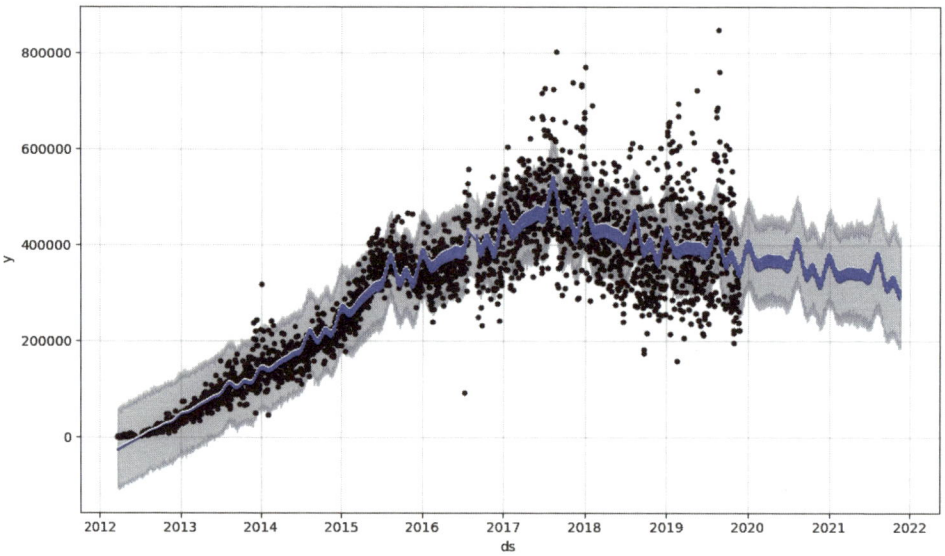

그림 10.4 이상값이 제거된 NatGeo 예측

이 새로운 예측 또한 뚜렷한 계절성을 보여 주지만 NatGeo의 '좋아요' 수는 여름에 더 높아지는 경향이 있으므로 이는 예상했던 결과입니다. 이번 예측과 이전 예측 간의 차이를 정량화하기 위해 연간 계절성도 함께 시각화해 보겠습니다.

```
plot_yearly(model, figsize=(10.5, 3.25))
plt.show()
```

다음 [그림 10.5]는 이전 [그림 10.3]과 매우 유사한 형태를 띠지만, 8월의 급증 현상이 축소되어 나타납니다.

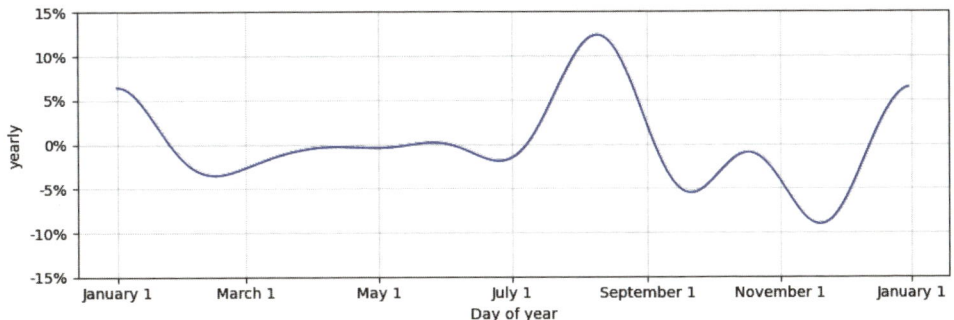

그림 10.5 이상값이 제거된 후 Prophet 연간 계절성

이제 8월의 급증 현상은 거의 절반 수준으로 줄어들어 최고점이 10% 약간 넘는 수준입니다. 이는 내셔널 지오그래픽 책 출간을 앞두고 벌였던 일회성 마케팅 활동이 없었을 경우 예상되는 평상시 8월 수준에 훨씬 더 근접한 결과입니다.

이제 두 번째 유형의 이상값 문제를 살펴보겠습니다.

10-2 넓은 불확실성 구간을 초래하는 이상값 수정

첫 번째 유형의 이상값 문제에서는 계절성이 이상값의 영향을 받아 예측값 yhat이 영구적으로 변경된다는 문제가 있었습니다. 참고로 yhat은 Prophet의 forecast 데이터프레임에 포함된 미래 날짜에 대한 예측값입니다. 두 번째 유형의 이상값 문제는 예측값 yhat이 이상값의 영향을 최소한으로 받지만 불확실성 구간이 극단적으로 넓어지는 현상을 말합니다.

이 문제를 시뮬레이션하기 위해서는 NatGeo 데이터를 약간 수정해야 합니다. 가령 인스타그램 코드에 버그가 있어서 게시물당 '좋아요' 수가 100,000개로 제한된다는 가정을 해보겠습니다. 이 버그는 1년 동안 발견되지 않았고, 그 사이에 100,000개를 초과한 '좋아요' 수는 모두 유실되었습니다. 이러한 오류는 다음과 같은 형태로 나타날 것입니다.

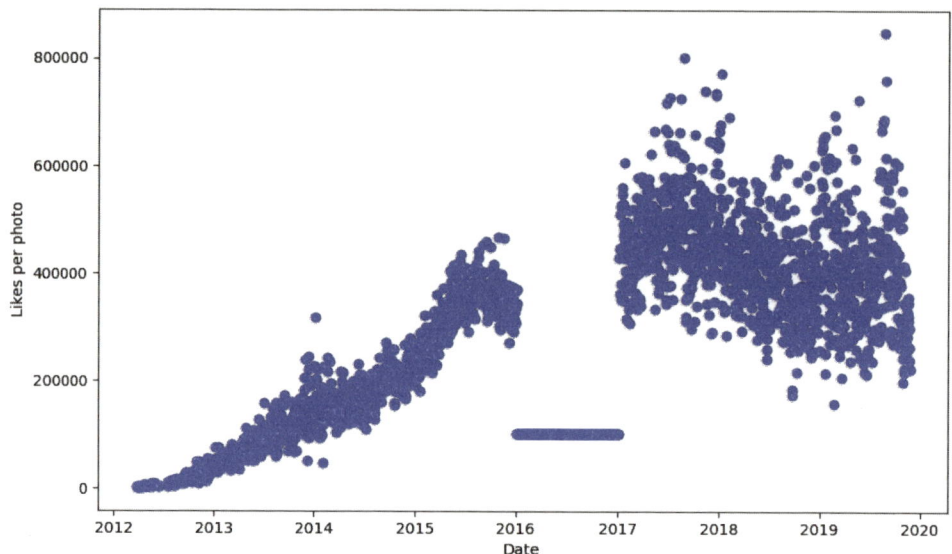

그림 10.6 내셔널 지오그래픽 인스타그램 계정 '좋아요' 수의 상한 제약(capped likes)

다음 코드를 사용하여 이 새로운 데이터셋을 직접 시뮬레이션할 수 있습니다.

```
df3 = df.copy()
df3.loc[df3['ds'].dt.year == 2016, 'y'] = 100000
```

이 코드는 2016년의 모든 게시물의 '좋아요' 수를 100,000으로 설정합니다. 이로 인해 어떤 문제가 발생하는지 확인해 보기 위해 이전과 동일한 모델을 구축해 보겠습니다.

```
model = Prophet(seasonality_mode='multiplicative',
                yearly_seasonality=6)
model.fit(df3)
future = model.make_future_dataframe(periods=365 * 2)
forecast = model.predict(future)
fig = model.plot(forecast)
add_changepoints_to_plot(fig.gca(), model, forecast)
plt.show()
```

이 예제에서는 변경점을 플롯에 추가합니다. 왜냐하면 바로 그 지점에서 오류가 발생했기 때문입니다. 이는 다음 그림에서 확인할 수 있습니다.

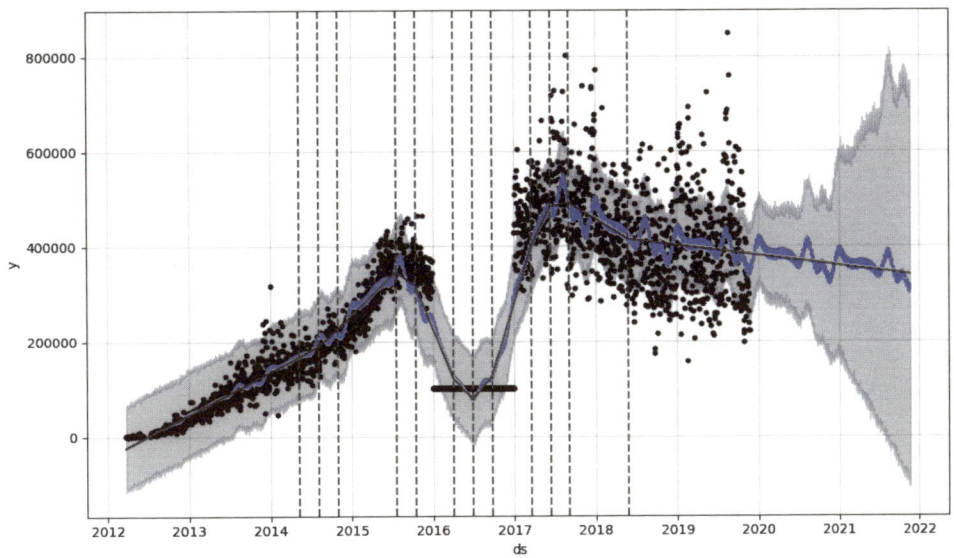

그림 10.7 이상값이 있는 NatGeo 예측

위 [그림 10.7]을 보면 미래 구간에 대한 불확실성이 급격히 증가합니다. 이전 예제에서는 Prophet이 이상값을 계절성을 고려하여 모델링하여, 연간 계절성 구성 요소에 극단적인 데이터를 추가했습니다. 그러나 이번 예제에서는 Prophet이 이상값을 추세 변경점으로 처리합니다. 계절성은 영향을 받지 않습니다.

불확실성에 대해서는 11장에서 자세히 다루겠습니다. 여기서는 간단히 말해 Prophet은 과거의 변경점 빈도와 크기(magnitude)를 분석하여 미래의 불확실성을 모델링합니다. 이는 향후에도 유사한 빈도와 크기로 변경점이 발생할 수 있다고 가정을 깔고 있습니다. 그리고 [그림 10.7]에서 볼 수 있듯이, 과거의 극단적인 변경점이 있는 경우 Prophet은 그것이 다시 발생할지 확신할 수 없기 때문에 미래 구간의 불확실성 구간을 크게 키우는 경향이 있습니다.

다행히도 해결 방법은 이전과 동일합니다. 즉 단순히 잘못된 데이터를 제거하면 됩니다. 이전 예제에서는 잘못된 데이터를 포함한 행 전체를 데이터프레임에서 제거했지만, 이번 예제에서는 y 값을 None으로 설정할 것입니다.

```
df3.loc[df3['ds'].dt.year == 2016, 'y'] = None
```

이렇게 처리하면 추세나 계절성에는 아무런 영향을 미치지 않습니다. 차이가 발생하는 부분은 이제 forecast 데이터프레임에서 해당 날짜를 건너뛰지 않고, 그 날짜에 대한 값을 예측하게 된다는 점입니다. 이것은 곧 뒤에 나올 [그림 10.8] 예측 플롯에서 확인할 수 있습니다. 여기서는 누락된 데이터를 통과하는 직선의 예측선이 아니라, 계절성을 따르는 예측선을 보여 줍니다.

df3 데이터프레임을 사용하여 모델을 다시 한번 구축해 보겠습니다.

```
model = Prophet(seasonality_mode='multiplicative',
                yearly_seasonality=6)
model.fit(df3)
future = model.make_future_dataframe(periods=365 * 2)
forecast = model.predict(future)
fig = model.plot(forecast)
add_changepoints_to_plot(fig.gca(), model, forecast)
plt.show()
```

아래 그림을 [그림 10.7]과 비교해 보면 예측의 불확실성이 확실히 줄어들었음을 알 수 있습니다.

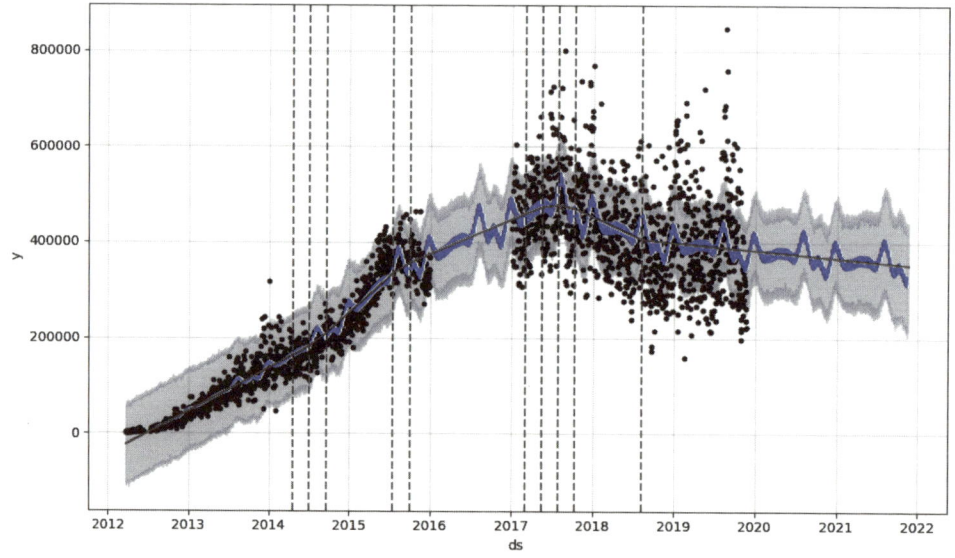

그림 10.8 이상값이 제거된 후 NatGeo 예측

앞서 언급했듯이 2016년에 누락된 데이터가 있지만 Prophet은 여전히 예측을 수행하고 예측값을 플롯에 표시합니다. 이는 누락된 값을 삭제하지 않고 None으로 설정한 결과입니다. [그림 10.8]과 [그림 10.4]를 비교해 보십시오. 후자의 경우 누락된 데이터에 예측값이 없고, 플롯은 해당 지점을 직선으로 통과합니다.

두 방법은 수학적으로는 미래 예측에 아무런 차이가 없습니다. 전자의 방법은 단지 누락된 값에 대해 예측값을 적용할 뿐입니다. 미래 구간 예측용 future 데이터프레임에서 이러한 누락된 값을 예측할지 아니면 무시할지는 전적으로 사용자에게 달려 있습니다.

10-3 이상값 자동 탐지

지금까지의 예제에서는 데이터를 눈으로 봐 가며 상식을 활용해서 이상값을 탐지했습니다. 그러나 완전히 자동화된 환경에서는 우리가 직관적으로 수행하던 작업을 논리적 규칙으로 정립하기 어려운 경우가 많습니다. 이상값 탐지는 분석가의 능력이 빛을 발하는 작업 분야입니다. 이는 인간은 컴퓨터보다 훨씬 더 많은 직관, 도메인 지식, 그리고 경험을 갖고 있고 잘 활용하기 때문입니다. 하지만 Prophet은 분석가의 업무 부담을 줄이고 최대한 분석 작업을 자동화하도록 설계되었기 때문에 지금부터는 이상값을 자동으로 탐지하는 기법을 살펴보겠습니다.

10.3.1 윈저화

이상값 자동 탐지의 첫 번째 기법은 윈저화(Winsorization)로 불리며, 이는 통계학자 찰스 P. 윈저(Charles P. Winsor)의 이름에서 따 왔습니다. 혹은 클리핑(clipping)이라고 부르기도 합니다. 윈저화는 다소 무딘 도구로서 추세가 평탄하지 않은 경우 잘 작동하지 않는 경향이 있습니다. 이 기법을 사용하려면 분석가가 백분위수(percentile) 상한 및 하한값을 지정해야 하며, 해당 백분위수 값보다 크거나 작은 모든 값은 지정한 백분위수 상한 혹은 하한값으로 강제로 설정됩니다.

참고로 트리밍(Trimming)은 이와 유사한 기법이지만 극단값을 제거한다는 점에서 차이가 있습니다. 이 두 기법의 차이는 다음의 간단한 예제를 통해 확인할 수 있습니다. 여기서 이상값은 세 개의 플롯 각각에서 양쪽 끝에 있는 가장 극단적인 두 개의 데이터 포인트입니다.

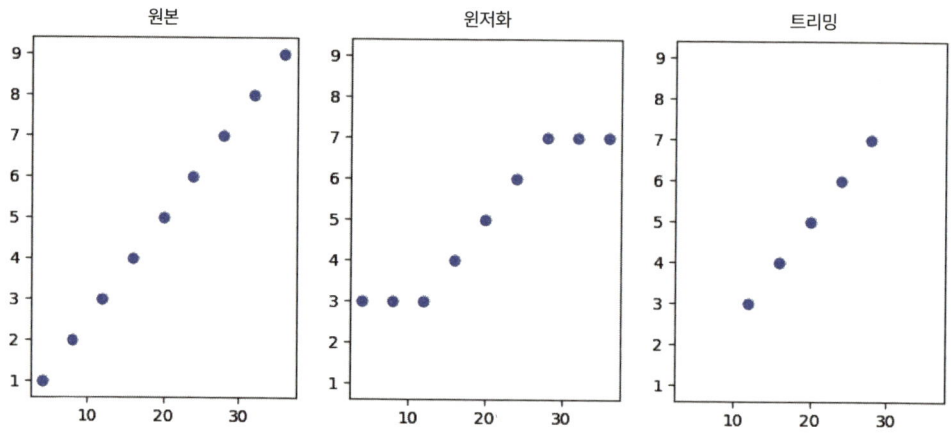

그림 10.9 윈저화 vs 트리밍

<팁>

통계학에서 정상성(stationary)이라는 용어는 평균, 분산, 자기상관 구조가 시간에 따라 변하지 않음을 의미합니다. 평평한 플랫(flat) 추세를 가진 시계열에서는 평균이 시간에 따라 변하지 않으므로 정상성(stationarity)의 요건 중 하나(또는 전부)가 충족됩니다. 정상성 데이터에서는 이상값을 평균값으로 대체하는 경우가 많지만, 이 기법은 평평하지 않은 추세를 지녀서 정상성 요건을 만족하지 않는 시계열에는 일반적으로 적용되지 않습니다.

구체적인 예로 2장 [그림 2.2] 마우나로아의 이산화탄소 농도를 나타내는 킬링 곡선(Keeling Curve)에서 관측값 중 하나(예를 들어 2015년의 값)를 전체 데이터셋의 평균값으로 대체한다고 상상해 보십시오. 이 경우 2015년의 값이 약 360이라는 터무니없이 낮은 수치를 갖습니다. 이는 20년 동안 한 번도 관측되지 않았던 값입니다.

내셔널 지오그래픽 데이터에 윈저화를 적용하는 방법을 살펴보겠습니다. 파이썬 SciPy(사이파이) 라이브러리의 stats 패키지는 윈저화 함수 winsorize를 제공하므로 이를 사용하겠습니다. 해당 함수는 결측값(null) 값을 다루지 않기 때문에 모든 결측값을 제거해야 합니다. 그리고 하한값(lower limit)을 0으로 설정하여 어떤 값도 하한값의 영향을 받지 않도록 하고, 상한값(upper limit)을 0.05로 설정하여 상위 백분위수 5에 해당하는 값이 상한값의 영향을 받도록 합니다.

```
from scipy import stats

df4 = df.copy().dropna()
df4['y'] = stats.mstats.winsorize(df4['y'], limits=(0, .05), axis=0)
```

윈저화 처리된 내셔널 지오그래픽 데이터는 다음과 같습니다. 영향을 받은 데이터 포인트는 x로 표시됩니다.

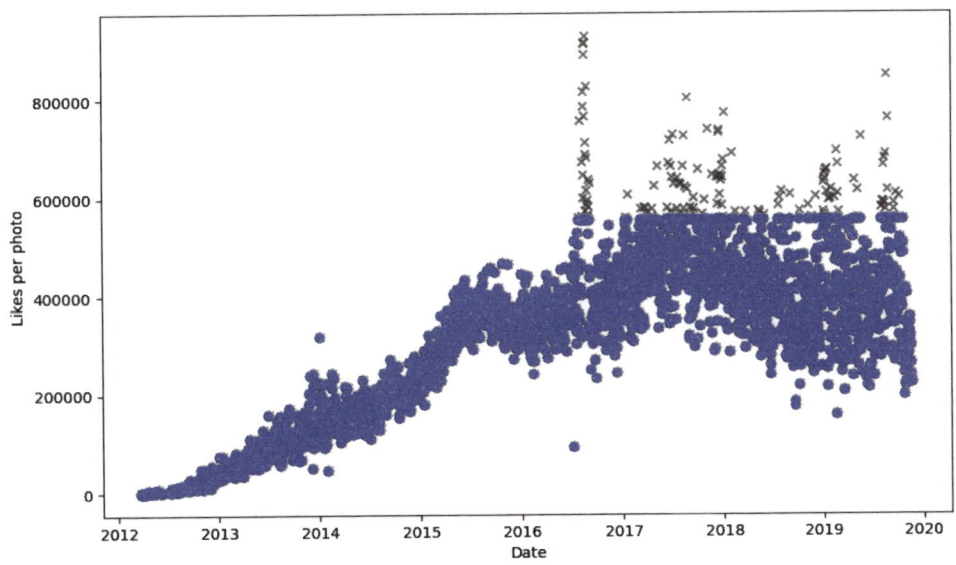

그림 10.10 윈저화 처리된 데이터

10.3.2 표준편차

원저화의 한계는 백분위수를 기준으로 경계를 설정하기 때문에 데이터의 자연스러운 분산을 고려하지 못한다는 점입니다. 예를 들어, 어떤 데이터셋은 평균값 주변에 촘촘히 몰려 있는 반면 어떤 데이터셋은 넓게 퍼져 있을 수 있습니다. 백분위수만으로 경계를 설정하면 이러한 특성을 반영할 수 없습니다. 따라서 때로는 백분위수 대신 표준편차를 사용하는 것이 더 타당할 수 있습니다. 이는 원저화와 매우 유사한 방식이며, 경계를 신중히 설정하면 동일한 효과를 얻을 수 있습니다.

앞 절에서는 원저화를 통해 이상값을 상한값으로 강제 대체했지만, 이번에는 단순히 이상값을 제거하겠습니다. 우리는 파이썬 SciPy 라이브러리 Stats 패키지의 zscore 함수를 사용해서 평균보다 표준편차가 1.65 이상 떨어진 데이터 포인트를 제거합니다. 정규분포에서 이 상한값은 전체 데이터의 95%를 포함하는 경계를 의미하며 이는 앞서 설정한 제약과 동일한 역할을 합니다.

```
df5 = df.copy().dropna()
df5 = df5[(stats.zscore(df5['y']) < 1.65)]
```

원저화와 표준편차 기법 이 둘은 거의 동일한 결과를 보이지만, 이 표준편차 사용 기법은 데이터를 잘라내는 트리밍(trimming) 방식이라는 점이 다릅니다.

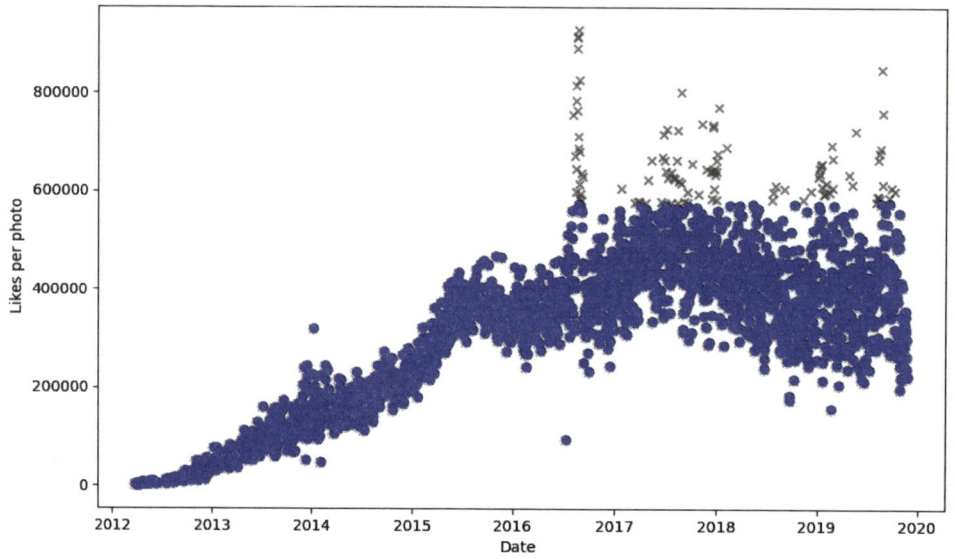

그림 10.11 표준편차 기준으로 트리밍된 데이터

다만 이 방법 역시 데이터에 추세가 있을 경우 적합하지 않습니다. 예를 들어, 상승 추세를 보이는 시계열에서 나중에 나타나는 값들이 초기에 나타나는 값들보다 잘려 나갈 가능성이 더 큽니다. 다음에 소개할 기법은 이러한 점을 고려합니다.

10.3.3 이동평균

우리는 방금 전체 데이터셋의 평균에서 벗어난 표준편차 수치를 기준으로 데이터를 제거하는 방법을 살펴보았고, 이 방식이 데이터에 추세가 있을 경우 왜 실패하는지를 확인했습니다. 이번에 소개할 방법에서는 이동평균(moving average)을 사용하여 평균과 표준편차 계산을 국소적으로 수행하고, 시간적으로 서로 가까운 데이터 포인트에만 적용할 것입니다.

이번 예제에서는 앞서와 마찬가지로 표준편차 값 1.65를 사용하여 데이터의 상한과 하한 밖의 데이터를 잘라냅니다. 분석가는 윈도우 크기도 결정해야 합니다. 이때 윈도우 크기란 계산에 사용할 주변 데이터 포인트의 개수를 의미합니다. 윈도우 크기를 너무 작게 설정하면 이상값이 무리지어 존재할 경우 제거되지 않을 수 있고, 너무 크게 설정하면 추세를 무시하는 이전 방식과 유사해집니다.

여기서는 윈도우 크기 300을 사용하겠습니다. 판다스 라이브러리의 `rolling` 메서드를 사용하여 이동 윈도우(rolling window) 기반의 평균과 표준편차를 구합니다. 그런 다음 이 값을 이용해 상한과 하한을 계산하고, 해당 경계를 기준으로 데이터프레임의 값을 추려냅니다.

```
df6 = df.copy().dropna()

df6['moving_average'] = df6.rolling(window=300,
                                    min_periods=1,
                                    center=True,
                                    on='ds')['y'].mean()
df6['std_dev'] = df6.rolling(window=300,
                             min_periods=1,
                             center=True,
```

```
                       on='ds')['y'].std()
df6['lower'] = df6['moving_average'] - 1.65 * df6['std_dev']
df6['upper'] = df6['moving_average'] + 1.65 * df6['std_dev']

df6 = df6[(df6['y'] < df6['upper']) & (df6['y'] > df6['lower'])]
```

다음 그림에서 볼 수 있듯이 이제 더욱 정교하게 이상값을 제거한 결과를 얻었습니다.

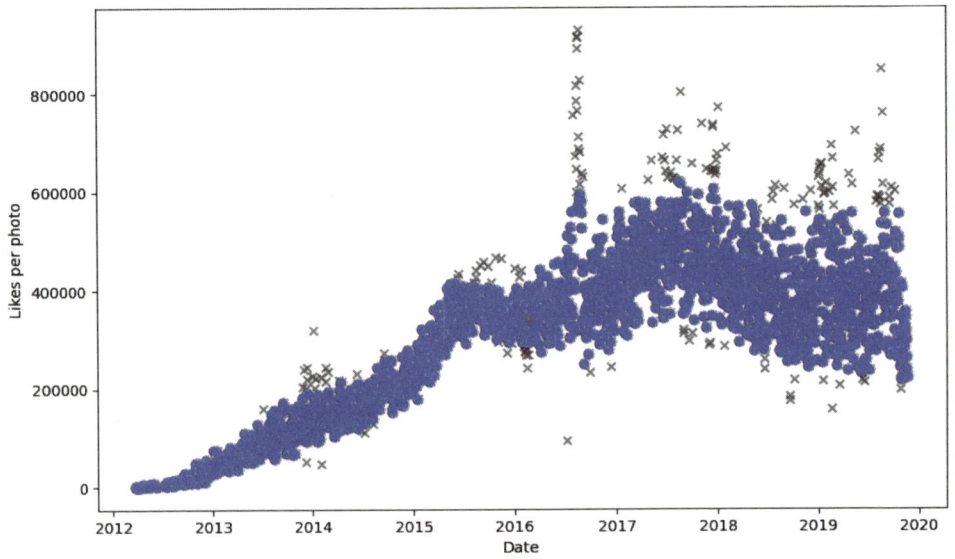

그림 10.12 이동평균 기법으로 트리밍된 데이터

이 방법의 가장 큰 장점은 데이터의 추세를 고려한다는 것입니다.

10.3.4 오차의 표준편차

마지막으로 살펴볼 방법은 가장 정밀한 방식입니다. 이상값을 정의하는 문제로 다시 돌아가 보겠습니다. 이상값이란 예상하지 못했던 값입니다. 우리는 데이터를 시각적으로 살펴보고 특정 데이터 포인트를 이상값으로 제거하면서 직관적으로 이러한 사실을 알고 있었습니다. 그렇다면 컴퓨터에게 무슨 값을 예측해야 하는지 어떻게 알려줄 수 있을까요? 당연히 예측 모델을 구축해야 합니다.

Prophet의 `forecast` 데이터프레임은 `yhat` 열에 예측값을 생성하며 `yhat_upper` 및 `yhat_lower` 열의 값도 함께 생성합니다. 이 불확실성 구간은 기본적으로 80%로 설정되어 있지만 11장에서 이를 수정하는 방법을 배우게 될 것입니다. 우리가 이 불확실성 구간 내에 포함된 오차를 받아들인다면 그 범위를 벗어나는 값은 예상치 못한 값이므로 이상값으로 간주할 수 있습니다.

사실 이동평균은 정교하지 못한 예측 기법입니다. 이동평균 방법은 실제로 오차 항의 편차를 기준으로 이상값을 제거했습니다. 그러나 Prophet을 사용하여 오차를 식별하면 계절성 등 다양한 요소를 예측 결과에 반영할 수 있습니다.

이 방법은 가장 정밀한 기법이지만 동시에 과적합이 발생할 가능성도 가장 큽니다. 이 접근법을 사용하려면 새로운 데이터셋에 신중하게 적용하고, 완전히 자동화하기 전에 결과가 만족스러운지 반드시 확인해야 합니다. 그럼 코드로 이를 구현하는 방법을 살펴보겠습니다.

먼저 결측값을 제거하겠습니다. 이는 `forecast` 데이터프레임을 원본 데이터프레임과 비교할 때 발생할 수 있는 문제를 미리 방지하기 위함입니다.

```
df7 = df.copy().dropna().reset_index()
```

다음으로 이 데이터를 사용해서 Prophet 모델을 구축합니다. 이때 과적합을 방지하기 위해 강한 규제를 적용합니다. 이 경우 미래를 예측할 필요는 없다는 점에 유의하기 바랍니다. 여기에서는 이전 예제와 일관성을 유지하기 위해 `interval_width` 인자를 추가하여 불확실성 구간을 넓힙니다. 이 파라미터는 다음 장에서 자세히 다루겠습니다.

```
model = Prophet(seasonality_mode='multiplicative',
                yearly_seasonality=6,
                seasonality_prior_scale=.01,
                changepoint_prior_scale=.01,
                interval_width=.90)
model.fit(df7)
forecast = model.predict()
```

마지막으로 y 값이 yhat_upper보다 크거나 yhat_lower보다 작을 경우, 이러한 값을 제외한 데이터프레임을 생성합니다. 이렇게 제거한 값들이 이상값입니다.

```
df8 = df7[(df7['y'] > forecast['yhat_lower']) &
          (df7['y'] < forecast['yhat_upper'])]
```

최종적으로 생성된 데이터프레임은 이상값에 대해 걱정할 필요 없이 완전히 새로운 Prophet 모델을 구축하는 데 사용됩니다. 현재 우리 데이터의 모습은 다음과 같습니다.

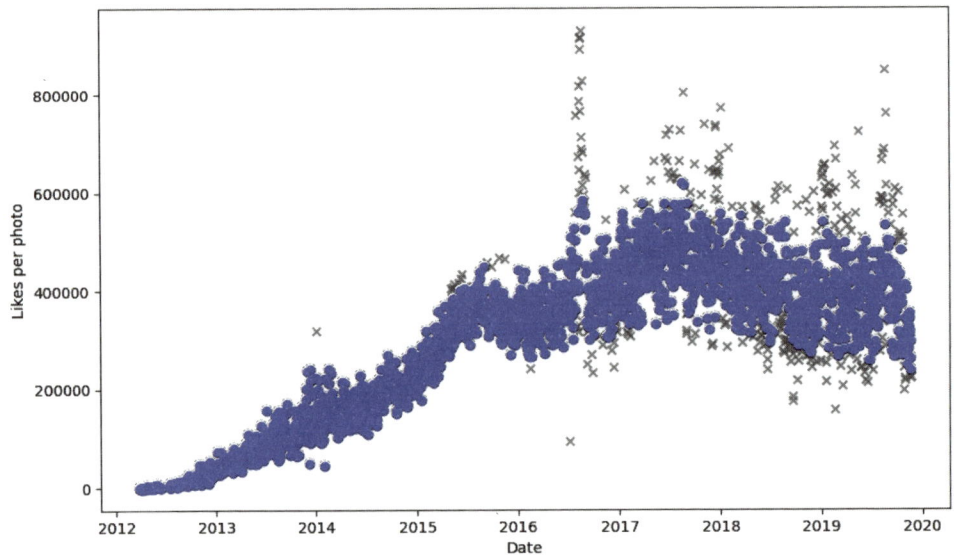

그림 10.13 예측 오차로 트리밍한 데이터

우리는 일반적으로 이상값으로 간주될 수 있는 값들을 확실하게 제거했습니다. Prophet의 기본 불확실성 구간을 사용했다면, 이 경우에는 이상값 제거가 다소 과도했을 수도 있습니다. [그림 10.13]과 다른 방식으로 만든 데이터 플롯을 비교하면 지금 이 방식이 가장 정밀하게 처리된 결과라는 것을 알 수 있습니다. 이는 여름철에 기대할 수 있는 높은 값들은 허용하면서도 비정상적으로 높은 값들은 제거하는 방식입니다.

이 방법은 데이터가 정상성(stationary)을 가지며 분산이 일정하다는 암묵적인 가정을 전제로 합니다. 이 가정은 내셔널 지오그래픽 전체 데이터셋에는 적절치 않아 보이지만

2016년 이후의 데이터만 고려할 때는 비교적 타당한 가정으로 보입니다. 시간이 지남에 따라 전체 데이터의 분포가 점점 더 넓어지기 때문에 초기 시점보다 후기 시점에서 더 많은 데이터 포인트가 제거되었습니다.

지금까지 데이터에서 이상값을 제거해 왔습니다. 그런데 만약 이러한 이상값이 모델에 유용한 신호를 제공한다고 판단해서 그 영향을 통제하고 싶은 경우에 이상값을 유지하는 기법도 있습니다. 이 기법은 Prophet의 공휴일 기능을 활용합니다. 이제 그 방법을 살펴보겠습니다.

10-4 이상값을 특별 이벤트로 모델링

Prophet에서 이상값을 처리하는 마지막 방법이 있습니다. 이 기법은 8장에서 축구 선수 하메스 로드리게스의 데이터를 다룰 때 사용했던 방식으로 이상값을 특별 이벤트, 즉 일종의 공휴일로 선언하는 것입니다. 이상값을 `holidays` 데이터프레임에 포함시키면, Prophet은 해당 데이터를 이상값이 아닌 일반 데이터로 간주하여 추세와 계절성을 적용합니다. 그리고 추세 및 계절성을 넘어서는 추가 변동은 공휴일 항목을 통해 포착합니다.

이 방법은 극단적인 관측값의 원인이 반복되지 않을 일회성 외부 요인이라는 것을 알고 있는 경우에 유용합니다. 이러한 외부 요인으로는 월드컵이나 대규모 마케팅 캠페인이 있을 수 있으며, 때로는 그 원인이 불분명하거나 알려지지 않은 경우일 수도 있습니다. 이 경우 해당 외부 요인 데이터를 모델에 포함시키되 본질적으로 무시하도록 설정할 수 있습니다. 추가적인 이점은 해당 이벤트가 반복되었을 때 어떤 일이 벌어질지 시뮬레이션할 수 있다는 것입니다.

우리는 다시 내셔널 지오그래픽 데이터를 사용하겠습니다. 이번에는 2016년 8월에 발생한 일련의 이상값들을 공휴일로 지정합니다. 이러한 '좋아요' 수 급증이 책 출간을 둘러싼 마케팅 캠페인 때문에 발생했다면, 나중에 유사한 마케팅 캠페인을 반복했을 때 어떤 결과가 나올지 예측할 수 있습니다.

6장에서 커스텀 공휴일 생성을 이미 다루었으므로 이번 첫 단계는 복습에 가깝습니다. 우리는 2016년 8월 마케팅 이벤트와 이와 동일한 가상의 2020년 6월 마케팅 이벤트용으로 두 개의 공휴일을 생성할 것입니다.

두 이벤트 모두 Promo event라는 동일한 이름을 갖고 있다는 점에 주목하십시오. Prophet은 이를 바탕으로 두 이벤트에 동일한 효과를 적용합니다. 두 이벤트는 모두 같은 기간(일수)으로 구성되어 있지만, 반드시 일수가 동일할 필요는 없습니다. 가상의 이벤트에 대한 각 날짜의 공휴일 효과는 측정된 이벤트의 각 날짜의 공휴일 효과와 일치합니다.

만약 가상의 이벤트가 더 짧으면, 그 효과는 단순히 일찍 종료됩니다. 반대로 가상의 이벤트가 더 길면 그 효과는 측정된 이벤트 길이 끝까지 도달한 시점에서 종료됩니다.

공휴일을 정의하는 방식과 동일하게 프로모션을 정의하는 것부터 시작하겠습니다.

```
promo = pd.DataFrame({'holiday': 'Promo event',
                      'ds' : pd.to_datetime(['2016-07-29']),
                      'lower_window': 0,
                      'upper_window': 34})
future_promo = pd.DataFrame({'holiday': 'Promo event',
                      'ds' : pd.to_datetime(['2020-06-01']),
                      'lower_window': 0,
                      'upper_window': 34})

promos = pd.concat([promo, future_promo])
```

다음으로 이번 장 내내 사용한 것과 동일한 파라미터를 사용하여 모델을 구축하되, 첫 번째 프로모션 데이터프레임 promo를 holidays 인자에 전달합니다.

```
model = Prophet(seasonality_mode='multiplicative',
                holidays=promo,
                yearly_seasonality=6)
model.fit(df)
future = model.make_future_dataframe(periods=365 * 2)
```

```
forecast = model.predict(future)
fig = model.plot(forecast)
plt.show()
```

우리의 예측 모델은 이상값의 급증(spike)을 완벽하게 모델링하면서도, 계절성이 통제 불능 상태가 되거나(이번 장의 첫 번째 문제) 미래 불확실성이 폭발적으로 증가하는 문제(이번 장의 두 번째 문제)를 발생시키지 않습니다.

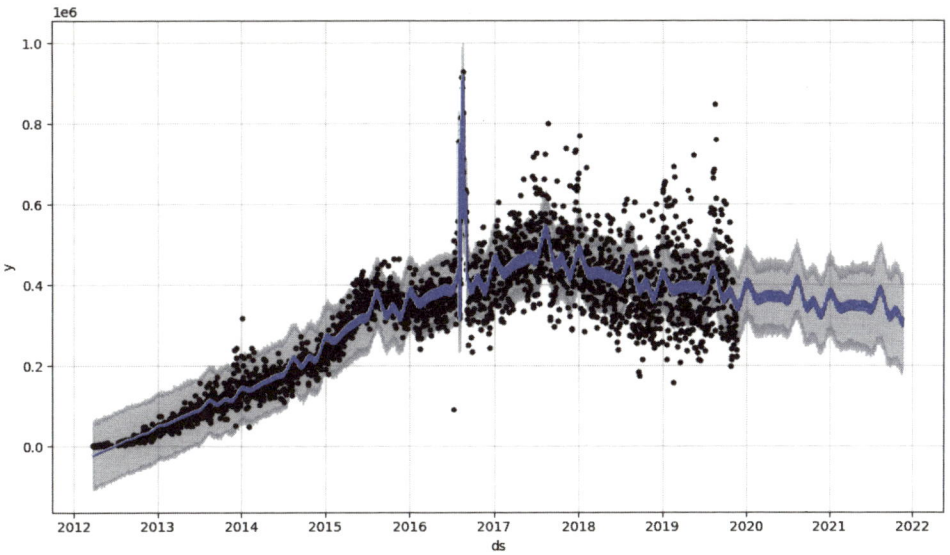

그림 10.14 이상값을 특별 이벤트로 모델링한 내셔널 지오그래픽 예측

이 예제를 마무리하기 위해 이번에는 가상의 프로모션 이벤트를 포함한 또 하나의 모델을 시도해 보겠습니다. 여기서는 첫 번째 프로모션 데이터프레임 promo와 미래의 프로모션 데이터프레임 future_promo를 병합한 데이터프레임 promos를 holidays 인자에 전달합니다.

```
# 위 코드 블록에서는 데이터프레임 promo를 사용했으나
# 여기서는 병합 데이터프레임 promos를 holidays 인자에 전달
model = Prophet(seasonality_mode='multiplicative',
                holidays=promos,
```

```
            yearly_seasonality=6)
model.fit(df)
future = model.make_future_dataframe(periods=365 * 2)
forecast = model.predict(future)
fig = model.plot(forecast)
plt.show()
```

다음은 내셔널 지오그래픽이 2020년에 동일한 프로모션 활동을 반복했을 경우 예상되는 미래 예측 결과입니다.

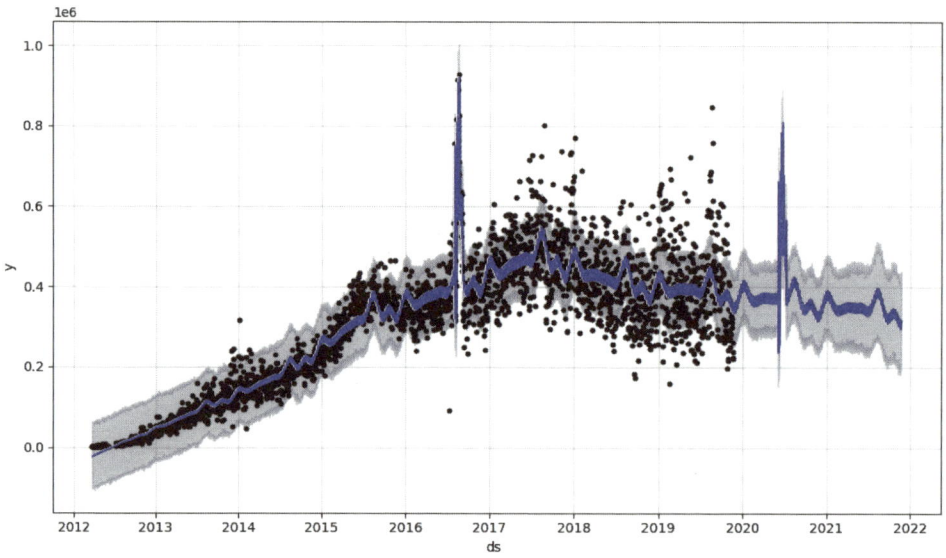

그림 10.15 가상 프로모션 이벤트를 고려한 내셔널 지오그래픽 예측

단 하나의 공휴일 사례만으로 학습을 진행했기 때문에 Prophet은 공휴일 효과를 데이터에 완벽히 적합시켰는데 이는 과적합이 발생하기 쉬운 조건입니다. 만약 내셔널 지오그래픽이 유사한 마케팅 이벤트를 여러 번 진행했다면 이를 모두 동일한 공휴일로 모델링하여 그 효과를 평균화할 수 있었을 것입니다.

이처럼 이상값을 특별 이벤트로 모델링하는 기법은 전체 시계열 데이터에 극적인 충격을 주는 상황을 모델링하는 데 활용할 수도 있습니다. 다음 절에서는 이 원칙을 적용하여 COVID-19 봉쇄 조치가 보행자 활동에 미친 영향을 모델링하겠습니다.

10-5 COVID-19 봉쇄 충격 모델링

2020년 중반 전 세계의 예측가들은 앞으로 몇 달 혹은 몇 년 동안 무엇을 예측해야 할지 갈피를 잡지 못했습니다. COVID-19 팬데믹은 전 세계인의 라이프 스타일과 함께 수많은 시계열 데이터도 완전히 바꿔놓았습니다. 2020년 초에는 그 누구도 예상하지 못했던 수준으로 온라인 구매가 폭발적으로 증가했고, 넷플릭스나 유튜브 같은 미디어 소비도 급증했습니다. 반면, 대면 행사 참석은 극적으로 줄어들었습니다.

Prophet이 뛰어난 예측 성능을 보이지만, 단순히 미래를 예측할 수는 없습니다. 팬데믹이 한창일 때 Prophet도 예측 전문가들과 마찬가지로 팬데믹이 언제 끝날지, 봉쇄 기간 동안과 그 이후에 시계열 데이터가 어떻게 변할지 예측하는 데 어려움을 겪었습니다. 하지만 우리는 사후에 이러한 시스템 충격을 모델링하여 시스템 충격이 어떤 영향을 미쳤는지 이해할 수 있게 됐습니다.

앞 절에서 살펴본 내셔널 지오그래픽 프로모션처럼, 이와 유사한 충격이 반복될 경우 어떤 결과가 나타날지를 가상해서 예측할 수 있습니다. 이번 절에서는 새로운 데이터셋인 호주 멜버른의 버크 스트리트 몰(Bourke Street Mall) 보행자 수 데이터셋을 사용하겠습니다.

2009년부터 멜버른 시는 자동 센서를 통해 도시 곳곳의 여러 지점에서 보행자 수를 집계해 왔습니다. 이 데이터는 시의 공식 웹사이트를 통해 매달 업데이트된 채 공유되며 각 센서의 시간별 보행자 수를 담고 있습니다. 분석을 쉽게 진행하기 위해 이번 예제에서는 해당 데이터를 일별 집계로 변환한 버전을 사용합니다. 또한 버크 스트리트 몰 남단에 위치한 하나의 센서에서 나온 데이터만 사용합니다.

버크 스트리트는 멜버른 주요 거리 중 하나이며 전통적으로 도시의 엔터테인먼트 중심지 역할을 해 왔습니다. 이곳은 인기 관광지이고 많은 레스토랑과 주요 소매점들이 밀집해 있습니다. 팬데믹 봉쇄 조치가 관광, 외식업, 대면 소매업에 가장 큰 영향을 미쳤기 때문에 이 지역은 봉쇄 효과를 관찰하기에 최적의 장소 중 하나입니다.

빅토리아주 정부는 네 차례 공식적인 봉쇄를 선언했고 각각의 봉쇄 기간은 달랐습니다. 우리는 이러한 봉쇄 기간에 사람들의 행동이 뚜렷하고 급격하게 변할 것으로 예상할 수 있습니다. 이제 데이터셋을 불러와 살펴보겠습니다.

```
df = pd.read_csv(
    '/content/drive/MyDrive/Book7/data/pedestrian_counts.csv'
)
df['Date'] = pd.to_datetime(df['Date'])

plt.figure(figsize=(10, 6))
plt.scatter(x=df['Date'],
            y=df['Daily_Counts'],
            c='#0072B2')
plt.xlabel('Date')
plt.ylabel('Pedestrians per day')
plt.show()
```

데이터는 뚜렷한 계절적 효과와 함께 다소 평탄한 추세를 보이며 2020년 초부터 지속되는 심각한 이상 현상을 보입니다.

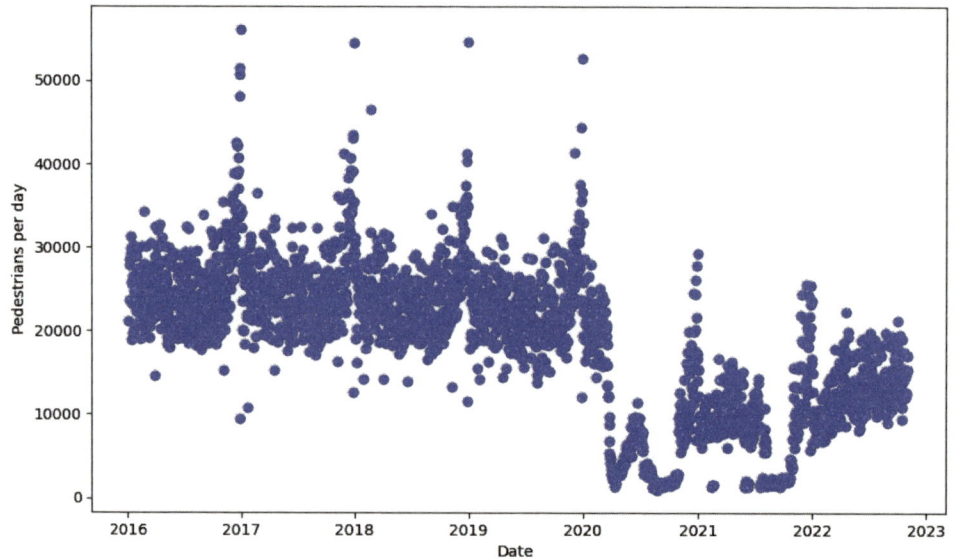

그림 10.16 버크 스트리트 몰 일별 보행자 수

해당 데이터셋에는 이번 분석에 필요하지 않은 여러 열들이 포함되어 있습니다. 따라서 Prophet이 예측을 어떻게 처리하는지 살펴보기 전에, Date 열과 Daily_Counts 열만 추출한 뒤 Prophet 형식에 맞게 열 이름을 변경해야 합니다.

```
df = df[['Date', 'Daily_Counts']]
df.columns = ['ds', 'y']
```

이제 예측 기간을 향후 1년으로 하는 기본 예측 모델을 만들어 보겠습니다.

```
model = Prophet(seasonality_mode='multiplicative')
model.fit(df)
future = model.make_future_dataframe(periods=365)
forecast = model.predict(future)
fig = model.plot(forecast)
plt.show()
```

다음 그림처럼 예측 결과는 COVID-19 충격 시기의 추세를 적합시키기 위해 상당한 노력을 들인 것으로 보입니다.

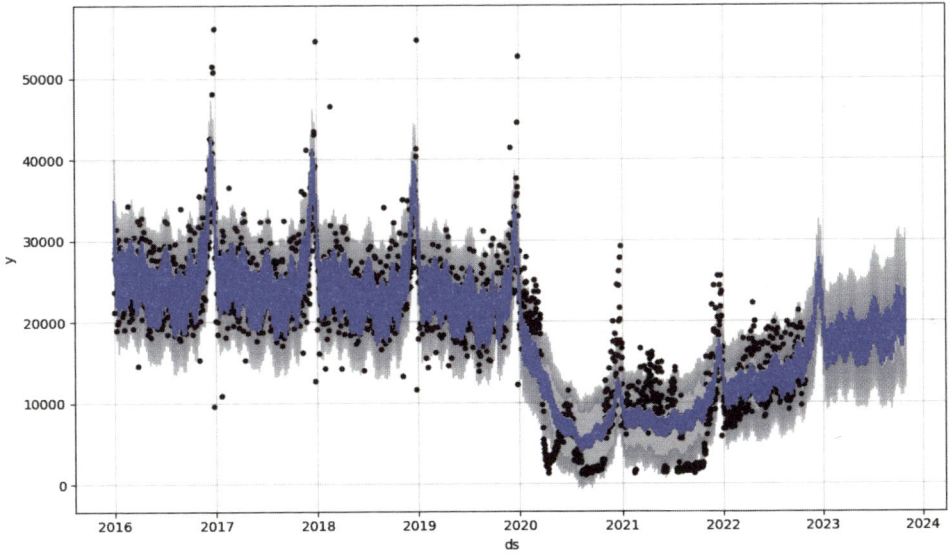

그림 10.17 충격에 대한 특별한 고려를 하지 않은 예측

다만 이 모델만으로는 봉쇄 조치가 어떤 영향을 주었는지 명확히 파악할 수 없습니다. 봉쇄 충격을 모델링하기 위해 우리는 해당 봉쇄 기간을 공휴일로 정의하고, 앞 절에서 내셔널 지오그래픽의 관측 활동을 처리했던 방식과 유사하게 이 충격을 처리하려고 합니다. 이를 위해 역설적인 표현으로 들릴 수 있지만 '봉쇄 공휴일'을 정의해야 합니다.

6장에서 우리는 `lower_window`와 `upper_window`를 사용해 여러 날에 걸친 공휴일을 생성하는 방법을 배웠습니다. 여기서도 같은 방식을 사용하겠습니다. 공식적으로 시행된 네 번의 봉쇄 조치 각각에 대해 시작일을 정의하고, `upper_window`를 이용해 봉쇄 기간의 길이를 설정합니다.

```
lockdowns = pd.DataFrame([
    {'holiday':'lockdown1',
     'ds': pd.to_datetime('2020-03-21'),
     'lower_window': 0,
     'upper_window': 77},
    {'holiday':'lockdown2',
     'ds': pd.to_datetime('2020-07-09'),
     'lower_window': 0,
     'upper_window': 110},
    {'holiday':'lockdown3',
     'ds': pd.to_datetime('2021-02-13'),
     'lower_window': 0,
     'upper_window': 4},
    {'holiday':'lockdown4',
     'ds': pd.to_datetime('2021-05-28'),
     'lower_window': 0,
     'upper_window': 13}])
```

우리는 미래 날짜를 지정하지 않았기 때문에 Prophet은 이 봉쇄 기간을 향후 반복하려고 시도하지 않을 것입니다. 다음 모델을 생성할 때 위 코드 블록의 `lockdowns` 데이터프레임을 아래 코드 블록의 `holidays` 인자에 전달합니다.

```
model = Prophet(seasonality_mode='multiplicative',
                holidays=lockdowns)
```

```
model.fit(df)
future = model.make_future_dataframe(periods=365)
forecast = model.predict(future)
fig = model.plot(forecast)
plt.show()
```

우리가 생성한 다음 예측 결과는 [그림 10.17]의 결과와 매우 유사하게 나타납니다.

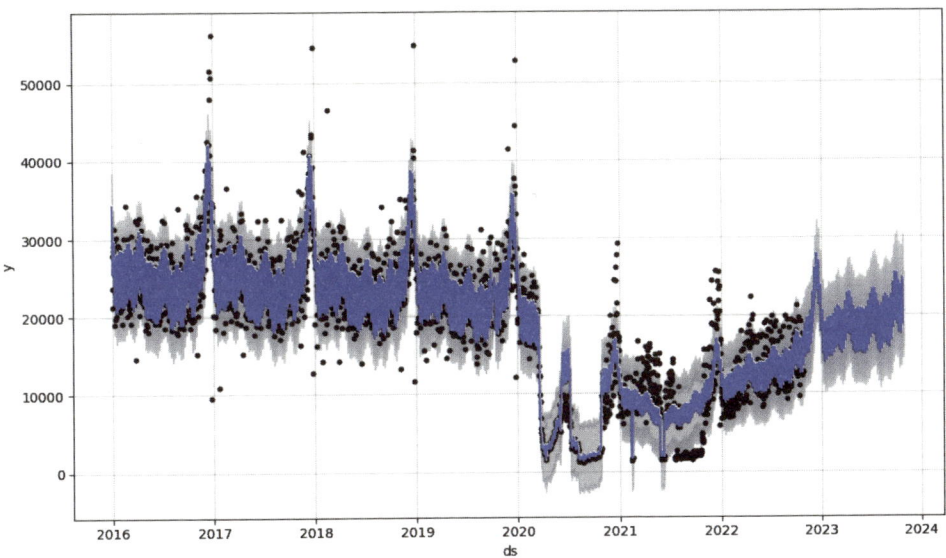

그림 10.18 봉쇄 기간을 공휴일로 모델링한 예측

하지만 구성 요소 플롯을 살펴보면 이들 봉쇄 조치의 구체적인 영향을 확인할 수 있습니다.

```
fig2 = model.plot_components(forecast)
plt.show()
```

공휴일(holidays) 구성 요소 플롯을 보면 보행자 수가 약 100% 감소한 것으로 나타납니다.

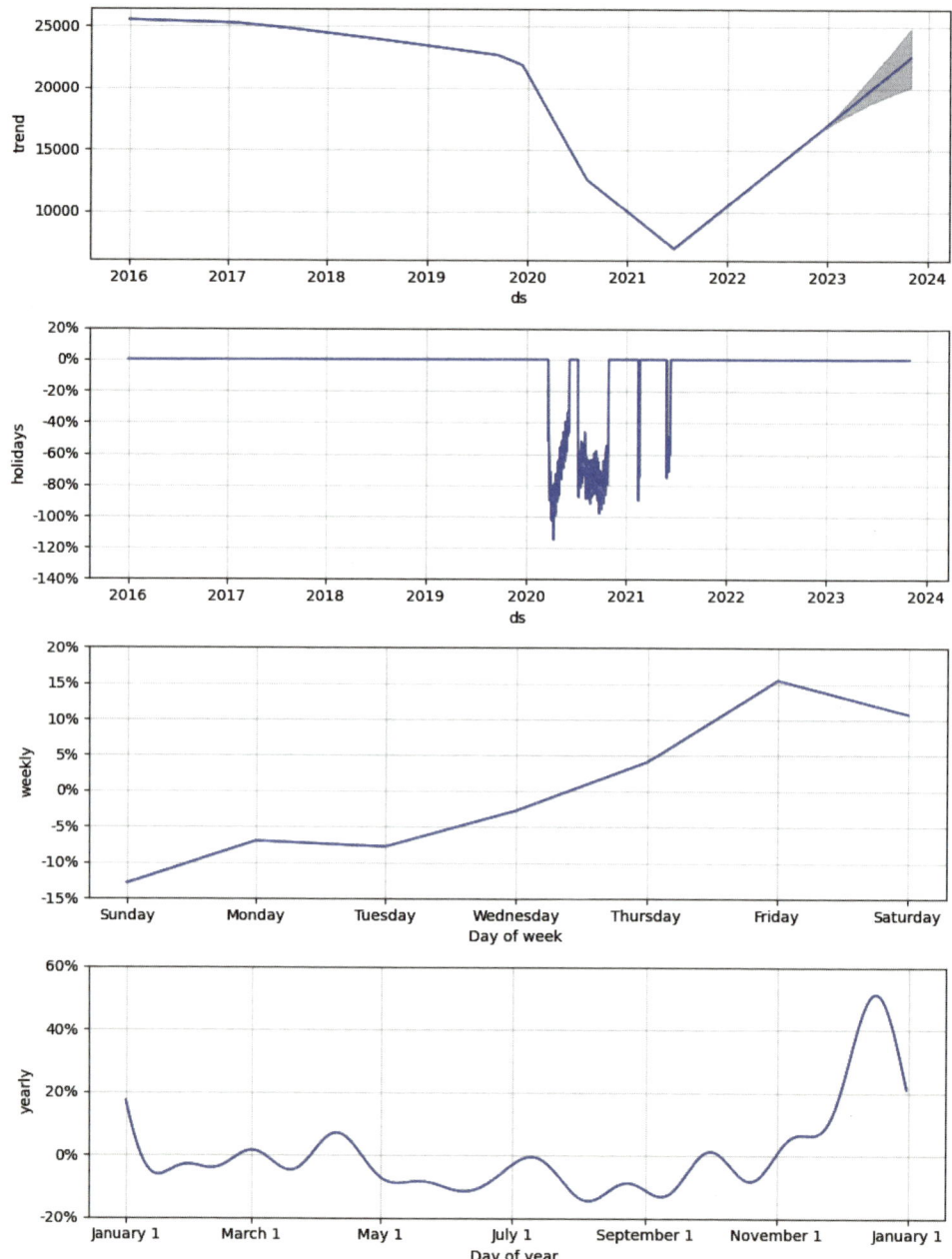

그림 10.19 COVID-19 봉쇄 조치의 영향을 보여 주는 구성 요소 플롯

[그림 10.19]의 공휴일 플롯은 봉쇄 조치가 보행자 통행을 거의 정지 수준으로 감소시켰음을 보여 줍니다. 봉쇄 조치의 더 장기적인 영향은 원격 근무로의 전환을 들 수 있습니다. 전 세계 많은 사람들이 이제는 집에서 근무할 수 있게 되어, 더 이상 월요일부터 금요일까지 9시부터 5시까지 근무하는 일정에 엄격히 묶여 있지 않아도 됩니다. 이러한 변화는 주간 계절성에도 어느 정도 영향을 준다고 가정할 수 있습니다. [그림 10.19]에 나타난 주간 최고점은 금요일이 버크 스트리트 몰에서 가장 붐비는 날이며, 그다음이 토요일임을 나타냅니다. 이 패턴은 COVID-19 기간 이후에도 여전히 유지되고 있을까요?

우리는 5장에서 조건부 계절성을 생성하는 방법을 배웠습니다. 이번에는 동일한 원리를 적용하여 COVID-19 이전과 이후의 주간 계절성을 각각 생성해보겠습니다. 첫 번째 봉쇄가 시작되기 전까지의 모든 날짜에 대해 `pre_covid` 계절성을 정의하고, 마지막 봉쇄가 끝난 이후의 날짜에 대해 `post_covid` 계절성을 정의합니다. 봉쇄 기간 동안의 날짜에 대해 `during_covid` 계절성을 정의할 수도 있겠지만, 보행자 통행이 완전히 멈춰 데이터가 없으므로 그러한 계절성으로부터 얻을 수 있는 통찰은 무의미해 보입니다. 심지어 오해를 불러일으킬 수도 있습니다.

```
df['pre_covid'] = df['ds'] < '2020-03-21'
df['post_covid'] = df['ds'] > '2021-06-10'
```

이제 이 데이터를 바탕으로 세 번째 예측을 수행하겠습니다. 이번에는 기본 주간 계절성을 끄고, 두 개의 조건부 주간 계절성을 추가할 것입니다. 이러한 조건을 `future` 데이터 프레임에도 반드시 추가해야 한다는 점에 유의하기 바랍니다.

```
model = Prophet(seasonality_mode='multiplicative',
            weekly_seasonality=False,
            holidays=lockdowns)
model.add_seasonality(
    name='weekly_pre_covid',
    period=7,
    fourier_order=3,
    condition_name='pre_covid',
)
```

```python
model.add_seasonality(
    name='weekly_post_covid',
    period=7,
    fourier_order=3,
    condition_name='post_covid',
)
model.fit(df)
future = model.make_future_dataframe(periods=365)
future['pre_covid'] = future['ds'] < '2020-03-21'
future['post_covid'] = future['ds'] > '2021-06-10'
forecast = model.predict(future)
fig = model.plot(forecast)
plt.show()
```

앞의 코드 블록을 실행하면 다음과 같은 플롯이 생성됩니다.

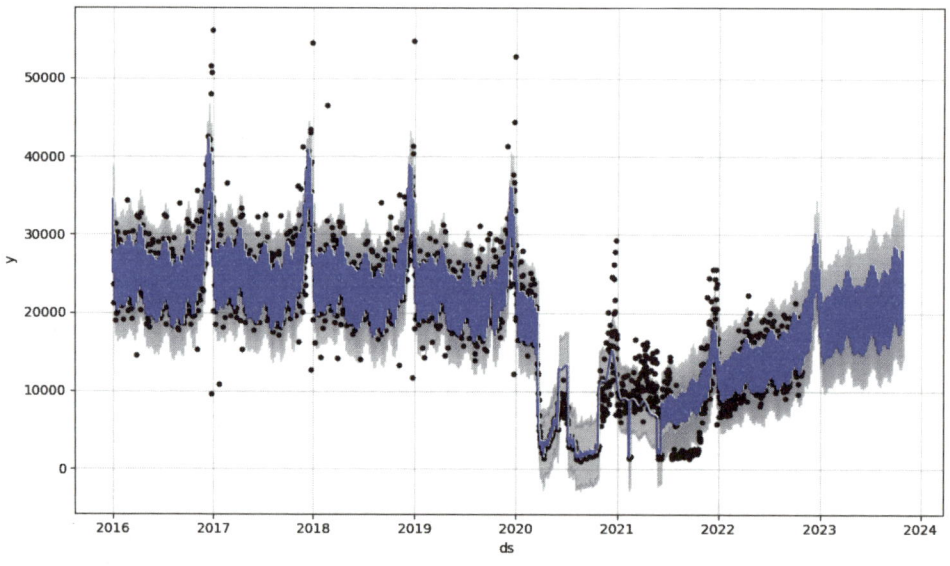

그림 10.20 조건부 주간 계절성을 가진 예측

마지막으로 구성 요소 플롯을 살펴보고 봉쇄 조치가 남긴 지속적인 영향을 확인해 보겠습니다.

```
fig2 = model.plot_components(forecast)
plt.show()
```

추세, 공휴일, 연간 계절성은 [그림 10.19]와 거의 동일하므로 이번 플롯에서는 책의 분량상 제외하였습니다. 아래 그림에는 COVID-19 봉쇄 이전과 이후의 두 가지 주간 계절성만 표시되어 있습니다.

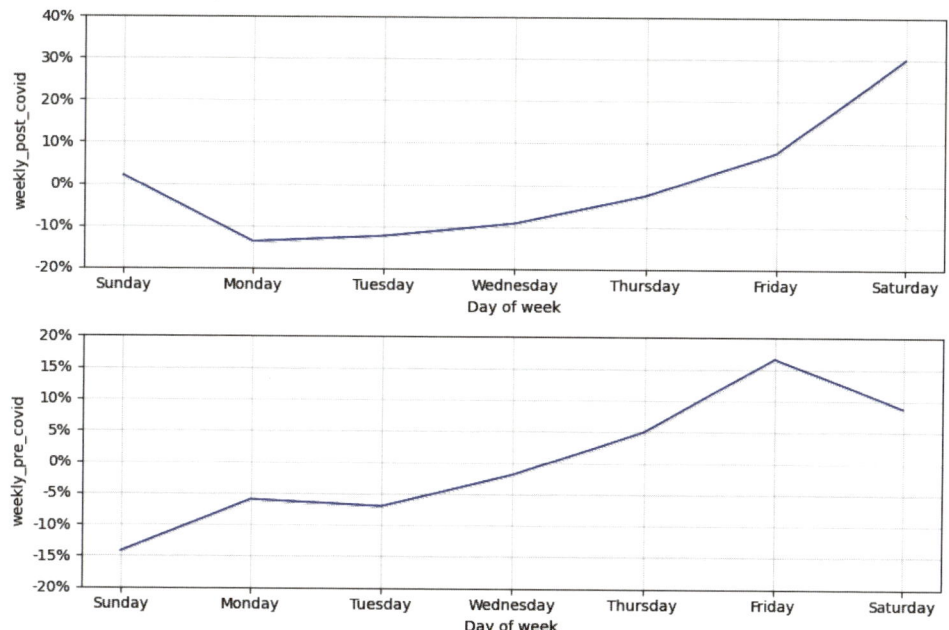

그림 10.21 조건부 계절성을 보여 주는 일부 구성 요소 플롯

[그림 10.19]에서 보았듯이 COVID-19 이전에는 금요일이 버크 스트리트 몰에서 가장 인기 있는 날이었습니다. 하지만 COVID-19 이후에는 토요일이 가장 인기 있는 날로 보입니다. 재택 근무를 하는 사람들이 늘어나면서 금요일 퇴근 후를 즐기던 시간이 줄어들고 대신 집에 머무는 경우가 많아진 것이 이유인 것 같습니다. 어쩌면 넷플릭스는 자사 데이터에서 이와 반대되는 패턴을 직면할 수도 있습니다.

다음 장에서는 이상값과 관련된 개념인 불확실성 구간(uncertainty intervals)에 대해 살펴보겠습니다.

11장

불확실성 구간 처리

11-1_ 추세 불확실성 모델링

11-2_ 계절성 불확실성 모델링

예측은 본질적으로 미래를 추정하는 것입니다. 그러므로 어떤 예측도 불확실성을 수반합니다. 이 불확실성을 측정하는 것이 중요하며 이를 통해 데이터 분석가는 예측이 얼마나 안정적인지 판단합니다. 또 기업의 매니저 같은 관리자들은 해당 예측을 기반으로 대규모 자금을 투자할 때 필요한 확신을 얻습니다.

Prophet은 처음부터 불확실성을 모델링하는 것을 염두에 두고 설계되었습니다. 사용자는 파이썬이나 R 언어를 통해 Prophet을 작동시키지만, Prophet 내부 모델은 확률 프로그래밍 언어인 Stan으로 구현되어 있습니다. 이 언어는 통계학 개념의 하나인 베이지안 샘플링을 효과적으로 수행할 수 있습니다. 이를 통해 모델 내 불확실성을 보다 깊게 이해하고 예측 시 비즈니스 리스크를 파악할 수 있습니다. Prophet 모델에서 불확실성을 야기하는 세 가지 요인은 다음과 같습니다.

- 추세 불확실성
- 계절성, 공휴일, 그리고 추가 변수로 인한 불확실성
- 데이터 노이즈로 인한 불확실성

위의 요인 중 마지막 요인, 즉 노이즈로 인한 불확실성은 데이터가 본질적으로 갖고 있는 속성이지만 처음 두 요인은 모델링을 해서 분석할 수 있습니다. 이 장에서는 Prophet이 불확실성을 어떻게 모델링하는지, 모델 안에서 이를 어떻게 제어하는지, 이러한 불확실성 추정값을 통해 리스크를 어떻게 정량화하는지 배우게 됩니다.

이 장에서는 책의 깃허브에서 제공하는 chapter_11.ipynb 코랩 노트북 파일을 사용합니다.

11-1 추세 불확실성 모델링

이 책의 구성 요소 플롯 중에서 추세 항목에는 불확실성 구간 경계가 표시되는 반면에 계절성 곡선에는 그렇지 않다는 것을 눈치챘을 수도 있습니다. 기본적으로 Prophet은 추세에 대한 불확실성과 데이터의 랜덤 노이즈로 인한 불확실성만을 추정합니다. 노이즈는 추세를 둘러싼 정규분포로 모델링되며, 추세의 불확실성은 최대 사후 확률 추정(maximum a posteriori estimation, 즉 MAP 추정)으로 모델링됩니다.

MAP 추정은 몬테 카를로 시뮬레이션(Monte Carlo simulations)을 사용하는 최적화 문제입니다. 모나코의 유명 카지노 이름을 딴 몬테 카를로 기법은 알려지지 않은 값을 추정하기 위해 반복적인 무작위 샘플링을 사용하는 방식으로서 수학적 해(closed-form solution)가 존재하지 않거나 계산이 매우 복잡할 때 사용됩니다.

우리는 6장에서 사전 분포(prior distributions), 즉 추가 정보를 얻기 전 기존 추정값에 대한 확률분포에 대해 이야기했습니다. MAP 추정에서는 사후 분포(posterior distribution), 즉 추가 정보를 학습한 이후 확률분포의 중심 경향성(central tendency)을 추정합니다. 추세 불확실성의 경우 사후 분포는 학습 데이터를 학습한 이후 각 날짜의 추정된 추세값의 분포입니다. 이 최적화 문제는 비교적 빠르게 풀 수 있습니다. 따라서 많은 반복 횟수(iterations)가 필요한 경우에도 `model.fit(df)` 호출로 몇 초 안에 작업이 완료됩니다.

이제 Prophet에서 추세 불확실성을 제어하는 데 사용되는 몇 가지 파라미터를 살펴보겠습니다. 이 장에서는 2011년부터 2019년까지 볼티모어 경찰서에 보고된 일별 범죄 건수를 다루는 데이터셋을 사용합니다. 먼저 필요한 라이브러리와 데이터를 불러오겠습니다.

```
import pandas as pd
import matplotlib.pyplot as plt
from prophet import Prophet
from prophet.plot import add_changepoints_to_plot
import numpy as np
np.random.seed(42)
```

```
df = pd.read_csv(
    '/content/drive/MyDrive/Book7/data/baltimore_crime.csv'
)
df.columns = ['ds', 'y']
```

데이터를 시각화해 보면 전체적으로는 비교적 평평한 추세와 계절성, 몇 개의 이상값이 있습니다. 아래 그래프에서는 일별 250건의 범죄 수준에 수평 점선을 표시했습니다. 이 선을 넘는 데이터 포인트는 두 개가 있습니다.

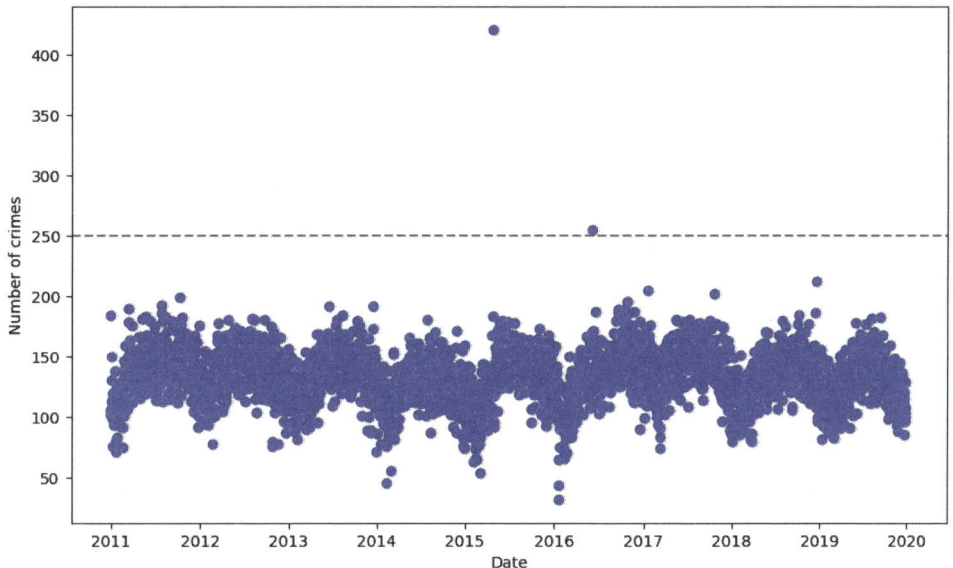

그림 11.1 볼티모어 범죄 데이터

이러한 두 데이터 포인트는 예측에 별 영향을 미치지 않을 것으로 보입니다. 그러나 10장에서 살펴본 내셔널 지오그래픽 데이터의 이상값처럼 혹시나 예측에 영향을 주는 상황을 피하기 위해 다음과 같이 두 데이터 포인트를 제거합니다.

```
df.loc[df['y'] > 250, 'y'] = None
```

<중요 팁>

우리는 넘파이(NumPy) 라이브러리를 불러오고 랜덤 시드(random seed)를 설정했습니다. Prophet에서 MAP 추정은 결정론적 계산이므로 (미묘한 부동 소수점 처리 방식의 차이로 인해 아주 약간의 차이는 있을 수 있지만) 항상 동일한 추세를 반복해서 얻게 됩니다. 하지만 불확실성 구간은 무작위로 생성됩니다. 반복 횟수가 1,000회일 경우 반복 실험에서 유사한 결과가 도출되어야 하지만, 랜덤 시드를 설정하지 않으면 이 책의 플롯과 일치하지 않을 수 있습니다. 또한, 이 장 후반에서 다룰 계절성에 대한 불확실성 추정 시 사용되는 마르코프 체인 몬테 카를로(Markov chain Monte Carlo, MCMC) 샘플링 기법은 추세 계산에 무작위성을 추가합니다. 이 역시 랜덤 시드를 설정하면 이 책과 동일한 결과를 얻을 수 있습니다.

Prophet 예측에서 가장 큰 불확실성의 원천은 미래의 추세 변화 가능성입니다. 모델을 학습할 때 Prophet은 미래에 대해 다수의 몬테 카를로 시뮬레이션을 실행하며 미래의 추세 변경점이 과거와 동일한 빈도와 크기로 발생한다고 가정합니다. 이러한 이유로 과거에 (추세의 기울기 변화 기준으로) 큰 크기의 추세 변경점이 있었던 시계열은 매우 넓은 추세 불확실성을 띠게 됩니다. 우리는 이러한 현상을 10장 [그림 10.7]의 내셔널 지오그래픽 인스타그램 데이터에서 확인할 수 있었습니다.

Prophet이 실행하는 몬테 카를로 시뮬레이션 횟수는 모델을 생성하여 초기화할 때 uncertainty_samples 인자를 통해 설정합니다. 기본값이 1,000으로 설정되어 있어서 Prophet은 1,000개의 서로 다른 미래 추세선을 시뮬레이션하고 이를 사용해서 불확실성을 추정합니다.

이제 uncertainty_samples=1000을 명시적으로 설정하여 첫 번째 모델을 구축하겠습니다. 이를 위해 모델을 학습시킨 후 5년치 예측을 생성하고 변경점과 함께 시각화해 보겠습니다. 이 볼티모어 범죄 데이터의 경우 모델 초기화 시 나머지 설정을 모두 기본값 그대로 유지합니다.

```
model = Prophet(uncertainty_samples=1000)
model.fit(df)
future = model.make_future_dataframe(periods=365 * 5)
```

```
forecast = model.predict(future)
fig = model.plot(forecast)
add_changepoints_to_plot(fig.gca(), model, forecast)
plt.show()
```

데이터셋이 시작된 2011년 당시 볼티모어의 범죄 발생 건수는 높은 편이었으며 이후 몇 년간 다소 감소했다가 다시 증가한 후 감소세를 보였습니다. Prophet은 이러한 추세가 미래에도 계속 이어지는 것으로 예측합니다.

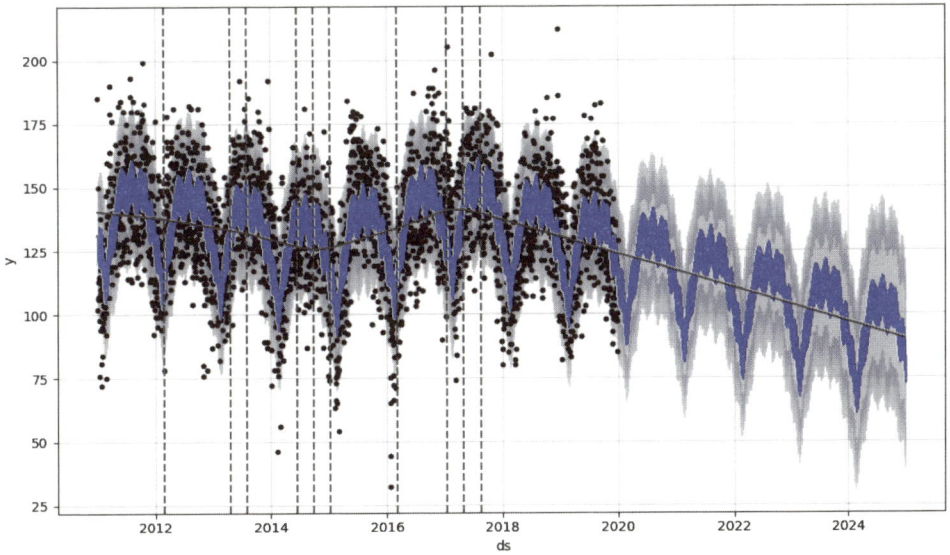

그림 11.2 1,000개의 불확실성 샘플로 볼티모어 범죄 예측

위 [그림 11.2]를 보면 불확실성(플롯에서 연한 음영으로 처리된 영역)은 과거 시점과 미래 시점 모두에 걸쳐 존재합니다. 이제 구성 요소를 시각화하겠습니다.

```
fig2 = model.plot_components(forecast)
plt.show()
```

다음 그림을 보면 추세의 불확실성은 예측된 미래에만 존재하며, 과거 데이터에는 나타나지 않습니다.

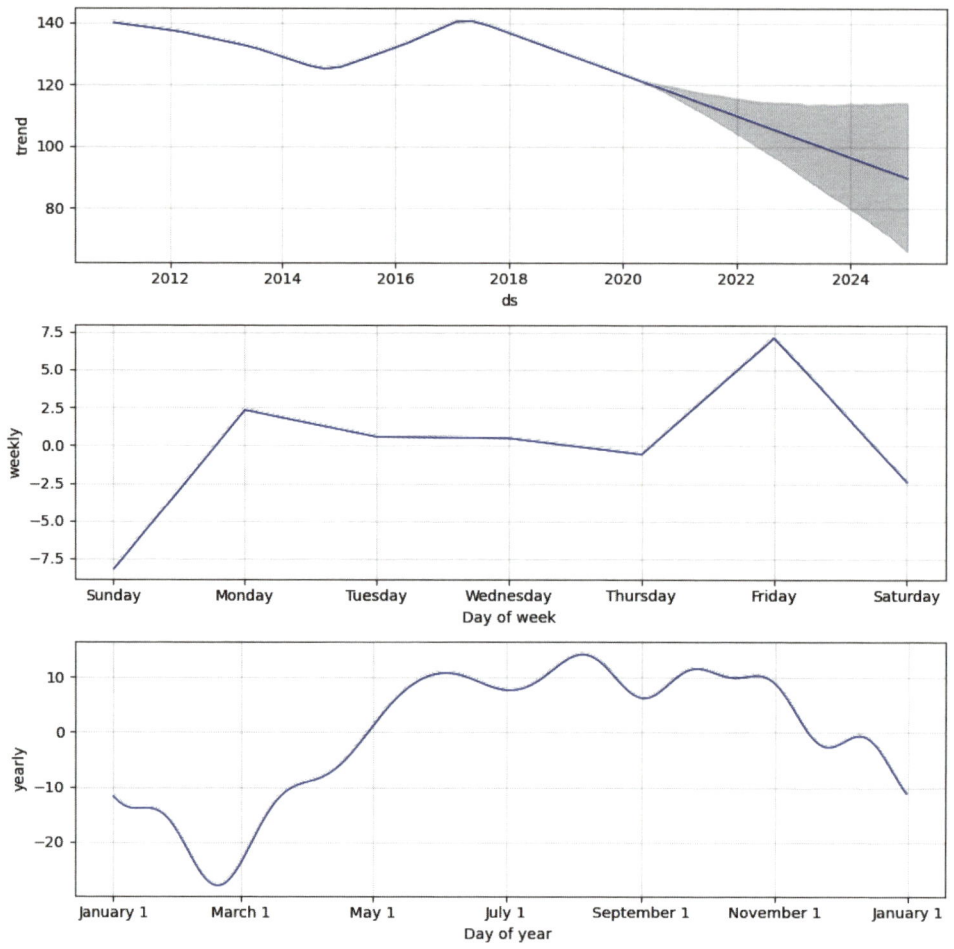

그림 11.3 1,000개의 불확실성 샘플을 사용한 볼티모어 범죄 구성 요소 플롯

이는 과거의 모든 불확실성이 노이즈 때문에 발생한 것으로 간주되기 때문입니다. 앞서 언급했듯이, 노이즈는 예측값을 중심으로 하는 정규분포로 모델링됩니다. 추세 불확실성은 미래의 추세 변경점에 대한 불확실성에서 비롯되므로 추세 불확실성은 미래에만 존재합니다. [그림 11.2]에 나타난 전체 불확실성은 노이즈 불확실성과 추세 불확실성을 합친 것입니다. 또한 Prophet 개발팀은 '미래의 추세 변화 크기가 과거의 추세 변화보다 크지 않을 거라는 우리의 가정은 매우 제한적인 가정이며, 따라서 불확실성 구간에 대해 극도로 정확한 예측을 기대해서는 안 된다.'고 주의를 주고 있습니다.

Prophet은 미래 추세 변화를 추정하기 위해 1,000번의 반복을 실행했을 때 각 반복 시행 결과를 모델의 `predictive_samples` 속성에 저장합니다. 이 속성은 `yhat`과 `trend`라는 키(key)를 갖는 딕셔너리 형식에 각 반복 시행마다 전체 예측값과 추세 예측값 각각을 저장합니다.

```
samples = model.predictive_samples(future)

plt.figure(figsize=(10, 3))
for idx in range(model.uncertainty_samples):
    plt.scatter(future['ds'], samples['trend'][:, idx], s=.1, alpha=1)
plt.xlabel('ds')
plt.ylabel('trend')
plt.show()
```

각 샘플마다 `samples['trend']`를 `future['ds']`에 대해 시각화하면, Prophet이 생성한 1,000개의 잠재적 추세 시뮬레이션을 확인할 수 있습니다.

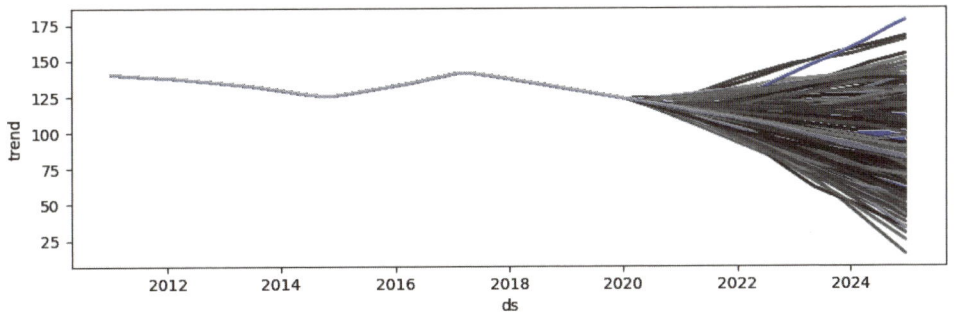

그림 11.4 1,000개의 불확실성 샘플을 사용한 볼티모어 범죄 추세

Prophet은 기본적으로 80%의 불확실성 구간을 제공합니다. 이 1,000개의 가능한 추세선 각각은 80% 신뢰 수준 내에서 동일한 확률을 가집니다. 미래의 불확실성은 미래의 잠재적 변경점에서 추정됩니다. 참고로 이 변경점들은 과거의 변경점을 기반으로 추정됩니다. 따라서 `changepoint_prior_scale` 값을 조정하여 과거 변경점의 수를 늘리거나 줄이면 불확실성 구간 경계에도 상응하는 영향을 미칩니다.

일반적으로 불확실성 샘플 수는 기본값을 사용하면 됩니다. 샘플 수를 늘리면 더 나은 불확실성 추정값을 얻을 수 있지만 그만큼 계산 시간이 길어집니다. 대개 1,000개의 샘플이면 좋은 추정값을 얻기에 충분합니다. 그리고 uncertainty_samples=0 또는 uncertainty_samples=False로 설정하는 것은 예외적인 경우로서 이 설정은 불확실성 추정을 비활성화하여 계산 속도를 크게 향상시킵니다.

불확실성 수준은 interval_width 인자를 통해 조절할 수 있습니다. 예측의 불확실성 수준에 대한 신뢰도를 높이고 싶다면 이 값을 키우는 것이 좋습니다. 반대로 이 값을 줄이면 예측 구간은 더 좁아지지만 신뢰도는 낮아집니다. 이제 신뢰도 99% 수준을 달성하기 위해 interval_width 값을 0.99로 키워 보겠습니다.

```
model = Prophet(interval_width=0.99)
model.fit(df)
future = model.make_future_dataframe(periods=365 * 5)
forecast = model.predict(future)
```

이러한 변화 조치의 효과가 가장 뚜렷하게 나타나는 추세(trend)만 시각화하겠습니다.

```
from prophet.plot import plot_forecast_component

plot_forecast_component(model,
                        forecast,
                        'trend',
                        figsize=(10.5, 3.25))
plt.show()
```

아래 플롯을 [그림 11.3]의 추세 구성 요소와 비교해 보십시오.

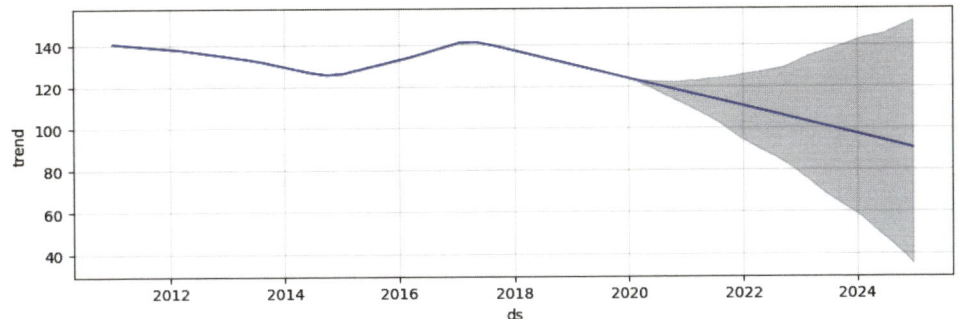

그림 11.5 99% 불확실성 interval width로 예측한 볼티모어 범죄 추세

이 플롯에서 불확실성의 폭이 훨씬 더 넓습니다. 이는 우리가 경계값이 실제 추세를 포함하는 것을 보장하도록 더 높은 신뢰도를 원하기 때문이며 이러한 확신을 제공하기 위해 불확실성 구간 경계가 넓어져야 했기 때문입니다.

지금까지 이 책 전체에서 추세의 불확실성을 모델링해 왔습니다. 그리고 이제 계절성에서도 불확실성 구간 경계를 확인하고 싶을 것입니다. 다음 절에서는 그 방법을 소개합니다.

11-2 계절성 불확실성 모델링

MAP 추정은 매우 빠르기 때문에 Prophet의 기본 모드로 설정되어 있지만 계절성에는 적용되지 않으므로 다른 방법이 필요합니다. 계절성의 불확실성을 모델링하기 위해 Prophet은 마르코프 체인 몬테 카를로(MCMC) 기법을 사용합니다. 마르코프 체인(Markov chain, 마르코프 연쇄로도 불림)은 각 사건의 확률이 이전 사건의 상태에 의존하는 사건의 시퀀스를 설명하는 모델입니다. Prophet은 이러한 연쇄 시퀀스로 계절성 불확실성을 모델링하며, 앞 절의 시작 부분에서 설명한 몬테 카를로(Monte Carlo) 기법을 사용해 이 과정을 여러 번 반복합니다.

이 기법의 단점은 MCMC 샘플링 속도가 느리다는 것입니다. macOS나 리눅스 머신에서는 모델 적합에 몇 초가 아니라 몇 분이 걸릴 수 있습니다. 더구나 윈도우 시스템에서는 Stan 언어 기반으로 작성된 Prophet 모델과의 인터페이스를 담당하는 PyStan(파이스탠)

의 호환성 문제가 있어서 MCMC 샘플링이 더 느립니다. 데이터 포인트 수에 따라 다르지만 윈도우 환경에서는 모델 적합에 몇 시간이 걸릴 수도 있습니다.

Prophet 팀은 윈도우 사용자에게 Prophet을 R에서 실행하거나, 리눅스 가상 머신에서 파이썬을 사용할 것을 권합니다. 또 다른 대안으로는 구글 코랩(Colab, https://colab.research.google.com)을 사용하는 방법이 있습니다. 코랩은 클라우드 기반 주피터(Jupyter) 노트북과 유사하며 무료로 리눅스 환경에서 실행되므로 윈도우에서 발생하는 PyStan 문제를 겪지 않습니다.

이제 이러한 주의 사항을 염두에 두고 계절성의 불확실성을 모델링하는 방법을 살펴보겠습니다. 지금까지 사용한 기본값인 1,000개의 불확실성 샘플은 그대로 유지한 채 `mcmc_samples`라는 인자를 추가하겠습니다. 이 인자의 값을 0으로 설정하면 Prophet은 MAP 추정으로 되돌아가 추세 구성 요소에 대해서만 불확실성을 제공하게 됩니다. 이는 이 장의 이전 예제들에서 사용한 모델로 되돌아가는 셈입니다. 여기서는 300개의 MCMC 샘플을 사용하겠습니다.

```
# 런타임 6분
model = Prophet(mcmc_samples=300)
model.fit(df)
future = model.make_future_dataframe(periods=365 * 5)
forecast = model.predict(future)
fig = model.plot(forecast)
add_changepoints_to_plot(fig.gca(), model, forecast)
plt.show()
```

모델을 적합하고 예측을 수행한 후 예측 결과를 시각화합니다. 가장 먼저 눈에 띄는 것은 변경점의 개수입니다.

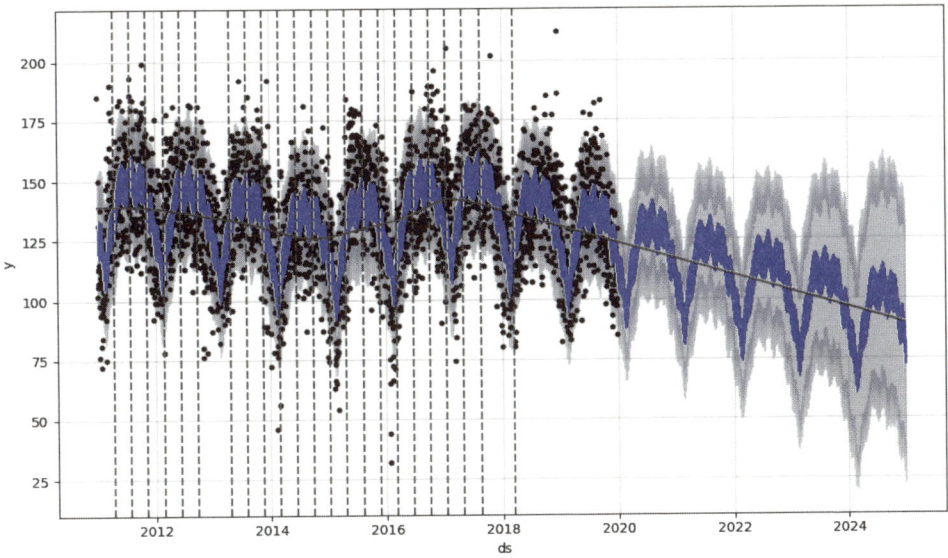

그림 11.6 300 개의 MCMC 샘플을 사용한 볼티모어 범죄 예측

여기서는 변경점 문제는 조금 뒤에 다루도록 하고 지금은 구성 요소 플롯을 살펴보겠습니다.

```
fig2 = model.plot_components(forecast)
plt.show()
```

이제 주간 및 연간 계절성 모두에 대해 불확실성 구간을 다음과 같이 확인할 수 있습니다.

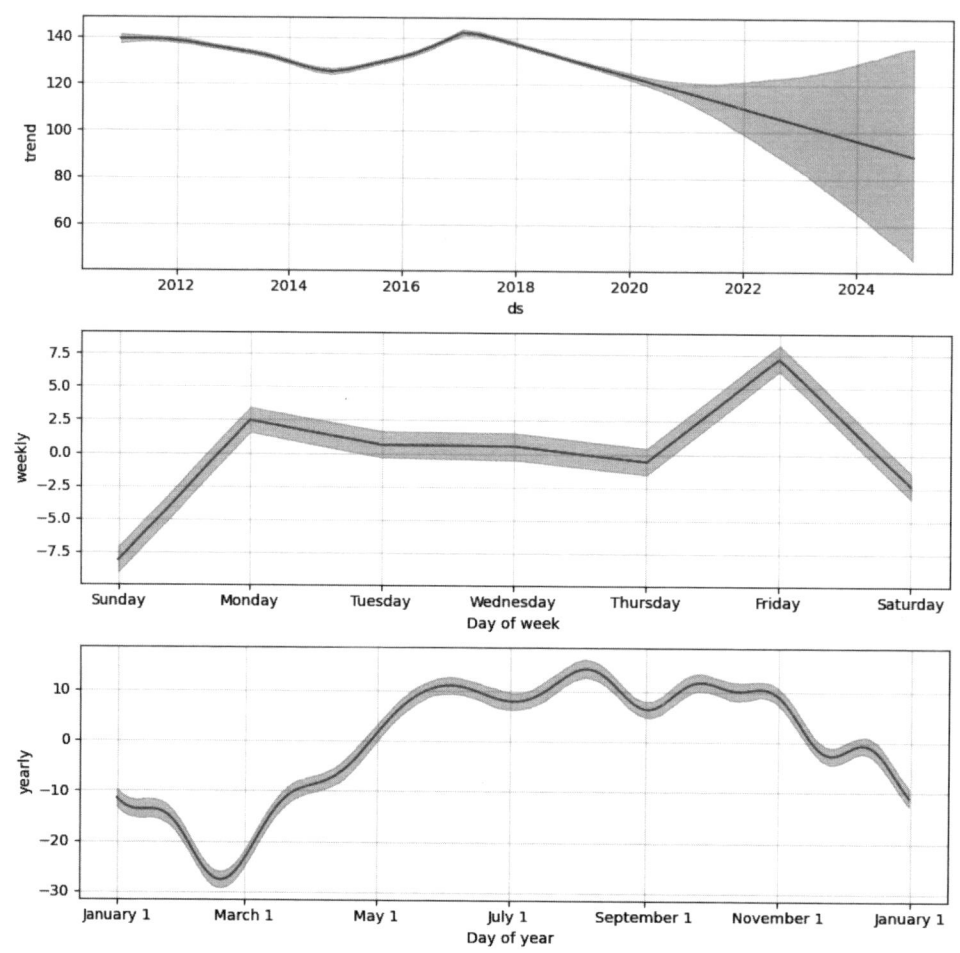

그림 11.7 300개의 MCMC 샘플을 사용한 볼티모어 범죄 구성 요소 플롯

만약 우리가 공휴일이나 추가 변수를 포함했다면 그 항목에도 불확실성 구간이 표시되었을 것입니다. 9장의 Divvy 예제를 활용해 직접 이를 시도해 볼 수도 있습니다.

위 모델에서는 기본값 `uncertainty_samples=1000`을 그대로 사용하고 이어서 `mcmc_samples=300`을 사용했습니다. Prophet이 MCMC 메서드를 실행할 때 총 네 개의 체인을 사용합니다. 참고로 체인 수는 `fit` 메서드 호출 시 `chains` 키워드 인자를 사용하여 변경할 수 있습니다. `mcmc_samples` 인자는 각 체인별로 생성할 샘플 수를 의미합니다. 이는 생성할 샘플링된 추세선의 총 수를 의미하는 `uncertainty_samples` 인자와는 별개의 개념이라는 데 유의하기 바랍니다.

mcmc_samples=0으로 설정하면 Prophet은 uncertainty_samples 인자에 정의된 만큼의 잠재적 추세선을 생성합니다. mcmc_samples 값이 0보다 크면, Prophet은 uncertainty_samples에 정의된 잠재적 추세선 수만큼 혹은 그 이상의 추세선도 생성할 수 있습니다. 체인마다 동일한 반복 횟수를 유지해야 하므로 실제로는 정의된 잠재적 수보다 더 많이 생성하는 경우가 많습니다. 이 설명이 다소 이해하기 어렵다면 기술적인 세부 사항이라고 생각하고 넘어가도 됩니다. 다만 여러분이 기억해야 할 내용은 model.predictive_samples(future) 코드의 실행 결과로 uncertainty_samples에 지정한 행 수보다 약간 많은 행이 생성될 수 있다는 점입니다.

이제 다시 변경점에 주목하겠습니다. MCMC 샘플링을 수행할 때 왜 그렇게 많은 변경점이 나타날까요? 8장에 따르면 Prophet은 많은 수의 잠재적인 변경점을 설정하고 그 크기(magnitude)를 가능한 한 작게 만들려고 시도합니다. 이는 MAP 추정에서는 잘 작동합니다. 그러나 MCMC 샘플링과 같은 베이지안 분석에서는 파라미터들이 동일한 방식으로 축소되지 않는다는 사실이 널리 알려져 있습니다.

다음은 기존 [그림 11.2]에 제시된 우리의 첫 번째 모델과 [그림 11.6]에 제시된 가장 최근 모델의 변경점 크기를 나타낸 그림입니다.

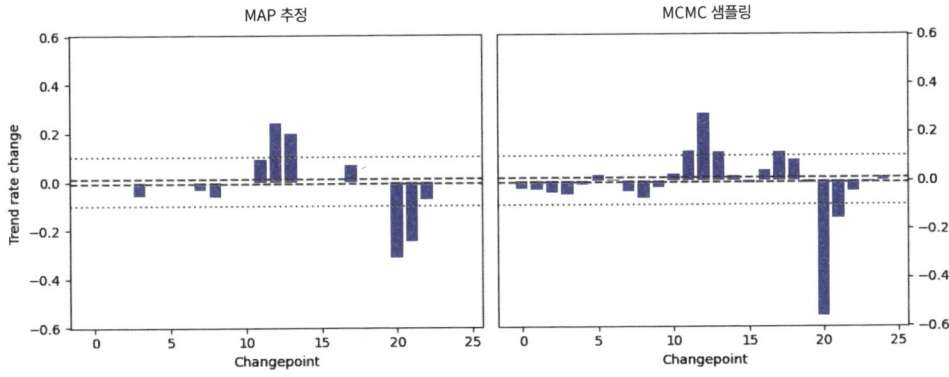

그림 11.8 서로 다른 불확실성 추정에 따른 변경점 크기

이 그래프에 나타난 두 개의 가로 방향 긴 점선(dashed line)은 `add_changepoints_to_plot` 함수에서 변경점 크기를 시각화할 때 사용하는 기본 임계값 0.01을 나타냅니다. 그리고 가로 방향 짧은 점선(dotted line)은 임계값을 0.1로 높인 경우를 보여 줍니다. MCMC 방식을 썼더니 그래프에 변경점이 너무 많이 보여서 모델이 잘못된 것처럼 보일 수 있지만, 이는 단순히 그래프를 시각화하는 방식 때문에 생기는 착시일 뿐 실제 모델의 예측 추세에는 문제가 없습니다.

이 선을 초과하는 변경점들은 [그림 11.2]에 표시되어 있습니다. [그림 11.6]에 표시된 모델은 이 선을 초과하는 더 많은 추가적인 변경점을 포함하고 있습니다. 그러나 이러한 추가 변경점들은 음수와 양수가 섞여 있어서 서로 상쇄됩니다. 그 결과 [그림 11.9]에서 보이듯이 앞의 [그림 11.2]와 [그림 11.6]의 추세는 거의 동일하게 나타납니다.

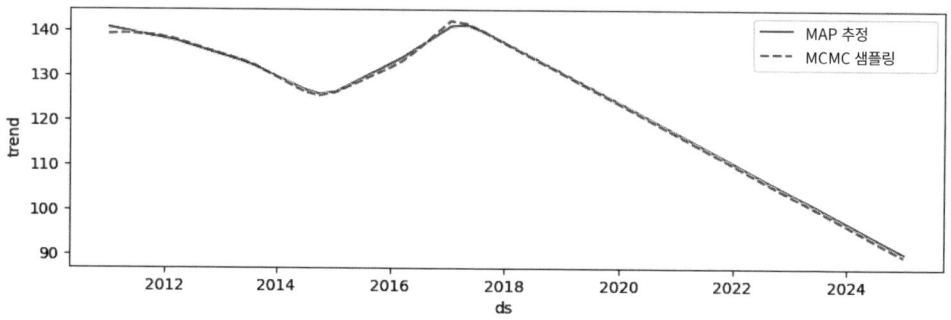

그림 11.9 서로 다른 변경점 불확실성 추정에 따른 추세선

여기서 얻을 수 있는 교훈은 이 문제에 대해 너무 걱정할 필요가 없다는 것입니다. 만약 그림에 표시되는 변경점의 개수를 더 합리적으로 바꾸고 싶다면, 변경점을 추가할 때 `threshold` 인자의 값을 바꾸면 됩니다. 여기서는 해당 임계값을 0.1로 변경했으며, 이는 [그림 11.8]에서 가로 방향 짧은 점선으로 표시된 수준입니다.

```
fig = model.plot(forecast)
add_changepoints_to_plot(fig.gca(), model, forecast, threshold=0.1)
plt.show()
```

이제 다음과 같이 비슷한 수의 변경점이 나타나는 것을 확인할 수 있습니다.

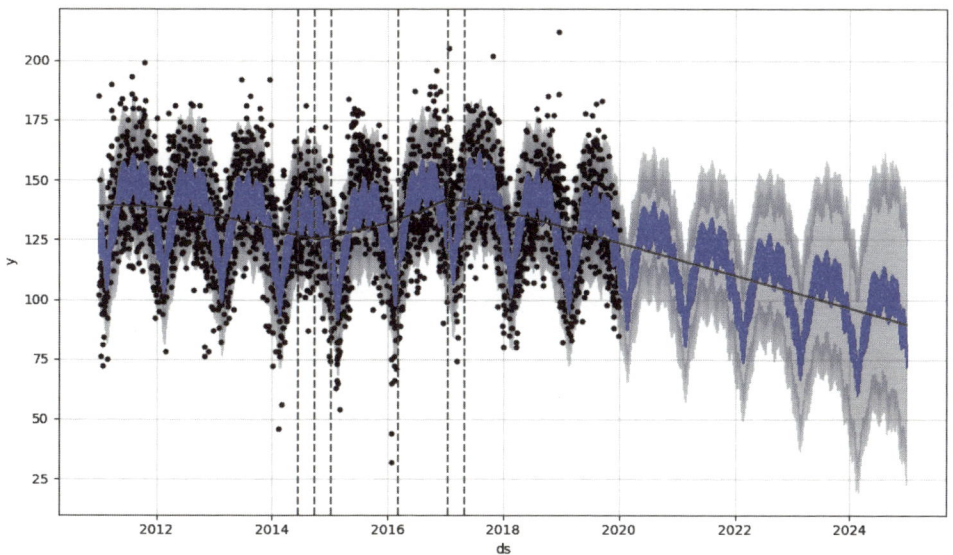

그림 11.10 변경점 임계값을 높인 볼티모어 범죄 예측

이들은 앞과는 다른 변경점들입니다. 그러나 이는 단지 시각화 과정에 따른 문제일 뿐입니다. 두 모델의 최종 추세는 매우 유사합니다. 약간의 차이는 서로 다른 통계 샘플링 기법에서 기인한 것으로 어느 한쪽이 더 정확하다고 볼 수는 없습니다. 두 방식 모두 데이터로부터 추정값을 얻은 결과일 뿐입니다.

물론 이러한 설명이 항상 적용되는 것은 아닙니다. 때때로 MCMC 샘플링에서 극적인 추세 변화가 너무 많이 나타날 수도 있습니다. 이런 경우에는 changepoint_prior_scale 값을 줄여서 변경점의 크기를 조금이나마 억제할 수 있습니다. 예를 들어, 이 값을 우리가 사용해 온 기본값인 0.05에서 0.03으로 낮춰 보겠습니다.

```
# 런타임 4분
model = Prophet(changepoint_prior_scale=0.03, mcmc_samples=300)
model.fit(df)
future = model.make_future_dataframe(periods=365 * 5)
forecast = model.predict(future)
fig = model.plot(forecast)
add_changepoints_to_plot(fig.gca(), model, forecast, threshold=0.1)
plt.show()
```

다음 그래프에서 볼 수 있듯이, 이 수준에서는 [그림 11.6]보다 유의미한 변경점의 수가 적습니다.

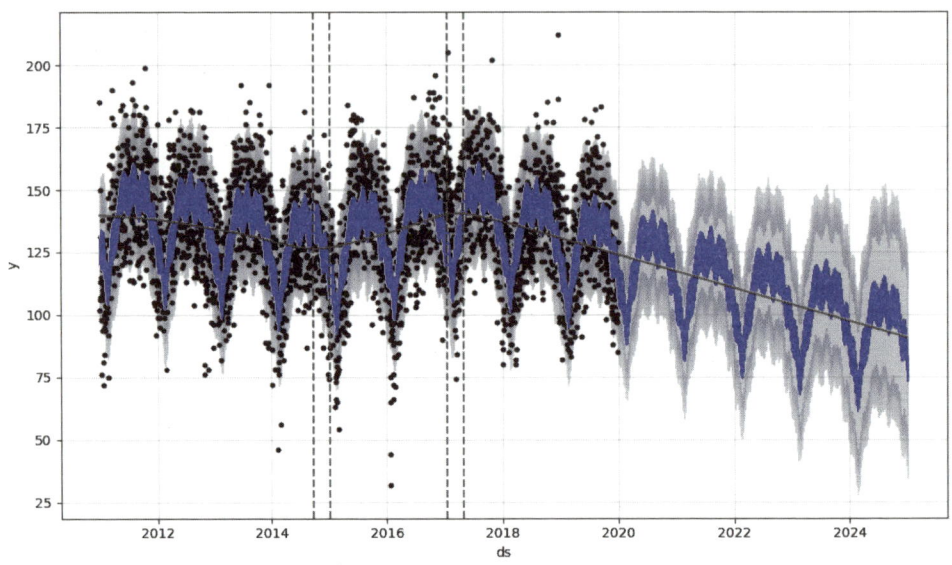

그림 11.11 변경점 규제를 강화한 볼티모어 범죄 예측

추세선을 비교해 보면, 이렇게 규제를 한 추세선이 원래의 MAP 추정치와 약간 더 잘 일치함을 알 수 있습니다.

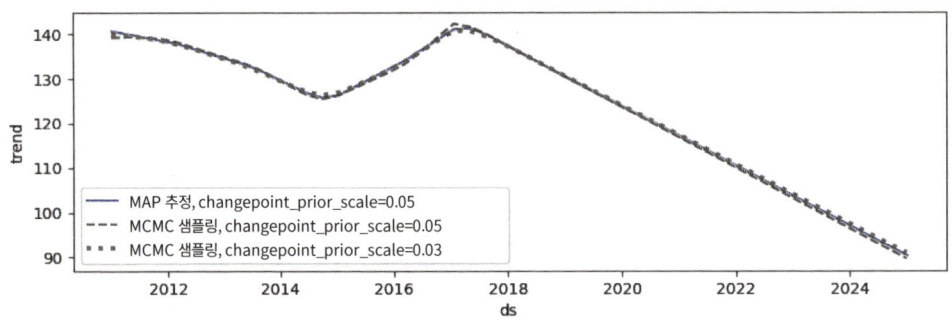

그림 11.12 서로 다른 변경점 사전 스케일(prior scale)에 따른 추세선

다만 MCMC 샘플링을 사용할 경우 변경점 수가 많아지는 현상에 유의해야 합니다. 만약 추세선이 과적합되는 것처럼 보이면 `changepoint_prior_scale` 값을 낮춰서 이를 조절할 수 있습니다.

다음 장에서는 Prophet에서의 교차 검증에 대해 배우게 됩니다. 다른 머신러닝 애플리케이션에서 k-폴드(k-fold) 교차 검증에 익숙할 수도 있지만, k-폴드는 시계열 데이터에서는 제대로 작동하지 않습니다. 이에 대한 대안으로 순방향 연쇄(forward chaining) 교차 검증을 다룰 것입니다.

03부

진단과 평가

이 책의 마지막 파트는 모델 평가 및 그 후속 과정을 다룹니다. 이를 통해 여러분은 Prophet 모델이 제공하는 성능 지표를 사용해서 통계적으로 안정적인(robust) 방식으로 서로 다른 모델의 결과를 비교할 수 있게 됩니다. 그리고 성능 지표를 시각화하는 방법을 배웁니다. 마지막으로 Prophet 모델을 업데이트하거나 분석 결과를 공유하는 등 실제 업무에서 필요한 추가적인 기능을 소개합니다.

12_ 교차 검증 실행

13_ 성능 지표 평가

14_ Prophet 제품화

12장

교차 검증 실행

12-1 _ k-폴드 교차 검증

12-2 _ 순방향 연쇄 교차 검증

12-3 _ Prophet 교차 검증 데이터프레임 생성

12-4 _ 병렬 교차 검증

머신러닝과 통계학에서 학습 데이터와 테스트 데이터를 분리하는 것은 꼭 지켜야 하는 원칙입니다. 어떤 경우에도 모델을 학습시킨 데이터, 즉 학습 데이터로 모델 성능을 평가해서는 안 됩니다. 다만 테스트 용도로 데이터 일부를 떼어 놓는 관행에는 단점이 있습니다. 데이터가 너무 적거나 혹은 데이터에 담긴 소중한 정보를 하나라도 놓치고 싶지 않을 때 별도로 떼어 놓는 테스트 데이터에 담긴 정보가 아깝게 느껴집니다. 교차 검증은 이 문제를 해결하기 위해서 사용하는 기법입니다.

이 장에서는 k-폴드(k-fold) 교차 검증 개념을 먼저 소개합니다. 그러나 아쉽게도 k-폴드 교차 검증은 시계열 데이터에 적용할 수 없습니다. k-폴드 교차 검증의 기본 가정은 데이터가 독립적이라는 것인데 시계열 데이터는 이러한 가정을 위배하기 때문입니다. 그래서 시계열 데이터에서는 순방향-연쇄(forward-chaining) 교차 검증을 사용합니다. 아울러 k-폴드 교차 검증을 이해하면 순방향-연쇄 교차 검증을 이해하는 데 큰 도움이 됩니다.

Prophet에서 교차 검증을 수행하는 방법을 배우고 나면 이어서 여러 프로세스를 병렬 처리하는 Prophet 기능을 통해 교차 검증 속도를 높일 수 있습니다.

이 장에서는 책의 깃허브에서 제공하는 chapter_12.ipynb 코랩 노트북 파일을 사용합니다.

12-1 k-폴드 교차 검증

이 장에서는 새로운 데이터셋으로 영국에 위치한 한 온라인 소매업체의 매출 데이터를 사용합니다. 이 데이터는 익명 처리되었고 다음 그래프에 표시된 대로 3년간의 일별 매출액을 나타냅니다.

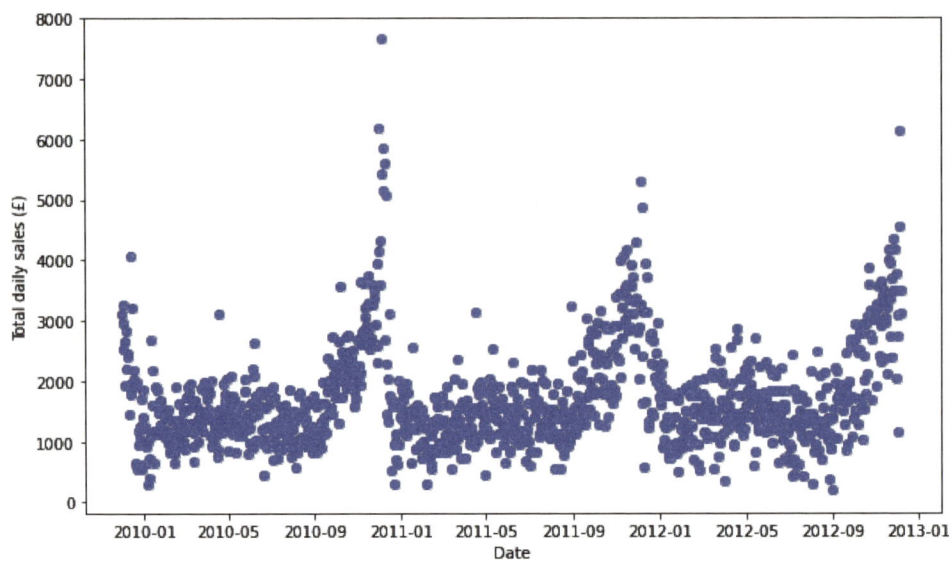

그림 12.1 익명 온라인 소매업체의 일별 매출

이 소매업체는 3년간의 데이터에서 괄목할 만한 성장세를 보이지는 않았지만, 매년 말에는 큰 폭의 매출 증가를 기록했습니다. 이 업체의 주요 고객은 도매상들로 그들은 일반적으로 주중에 구매를 합니다. 따라서 Prophet 예측의 구성 요소를 시각화하면 토요일과 일요일의 매출이 가장 낮은 것을 확인할 수 있습니다. 우리는 이 데이터를 사용해서 Prophet 교차 검증을 수행할 것입니다.

모델링에 들어가기 전에, 먼저 하이퍼파라미터 튜닝과 성능 평가에 사용되는 전통적인 검증 기법들을 간단히 살펴보겠습니다. 가장 기본적인 방법은 전체 데이터를 무작위로 섞은 뒤 세 개의 하위 집합인 학습 데이터셋(training set), 검증 데이터셋(validation set), 테스트 데이터셋(test set)으로 나누는 것입니다. 이를 홀드아웃 검증(hold-out validation)이라고 합니다. 일반적으로 학습 데이터셋이 가장 크고 검증 데이터셋 및 테스트 데이터셋은 더 작습니다. 예를 들어 60/20/20 분할은 다음과 같이 데이터를 나눕니다.

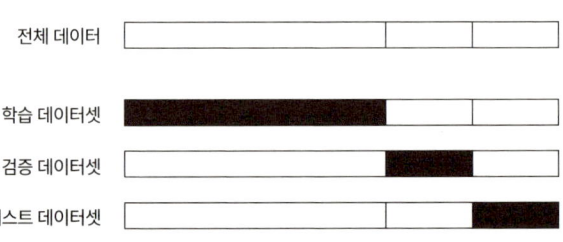

그림 12.2 일반적인 학습/검증/테스트 데이터셋 분할

전체 데이터를 분할한 후에는 학습 데이터셋으로 모델을 학습시키고 검증 데이터셋을 사용해 성능을 평가합니다. 그리고 주어진 알고리즘에 대해 새로운 하이퍼파라미터 조합을 선택하고, 이 모델을 다시 학습 데이터셋으로 학습시킨 다음 검증 데이터셋으로 평가합니다. 이 과정은 시도해보고자 하는 하이퍼파라미터 조합의 수만큼 반복합니다.

최종적으로 검증 데이터셋에서 가장 높은 성능을 보인 하이퍼파라미터 조합이 선택됩니다. 그 후 학습 데이터셋과 검증 데이터셋을 합쳐서 최종 모델을 학습시키고 이 모델을 테스트 데이터셋에서 평가합니다. 이 평가 결과가 모델의 최종 성능이 됩니다.

하지만 이 방식에서는 전체 데이터 중 60%만 모델 튜닝에 사용할 수 있다는 단점이 있습니다. 더 많은 데이터를 튜닝에 활용할 수 있으면 좋을 텐데 그렇게 하면 검증 데이터셋과 테스트 데이터셋이 너무 작아져서 모델에 편향이 생길 수 있습니다. 이러한 문제를 해결하기 위해 k-폴드 교차 검증(k-fold cross-validation)이 도입되었습니다. k-폴드 교차 검증에서도 여전히 데이터를 무작위로 섞은 뒤 일정 비율(예: 20%)을 테스트 데이터셋으로 따로 분리합니다. 나머지 80% 데이터는 학습 데이터셋으로 사용되며 이 80%는 다시 k개의 섹션으로 나눕니다. 이때 각 섹션을 폴드라고 합니다. 다음은 학습 데이터셋을 다섯 개의 폴드로 나눴을 때의 모습입니다.

그림 12.3 다섯 개의 폴드로 나눈 k-폴드 교차 검증

여기서는 평가하고자 하는 각 하이퍼파라미터 조합마다 모델을 다섯 번 학습시킵니다. 첫 번째 반복에서는 첫 번째 폴드를 제외하고 나머지 네 개 폴드로 학습을 진행하며, 성능 평가 대상 데이터셋은 미래 제외해둔 첫 번째 폴드입니다. 이 과정을 나머지 네 개 폴드에

대해서도 각기 반복해서 총 다섯 개의 폴드에 걸쳐 성능 지표의 평균을 구합니다. 그 후 다음 번 하이퍼파라미터 조합으로 넘어가 같은 과정을 반복합니다.

이 경우 각 폴드마다 학습을 반복해야 하기 때문에 하이퍼파라미터 튜닝에 훨씬 많은 시간이 걸립니다. 하지만 그만큼 더 많은 데이터를 학습에 활용할 수 있고 모델이 편향을 초래하지 않는다는 장점이 있습니다.

다만 시계열 데이터는 순차적이며 의존적입니다. 시계열 데이터는 순서가 있기 때문에 데이터를 섞을 수도 없고, 미래 데이터를 학습하여 과거를 예측할 수도 없습니다. 이런 이유로 앞서 소개한 두 가지 방법은 시계열 데이터에는 적합하지 않습니다. 따라서 검증 및 테스트를 위해 일부 데이터를 남겨두면서도 데이터의 순서를 유지할 수 있는 방법이 필요합니다. 이것이 순방향 연쇄(forward chaining) 방식이 개발된 이유입니다.

12-2 순방향 연쇄 교차 검증

순방향 연쇄 교차 검증(Forward-chaining cross-validation)은 롤링 오리진 교차 검증(rolling-origin cross-validation)이라고도 합니다. 이는 k-폴드 교차 검증과 유사하지만 시계열 데이터처럼 순차적인 데이터에 더 적합합니다. 이 방식에서는 데이터를 무작위로 섞지 않은 채 테스트 데이터셋을 별도로 떼어 둡니다. 다만 테스트 데이터셋은 반드시 데이터의 마지막 구간이어야 합니다. 예를 들어 각 폴드가 전체 데이터의 10%를 차지하는 10-폴드 교차 검증의 경우, 테스트 데이터셋은 전체 날짜 범위의 마지막 10%가 됩니다.

남은 데이터 중 일부를 처음 학습용으로 선택합니다. 예를 들어 이 예시에서는 처음 다섯 개 폴드를 학습에 사용하고 여섯 번째 폴드에서 성능을 평가해 성능 지표를 저장합니다. 이제 처음 여섯 개 폴드로 다시 학습하고 일곱 번째 폴드에서 평가합니다. 이 과정을 모든 폴드가 소진될 때까지 반복하고 성능 지표의 평균값을 다시 구합니다. 이 과정에서 폴드는 다음과 같은 형태를 갖습니다.

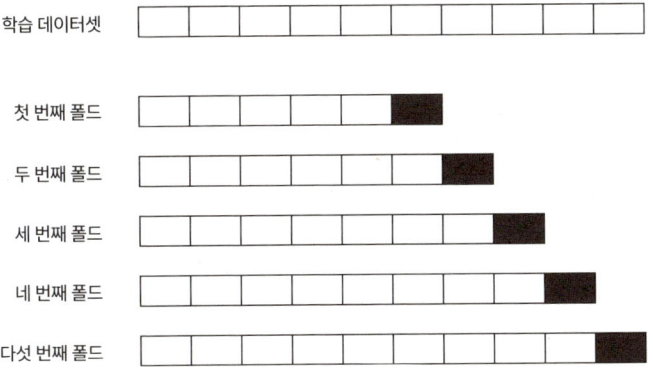

그림 12.4 10-폴드 데이터에서 최초 다섯 개 폴드부터 학습한 순방향 연쇄 교차 검증

이러한 방식으로 데이터를 순차적으로 학습하고, 학습 데이터 뒤에 오는 미리 보지 못하는 데이터를 대상으로 성능 평가를 수행합니다. 또한 다양한 샘플을 기반으로 학습과 테스트를 수행함으로써 편향을 최소화할 수 있습니다.

Prophet에는 순방향 연쇄 교차 검증을 수행하기 위해 내장된 진단 도구가 있습니다. 소매 매출 데이터셋에 이 진단 도구를 어떻게 적용하는지 살펴보겠습니다.

12-3 Prophet 교차 검증 데이터프레임 생성

Prophet에서 교차 검증을 수행하려면 먼저 모델을 적합시켜야 합니다. 따라서 이 책 전반에서 사용했던 것과 동일한 절차로 시작하겠습니다. 지금 분석하는 데이터셋은 매우 다루기 쉬운 종류여서 Prophet의 기본 파라미터 대부분을 그대로 사용할 수 있습니다. 필요한 라이브러리와 변경점 시각화에 필요한 함수 그리고 데이터셋을 불러옵니다.

```
import pandas as pd
import matplotlib.pyplot as plt
from prophet import Prophet
from prophet.plot import add_changepoints_to_plot

df = pd.read_csv(
    '/content/drive/MyDrive/Book7/data/online_retail.csv'
)
```

```
df['date'] = pd.to_datetime(df['date'])
df.columns = ['ds', 'y']
```

이 데이터셋은 계절성이 복잡하지 않기 때문에 모델을 생성해서 초기화할 때 연간 계절성의 푸리에 차수를 낮추고, 나머지 설정은 기본값으로 유지한 상태에서 적합과 예측 및 시각화를 수행하겠습니다. 여기서는 1년 후의 미래를 예측하는 모델을 사용할 것입니다.

```
model = Prophet(yearly_seasonality=4)
model.fit(df)
future = model.make_future_dataframe(periods=365)
forecast = model.predict(future)
fig = model.plot(forecast)
add_changepoints_to_plot(fig.gca(), model, forecast)
plt.show()
```

예상대로 아래 플롯은 데이터가 처음 소개된 [그림 12.1]과 동일한 데이터를 보여 줍니다. 뚜렷한 추세 변경점은 없으며 추세는 완만하게 상승하고 있습니다. 여름철에는 매출이 다소 증가하는 경향을 보이고, 겨울 휴가철에는 매출이 급격히 증가하는 양상을 확인할 수 있습니다.

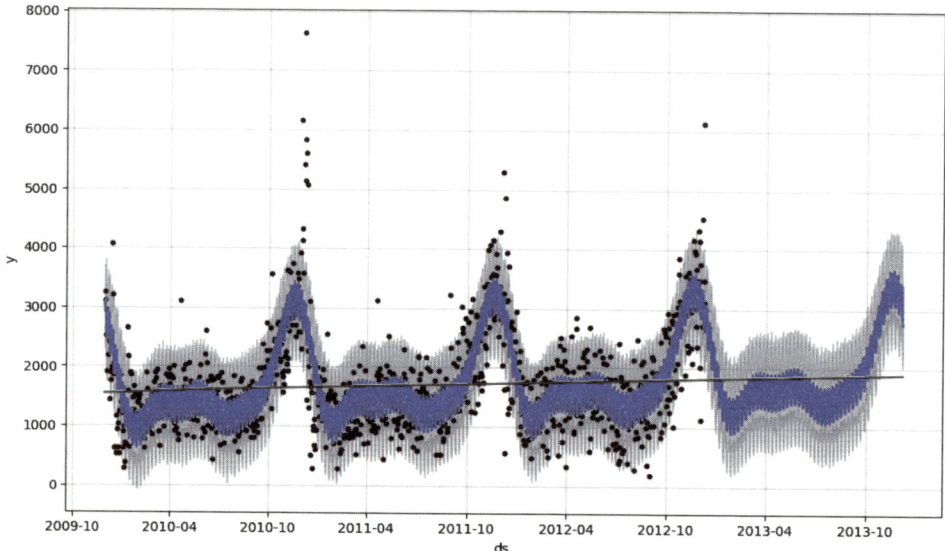

그림 12.5 온라인 소매 매출 예측

이제 계절성을 더 잘 이해하기 위해 구성 요소를 시각화하겠습니다.

```
fig2 = model.plot_components(forecast)
plt.show()
```

추세, 주간 계절성, 연간 계절성은 각각 뚜렷한 패턴을 보여 줍니다.

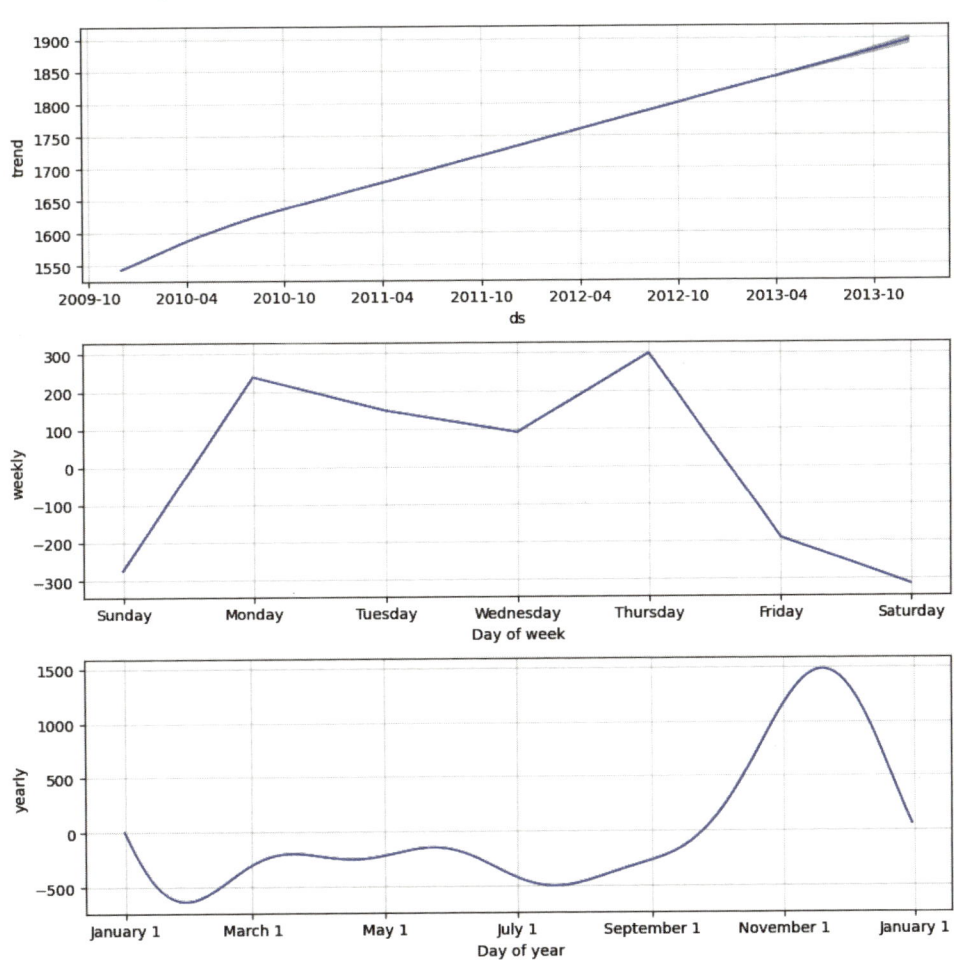

그림 12.6 온라인 소매 매출 구성 요소 플롯

예상한 대로 연간 계절성은 겨울철 급증 현상을 반영합니다. 앞서 이 데이터를 소개할 때 언급했듯이 이 소매업체는 일반 소비자가 아니라 주로 도매업체를 대상으로 영업합니다.

따라서 구매는 주말보다는 평일에 훨씬 더 많이 이루어집니다. 또한 금요일 매출은 주중 다른 요일보다 낮습니다.

이제 교차 검증을 수행해 보겠습니다. 이를 위해 먼저 Prophet의 **diagnostics** 패키지에서 관련 함수를 다음과 같이 불러옵니다.

```
from prophet.diagnostics import cross_validation
```

이 함수의 사용법을 살펴보기 전에 먼저 몇 가지 용어를 알아두면 편리합니다.

- **initial**은 첫 번째 학습 기간을 의미합니다. [그림 12.5]에서 이는 첫 번째 폴드의 처음 다섯 개 데이터 블록에 해당합니다. 이는 학습을 시작하는 데 필요한 최소한의 데이터 양입니다.
- **horizon**은 예측을 평가하려는 기간의 길이입니다. 예를 들어 이 소매업체가 다음 한 달간의 매출을 예측하기 위해 모델을 구축한다고 가정해 보겠습니다. 이 경우 horizon을 30일로 설정하면 됩니다.
- **period**는 각 폴드 사이의 시간 간격을 의미합니다. 이 값은 horizon보다 클 수도, 작을 수도, 혹은 같을 수도 있습니다.
- 컷오프(**cutoff**)는 각 horizon이 시작되는 날짜입니다.

다음 그림은 이 용어들을 시각적으로 예시하고 있습니다.

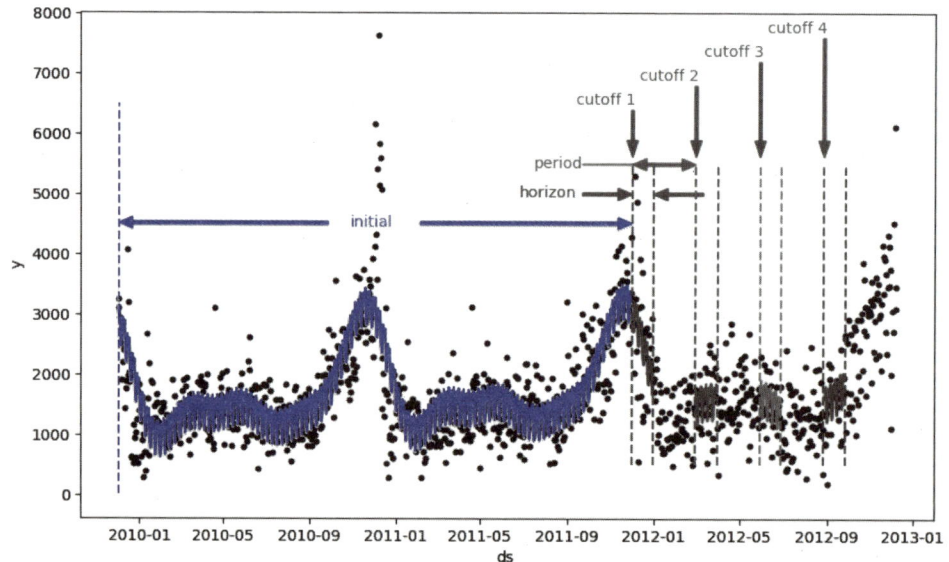

그림 12.7 교차 검증 용어

각 컷오프 지점마다 모델은 해당 시점까지의 모든 데이터를 기반으로 학습한 후, horizon 기간에 대한 예측을 수행합니다. 이 예측값은 실제값과 비교되어 평가됩니다. 그다음 모델은 두 번째 컷오프 시점까지의 모든 데이터를 기반으로 학습되고 그 후속 과정 또한 반복합니다. 최종 성능 평가는 각 컷오프 지점에서의 성능의 평균으로 계산됩니다.

이 소매업체가 다음 달의 일별 매출을 예측할 수 있는 모델을 원하고 매 분기 초에 해당 모델을 실행한다고 가정해 보겠습니다. 현재 이들은 3년에 걸친 데이터를 갖고 있으며 연간 계절성을 모델링하며, Prophet에서 권장하듯 최소 2번의 완전한 계절 주기가 포함하길 원합니다.

따라서 초기 학습 데이터 기간을 2년으로 설정하겠습니다. 다음 달의 매출을 예측하고자 하므로 horizon 값은 30일로 설정합니다. 모델을 매 분기마다 실행할 계획이므로 period는 90일로 설정합니다. 이는 앞서 [그림 12.7]에서 보여 준 내용입니다. 이제 이 설정을 Prophet에 적용해 보겠습니다.

cross_validation 함수는 두 개의 필수 인자를 받습니다. 하나는 적합된 모델이고, 다른 하나는 horizon입니다. 또한 period와 initial 값도 지정할 수 있지만 필수 사항은 아닙니다. 이 두 값을 기본값으로 두면 period는 horizon의 절반으로 그리고 initial은 horizon의 세 배로 설정됩니다. 이 함수의 출력은 교차 검증 데이터프레임으로 나옵니다. 이 데이터프레임을 생성하고 df_cv라고 명명하겠습니다.

```
df_cv = cross_validation(model,
                        horizon='90 days',
                        period='30 days',
                        initial='730 days')
```

horizon, period, initial 인자는 각각 판다스 라이브러리의 Timedelta 형식과 호환되는 문자열을 입력으로 받습니다. 예를 들어 5 days, 3 hours, 10 seconds 같은 형식입니다. 이 예제에서는 [그림 12.7]에 표기된 값들과는 다른 horizon과 period 값을 사용합니다. 이 소매업체는 3개월치 일별 매출을 예측해서 해당 기간의 예측 결과를 업데이트하고자 합니다.

우리는 2년을 초기 학습 기간으로 설정하며 이는 '730 days'입니다. 그리고 90일 예측 구간 동안의 예측 결과를 평가하기 위해 `horizon='90 days'`로 설정합니다. 마지막으로 `period='30 days'`로 설정하여 매 30일마다 모델을 재학습하고 다시 평가합니다. 이로써 최종 1년치 데이터와 비교할 총 10번의 예측 결과를 생성합니다.

컷오프 값을 명시적으로 설정할 수도 있지만, 일반적으로는 그럴 필요까지는 없습니다. 아울러 후속 13장에서 사용자가 직접 컷오프 값을 설정하는 사례를 다룰 예정입니다. Prophet의 기본 방식은 시계열의 끝에서부터 거꾸로 계산하여 자동으로 컷오프 값을 설정합니다.

이제 이 데이터프레임의 처음 다섯 행을 출력하여 살펴보겠습니다.

```
df_cv.head()
```

해당 코드를 실행하면 다음과 같은 형식의 출력을 볼 수 있습니다. 참고로 `yhat_lower`와 `yhat_upper` 값은 최적화 알고리즘의 무작위성 때문에 약간씩 다르게 나올 수 있습니다.

	ds	yhat	yhat_lower	yhat_upper	y	cutoff
0	2011-12-15	2801.201238	2143.195640	3506.787832	3702.986147	2011-12-14
1	2011-12-16	2352.317418	1627.083637	3057.418736	1229.263629	2011-12-14
2	2011-12-17	2182.372652	1441.757610	2904.179982	1325.415023	2011-12-14
3	2011-12-18	2165.461813	1462.803847	2856.625076	2739.454215	2011-12-14
4	2011-12-19	2636.147930	1950.237091	3380.419368	2699.823386	2011-12-14

그림 12.8 교차 검증 데이터프레임

데이터프레임에는 각 고유한 컷오프에 대해 ds 열에 90일 분량의 데이터가 포함되어 있으며, 이는 90일 예측 기간에 해당합니다. ds에 있는 각 날짜별로 실제 값 y가 수록되어 있으며 이는 학습 데이터 `df['y']`에서 가져온 값입니다. 그리고 폴드별로 해당 날짜에 대한 예측 값은 yhat 열에 표기됩니다.

이 yhat은 `forecast` 데이터프레임의 yhat과는 다릅니다. `forecast` 데이터프레임의 yhat은 전체 데이터셋을 기반으로 계산된 예측값이어서 교차 검증 폴드를 사용한 것이 아닙니다. 교차 검증 데이터프레임에는 예측값에 대한 불확실성 구간은 `yhat_upper`와 `yhat_lower` 열로 확인할 수 있습니다.

이 데이터프레임을 통해 데이터 전반에 걸쳐 예측값과 실제값을 비교할 수 있습니다. `forecast` 데이터프레임에서는 미래 시점의 `yhat` 값을 비교할 수 있는 실제 `y` 값이 없습니다. 과거 날짜의 경우에는 해당 `df['y']` 값이 있어서 `forecast['yhat']`과 비교할 수 있지만, 이 `yhat` 값은 해당 `y`를 기반으로 학습된 모델이 추정한 예측값입니다. 즉, `forecast['yhat']` 값은 편향되어 있는 반면 `df_cv['yhat']` 값은 편향되지 않았으므로 모델이 아직 보지 못한 데이터에 대해 실제로 어떤 예측을 하는지 더욱 명확한 수치를 보여 줍니다.

12-4 병렬 교차 검증

교차 검증 과정 중에는 반복 작업이 매우 많이 발생하기 때문에 이러한 작업을 병렬(parallelizing) 처리하면 처리 속도를 높일 수 있습니다. 이를 활용하려면 `parallel` 인자를 사용하면 됩니다. 선택 가능한 옵션은 `None`, `'processes'`, `'threads'`, `'dask'` 이렇게 네 가지입니다.

```
df_cv = cross_validation(model,
                         horizon='90 days',
                         period='30 days',
                         initial='730 days',
                         parallel='processes')
```

`parallel='processes'`로 설정하면 파이썬의 `concurrent.futures.ProcessPoolExecutor` 클래스를 사용하고, 반면에 `parallel='threads'`로 설정하면 `concurrent.futures.ThreadPoolExecutor` 클래스를 사용합니다. 어떤 것을 사용해야 할지 잘 모르겠다면 전자인 `processes`를 선택하는 것이 좋습니다. 단일 머신에서 가장 좋은 성능을 발휘할 것입니다.

또한 parallel=None으로 설정하면 병렬 처리를 하지 않습니다. 이 옵션은 Prophet이 계산을 수행하는 동안 컴퓨터에서 다른 작업을 하려는 경우나, 아니면 Prophet이 컴퓨터 리소스를 모두 차지하는 것을 원치 않는 경우에 유용합니다. Parallel='dask'를 사용하는 경우에는 Dask 라이브러리를 별도로 설치하고 dask.distributed 모듈의 Client 클래스를 사용하여 클러스터에 연결해야 합니다. 참고로 Dask가 별도로 설치 및 설정되지 않은 상태에서 아래 코드를 실행하면 오류가 발생합니다.

```python
from dask.distributed import Client
client = Client()
df_cv = cross_validation(model,
                         horizon='90 days',
                         period='30 days',
                         initial='730 days',
                         parallel='dask')
```

여러분의 PC나 노트북 컴퓨터에서도 Dask를 사용할 수 있지만, Dask의 진가는 여러 대의 컴퓨터를 사용하는 클러스터 환경에서 발휘됩니다. 이러한 컴퓨팅 환경에 접근할 수 없다면 parallel='processes' 설정이 바람직합니다. 이러한 조치는 일반적으로 더 빠른 실행을 가능케 합니다.

다음 장에서는 여기서 배운 내용을 바탕으로 모델의 성능을 측정하고, 최적의 결과를 얻기 위해 모델을 튜닝해 보겠습니다.

13장

성능 지표 평가

13-1_ Prophet 지표의 이해

13-2_ Prophet 성능 지표 데이터프레임 생성

13-3_ 불규칙한 컷오프 처리

13-4_ 그리드 서치로 하이퍼파라미터 튜닝

현실 세계의 현상을 완벽하게 모델링할 수는 없습니다. 데이터에는 수많은 통계적 가정이 내포되어 있고, 측정에는 노이즈가 포함되며, 예측 결과에 영향을 주는 미지의 요인 혹은 모델링 대상이 아닌 요인들도 존재합니다. 그럼에도 불구하고 완벽하지는 않아도 좋은 모델은 여전히 유익하고 정보를 제공합니다. 그렇다면 여러분이 가진 모델이 좋은 모델인지 어떻게 알 수 있을까요? 모델이 미래에 대해 예측한 값을 얼마나 신뢰할 수 있을까요? 교차 검증은 이 질문에 대한 부분적인 답을 제공합니다. 실제값을 편향되지 않은 예측값과 비교하는 솔루션을 제공하기 때문입니다. 이 장에서는 다양한 모델을 비교하는 기법을 소개합니다.

Prophet은 모델의 예측값과 실제값을 비교하는 데 사용되는 다양한 지표를 제공합니다. 이를 통해 모델 성능을 정량적으로 평가할 수 있습니다. 이러한 지표는 모델이 실제로 얼마나 좋은지를 알려주고 여러분이 모델 예측 결과를 신뢰해도 되는지를 알려 줍니다. 그리고 여러 모델의 성능을 비교하여 어떤 모델이 최적 모델인지 선정할 수 있도록 도와줍니다.

이 장에서는 책의 깃허브에서 제공하는 chapter_13.ipynb 코랩 노트북 파일을 사용합니다.

13-1 Prophet 지표의 이해

Prophet의 `diagnostics` 패키지는 모델을 평가하는 데 사용할 수 있는 일곱 가지 지표를 제공합니다. 이 지표들은 평균 제곱 오차(MSE, mean squared error), 제곱근 평균 제곱 오차(RMSE, root mean squared error), 평균 절대 오차(MAE, mean absolute error), 평균 절대 백분율 오차(MAPE, mean absolute percent error), 중앙값 절대 백분율 오차(MdAPE, median absolute percent error), 대칭적 평균 절대 백분율 오차(SMAPE, symmetric mean absolute percent error), 커버리지(coverage)입니다. 이제 각 지표에 대해 차례로 살펴보겠습니다.

13.1.1 MSE

평균 제곱 오차(mean squared error, 이하 MSE)는 각 예측값과 실제값의 차이를 제곱한 값들의 합이며 수식은 다음과 같습니다.

$$\frac{1}{n}\sum_{i=1}^{n}(y_i - \hat{y}_i)^2 \qquad (1)$$

위 수식에서 n은 샘플 수를 나타내며 y는 실제 값이고 $\hat{y}$은 예측 값입니다. MSE는 가장 널리 사용되는 성능 지표 중 하나이지만 단점도 있습니다. 데이터 스케일에 맞춰져 있지 않기 때문에 해석하기 어렵고, MSE 단위 또한 y 값 단위의 제곱입니다. 또한 이상값에 민감한데 이 특성은 데이터 타입과 해석 목적에 따라 바람직할 수도 있고 그렇지 않을 수도 있습니다.

그럼에도 불구하고 MSE는 여전히 널리 사용되는데 이는 MSE가 편향의 제곱과 분산을 합한 값과 같다는 것이 수학적으로 증명되기 때문입니다. 따라서 이 지표를 최소화하면 편향과 분산 모두를 줄일 수 있습니다. 또한 MSE는 음수가 될 수 없고 0에 가까울수록 모델의 성능이 더 우수하다고 할 수 있습니다.

13.1.2 RMSE

MSE에 제곱근을 취하면 데이터와 동일한 단위로 스케일링할 수 있으며 이를 평균 제곱근 오차(root mean squared error, 이하 RMSE)라고 합니다.

$$\sqrt{\frac{1}{n}\sum_{i=1}^{n}(y_i - \hat{y}_i)^2} \qquad (2)$$

RMSE는 MSE와 동일한 장단점을 공유하지만, 그 단위가 더 해석하기 쉬운 형태를 갖습니다. MSE와 마찬가지로 RMSE도 작은 오차보다 큰 오차를 가진 데이터 포인트에 더 큰 가중치(혹은 중요성)를 부여합니다.

13.1.3 MAE

평균 절대 오차(mean absolute error, 이하 MAE)는 MSE와 유사하지만, 오차의 제곱 대신 절댓값을 취합니다.

$$\frac{1}{n}\sum_{i=1}^{n}|y_i - \hat{y}_i| \qquad (3)$$

MAE는 MSE 및 RMSE와 달리 모든 오차에 동일한 가중치로 부여하며, 이상치나 매우 큰 오차값에 더 큰 중요성을 부여하지 않습니다. 하지만 MSE처럼 MAE도 데이터의 스케일에 맞춰져 있지 않습니다. 따라서 모델이 MAE 값으로 10을 보고했을 때 이것이 좋은 결과인지 나쁜 결과인지 판단하기 어렵습니다. 이것을 판단하려면 추가적으로 데이터의 평균값을 알아야 합니다. 만약 평균값이 1,000이라면 오차 10은 단지 1%에 불과하지만, 평균이 1이라면 MAE 10은 무려 1,000%나 예측이 빗나갔다는 의미입니다. 참고로 평균이 1이고 MAE가 1이라면 100% 예측이 빗나갔다는 의미입니다. 따라서 MAE를 데이터의 스케일에 맞추기 위해 종종 MAE를 데이터 평균값으로 나누어 백분율로 나타냅니다.

$$\frac{\frac{1}{n}\sum_{i=1}^{n}|y_i - \hat{y}_i|}{\bar{y}} \qquad (4)$$

이러한 백분율 형태의 MAE는 Prophet에서 기본적으로 지원되지 않지만 사용자가 코드를 추가하여 직접 계산할 수 있습니다.

13.1.4 MAPE

평균 절대 백분율 오차(mean absolute percent error, 이하 MAPE)는 모델의 성능을 제대로 나타내지 못한다는 단점에도 불구하고 매우 널리 사용되는 지표입니다. 총 MAE를 평균값으로 나눈 것과 혼동해서는 안 되며, MAPE는 각 오차를 해당 시점의 데이터 포인트 값으로 나누는 방식으로 계산됩니다.

$$\frac{1}{n}\sum_{i=1}^{n}\frac{|y_i - \hat{y}_i|}{y_i} \tag{5}$$

이 지표는 데이터 값이 낮을 때 발생하는 오차를 과도하게 반영해서 왜곡된 결과를 낳을 수 있습니다. 이러한 이유로 MAPE는 비대칭적인 지표로 간주됩니다. 즉 예측값이 실제보다 클 때(음의 오차 발생)에 더 큰 패널티를 부여합니다. 이로 인해 MAPE를 기준으로 모델을 최적화하면 목표로 하는 값보다 낮게 예측하곤 합니다. 또한 각 y 값으로 나누기 때문에 y 값 중 하나라도 0값이 있으면 0으로 나누는 계산 오류가 발생합니다. 더구나 y 값이 매우 작아도 부동소수점 계산 문제를 일으킬 수 있습니다. Prophet은 y 값이 0이거나 0에 가까운지를 자동으로 감지하고 그런 경우 해당 MAPE 계산을 건너뛴 후 다른 지표 계산을 수행합니다. 그럼에도 불구하고 MAPE의 장점은 직관적으로 이해하기 쉬운 해석에 있습니다.

13.1.5 MdAPE

중앙값 절대 백분율 오차(median absolute percent error, 이하 MdAPE)는 평균 대신 중앙값을 사용한다는 점을 제외하면 MAPE와 동일합니다. MAPE가 많이 사용되는 지표이긴 하나 너무 많은 이상값이 영향을 미칠 경우 MdAPE가 유용할 수 있습니다. 즉 MdAPE는 노이즈가 많은 데이터에 잘 맞습니다. 예를 들어, 주요 공휴일은 데이터에 큰 급증(spike)을 일으킬 수 있는데 MAPE가 이를 잘 처리하지 못할 때 중앙값이 들어간 MdAPE를 사용하면 예측값 급증을 완화하는 데 도움이 됩니다.

13.1.6 SMAPE

대칭적 평균 절대 백분율 오차(symmetric mean absolute percent error, 이하 SMAPE)는 앞에서 설명한 MAPE의 비대칭적 한계를 극복하려고 시도합니다.

$$\frac{1}{n}\sum_{i=1}^{n}\frac{|y_i - \hat{y}_i|}{(|y_i|+|\hat{y}_i|)/2} \tag{6}$$

SMAPE는 백분율로 표시되므로 이를 사용하면 다양한 크기의 데이터셋 간의 성능을 비교할 수 있습니다. 그러나 SMAPE의 단점은 실제값과 예측값이 모두 0에 가까워지면 불안정해진다는 것입니다. 위 수식 결과값 상한은 200%이며, 이는 직관적으로 다소 이상하게 느껴질 수 있습니다. 이러한 이유로 분모의 2로 나누는 부분을 생략하기도 합니다.

13.1.7 커버리지

Prophet의 마지막 지표는 커버리지(coverage)입니다. 커버리지는 예측된 불확실성 구간의 상한과 하한 사이에 포함되는 실제값 비중을 백분율로 나타낸 것입니다. 기본적으로 Prophet 불확실성의 상하한 구간은 전체 데이터의 80%를 포함하므로 커버리지 값은 0.8이 되어야 합니다.

모델을 생성하여 초기화할 때 설정한 `interval_width`와 다른 커버리지 값을 얻는다면, 해당 모델이 불확실성에 대해 제대로 보정(calibration)하지 않았다는 의미입니다. 실제로 이는 향후 예측 구간에서 제시된 불확실성의 상하한 구간을 신뢰하기 어렵다는 뜻이며 커버리지 값을 기준으로 해당 구간을 조정할 필요가 있음을 의미합니다.

그리고 교차 검증 데이터프레임에는 실제값 y와 모델의 예측값 $\hat{y}$이 모두 포함되어 있으므로, 이 둘을 비교할 수 있는 다른 지표가 있다면 직접 계산해서 사용할 수 있습니다.

13.1.8 최적 지표 선정

어떤 성능 지표를 사용해 모델을 최적화할지 결정하는 것은 사소한 선택이 아닙니다. 이 선택은 데이터의 특성에 따라 최종 모델에 중대한 영향을 미칠 수 있기 때문입니다. 수학적으로 따져보면 MSE를 기준으로 모델을 최적화하면 예측값은 데이터의 평균값에 가까워지고, MAE를 기준으로 최적화하면 예측값은 중앙값에 가까워집니다. 그리고 MAPE를 기준으로 최적화하면 데이터가 낮은 값을 보이는 곳에서 발생한 오차에 높은 가중치를 부여하게 되므로, 비정상적으로 낮은 예측값을 생성하는 경향이 있습니다.

그렇다면 MSE(또는 RMSE)와 MAE 중 어느 쪽이 더 나을까요? RMSE는 평균 데이터 포인트에 정확하게 부합하는 예측을 지향하고, MAE는 실제값을 과대 예측하는 빈도와 과소 예측하는 빈도를 비슷하게 만드는 것을 목표로 합니다. 이러한 차이는 데이터의 평균과 중앙값이 다를 때, 즉 분포가 왼쪽 혹은 오른쪽으로 크게 치우쳐서 왜도(의 절대값)가 큰 경우인 두드러지게 나타납니다. 이러한 분포에서는 중앙값이 평균보다 꼬리에서 더 멀어지게 되므로, MAE 또한 데이터의 대다수로부터 멀어지는 편향을 보이고 꼬리에서 멀어지게 됩니다. 이러한 편향된 모델은 MAE의 가장 큰 단점입니다.

MSE의 단점은 이상값에 민감하다는 점입니다. 예를 들어, 대부분 평탄하지만 몇 개의 극단적인 이상값을 포함한 시계열 데이터를 상상해 보십시오. MSE는 이러한 이상값에서 발생한 예측 오차에 크게 영향을 받으므로 MAE보다 예측 결과가 더 자주 빗나갈 가능성을 내포하고 있습니다. 참고로 일반적으로 중앙값은 평균보다 이상값을 더 안정적으로 처리하는 특성이 있습니다.

그렇다면 이상값을 안정적으로 처리하는 것을 반드시 좋은 특성으로 간주해야 할까요? 꼭 그렇지만은 않습니다. 시계열 데이터 대부분의 시점에서 y 값이 0이고 드문드문 데이터가 발생하는 경우에는 중앙값보다는 평균값을 타깃으로 삼는 것이 낫습니다. 왜냐하면 이런 경우 중앙값이 0이 되어 버리기 때문입니다. 이 경우에는 MSE가 이상값에 민감하다는 특성 때문에 오히려 더 유용할 수 있습니다.

불행히도 어떤 지표가 최선인지에 대한 명확한 정답은 없습니다. 분석가는 편향, 왜도, 이상값을 고려하여 어떤 지표가 가장 잘 작동할지를 판단해야 합니다. 그래서 여러 지표를 시도해 보고 어떤 예측 결과가 가장 타당해 보이는지 확인하는 것도 좋은 방법입니다.

13-2 Prophet 성능 지표 데이터프레임 생성

이제 Prophet에서 사용할 수 있는 다양한 성능 지표 옵션을 배웠으니 직접 코드를 작성하며 사용법을 살펴보겠습니다. 12장에서 사용했던 온라인 소매 매출 데이터를 여기서도 사용하겠습니다. 기존에 사용하던 `import` 문에 더해 Prophet의 `diagnostics` 패키지에서 `performance_metrics` 함수를, 그리고 `plot` 패키지에서 `plot_cross_validation_metric` 함수를 추가로 불러오겠습니다.

```
import pandas as pd
import matplotlib.pyplot as plt
from prophet import Prophet
from prophet.plot import add_changepoints_to_plot
from prophet.diagnostics import cross_validation
from prophet.diagnostics import performance_metrics
from prophet.plot import plot_cross_validation_metric
```

다음으로는 데이터를 불러오고 예측을 생성한 후 그 결과를 시각화합니다.

```
df = pd.read_csv(
    '/content/drive/MyDrive/Book7/data/online_retail.csv'
)
df.columns = ['ds', 'y']

model = Prophet(yearly_seasonality=4)
model.fit(df)
forecast = model.predict()
fig = model.plot(forecast)
add_changepoints_to_plot(fig.gca(), model, forecast)
plt.show()
```

우리는 향후 예측에는 관심이 없기 때문에 future 데이터프레임을 생성할 필요가 없습니다. 우리가 가지고 있는 3년간의 데이터에만 집중할 것입니다.

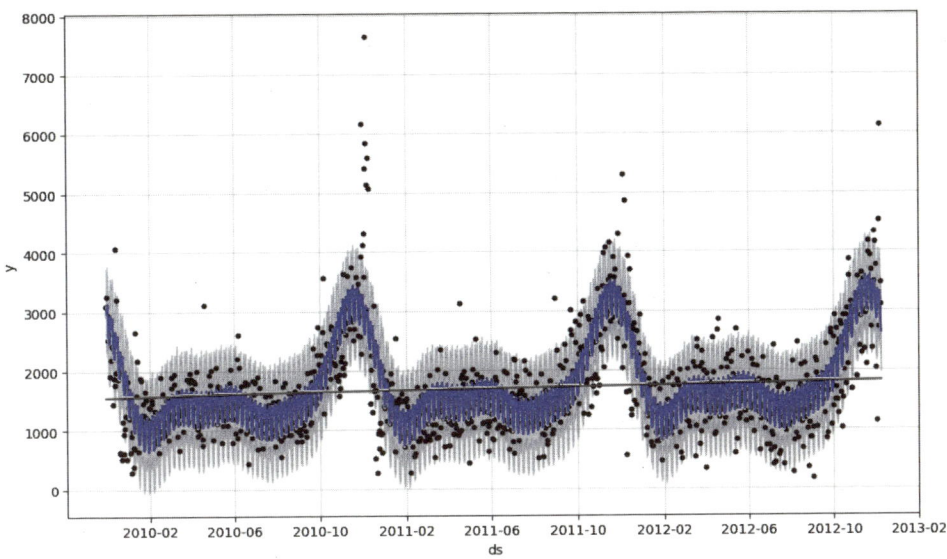

그림 13.1 온라인 소매 매출 예측

performance_metrics 함수는 교차 검증 데이터프레임을 입력받기 때문에 12장에서 배운 것과 동일한 방식으로 해당 데이터프레임을 생성하겠습니다. horizon은 90일로 설정하여 교차 검증의 각 폴드가 90일이 되도록 하고, period는 30일로 설정하여 30일마다 새로운 폴드를 시작합니다. 또한, initial을 730일로 설정하여 최초 2년치 학습 데이터를 그대로 사용합니다.

```
df_cv = cross_validation(model,
                        horizon='90 days',
                        period='30 days',
                        initial='730 days',
                        parallel='processes')
```

다음으로 df_cv를 performance_metrics 함수에 전달합니다. 기본적으로 이 함수는 사용 가능한 다섯 가지 지표 각각을 모두 계산합니다. 이러한 지표 중 일부만 계산하려면 지표 이름의 리스트를 metrics 인자로 전달하면 됩니다. 여기서는 다섯 가지 지표를 모두 포함한 결과 데이터프레임의 처음 몇 행을 출력해 보겠습니다.

```
df_p = performance_metrics(df_cv)
df_p.head()
```

출력되는 데이터프레임은 horizon의 일수를 기준으로 인덱싱되며, 각 행은 모델이 해당 horizon 일수만큼 미래를 예측했을 때의 각 지표 값을 나타냅니다. 아래는 출력 데이터프레임의 첫 다섯 행만 보여 주는 예시입니다. 여기서는 최적화 알고리즘의 무작위성 때문에 책의 결과와 위 코드 실행 결과가 약간 달라질 수 있습니다.

	horizon	mse	rmse	mae	mape	mdape	smape	coverage
0	9 days	221665.139519	470.813275	379.417946	0.300611	0.232032	0.258407	0.855556
1	10 days	218207.460762	467.126814	375.159566	0.297620	0.222065	0.255952	0.866667
2	11 days	202994.658629	450.549285	368.446889	0.287860	0.201320	0.251089	0.888889
3	12 days	179272.200365	423.405480	350.791189	0.273825	0.207287	0.240962	0.922222
4	13 days	173224.229917	416.202150	344.674310	0.261011	0.189869	0.234347	0.933333

그림 13.2 성능 지표 데이터프레임

horizon 열의 첫 번째 행이 왜 9일(9 days)인지 궁금할 수 있습니다. 데이터프레임의 각 지표 값은 해당 날짜까지의 이동 평균입니다. performance_metrics 함수는 rolling_window라는 인자를 사용해 윈도우 크기를 설정할 수 있으며 그 기본값은 0.1입니다. 이 숫자는 horizon에서 윈도우로 포함할 비율을 의미합니다. 90일짜리 horizon의 10%가 9일이므로 이 값이 데이터프레임의 첫 번째 행에 담깁니다.

이 데이터프레임은 그 자체로 사용할 수도 있고 Prophet의 plot_cross_validation_metric 함수를 통해 시각화할 수도 있습니다. 이 함수는 실제로 performance_metrics 함수를 자체적으로 호출하기 때문에 df_p를 먼저 만들 필요 없이 df_cv만 있으면 됩니다. 여기서는 metric 인자에 mae를 전달하여 MAE를 시각화해 보겠습니다.

```
df_p = performance_metrics(df_cv, metric='mae')
df_p.head()
```

결과 플롯은 horizon을 따라 각 MAE 측정값과 그 측정값들의 이동 평균을 보여 줍니다.

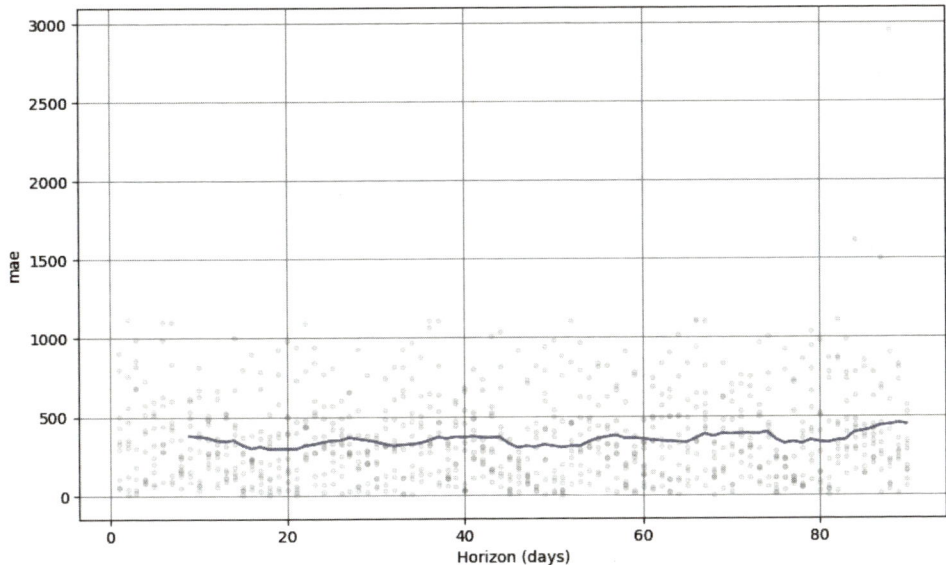

그림 13.3 교차 검증 플롯

우리의 교차 검증 설정은 horizon='90 days', period='30 days', initial='730 days' 였습니다. 이는 초기 학습 기간 이후 남은 1년치 데이터를 기준으로 총 10회의 90일 예측을 수행한 것입니다. 따라서 horizon의 각 날짜마다 선행 플롯에는 10개의 MAE 측정값이 표시됩니다. 해당 플롯의 점들을 모두 세어보면 총 900개가 됩니다. 실선은 이동 평균값이며, performance_metrics 데이터프레임과 동일한 기본값인 0.1의 윈도우 크기를 사용합니다.

이러한 설정은 plot_cross_validation_metric 함수에서 동일한 rolling_window 인자를 사용하여 지정할 수 있습니다. 이 윈도우 크기가 플롯에 어떤 영향을 주는지 확인하기 위해 1% 윈도우 크기와 10% 윈도우 크기를 가진 두 개의 RMSE 플롯을 비교해 보겠습니다.

```
fig = plt.figure(figsize=(10, 6))
ax = fig.add_subplot(111)
plot_cross_validation_metric(df_cv,
                             metric='rmse',
                             rolling_window=.01,
                             ax=ax)
```

```
plot_cross_validation_metric(df_cv,
                             metric='rmse',
                             rolling_window=.1,
                             ax=ax)
plt.show()
```

두 선을 동일한 차트에 그리기 위해 ax 인자를 사용합니다.

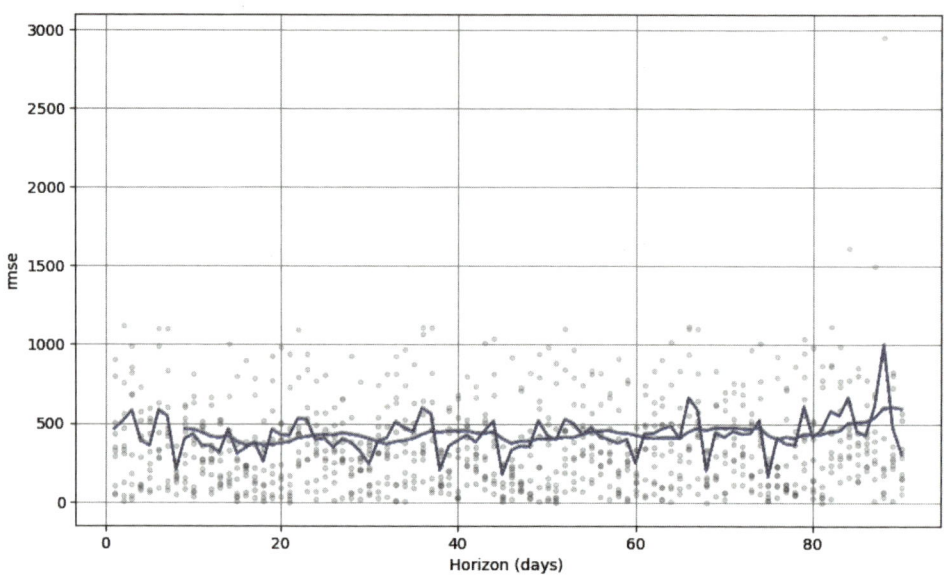

그림 13.4 서로 다른 윈도우 크기로 비교

위 [그림 13.4]에서 더 부드러운 선은 윈도우 크기가 더 넓은, 즉 기본 윈도우 크기를 사용한 경우입니다. 윈도우는 중앙이 아니라 오른쪽 끝에 맞춰지기 때문에, horizon의 10%를 사용할 경우 처음 8일은 이동 평균선이 나타나지 않습니다. 윈도우 크기를 1%로 설정하면 모든 데이터가 포함되지만 노이즈가 많아지는 단점이 있습니다.

이제 교차 검증 플롯 사용법을 익혔으니, Prophet이 각 교차 검증 폴드를 시작할 컷오프(cut-off) 날짜를 자동으로 선택할 때 발생하는 문제를 이 플롯을 통해 살펴보겠습니다.

13-3 불규칙한 컷오프 처리

이 예제에서는 새로운 데이터셋을 사용하겠습니다. 세계식량계획(World Food Programme, 이하 WFP)은 유엔 산하의 기관으로 기아와 식량 안보 문제를 담당하고 있습니다. WFP가 개발도상국에서 식량 안보에 영향을 미치는 주요 요인 중 하나로 추적하는 데이터는 강수량입니다. 이는 강수량이 농업 생산에 영향을 줄 수 있기 때문입니다. 따라서 강수량을 예측하는 것은 구호 물자 계획에 매우 중요한 업무입니다.

우리가 사용할 데이터는 WFP가 관측하는 한 지역에서 30년에 걸쳐 기록된 강수량을 나타냅니다. 이 데이터셋이 독특한 점은 WFP가 한 달에 세 번, 즉 매월 1일, 11일, 21일에 누적 강수량을 기록했다는 것입니다. 1일부터 11일까지는 10일간의 누적 강수량이고, 11일부터 21일까지도 마찬가지입니다. 그러나 21일부터 다음 달 1일까지의 기간은 달에 따라 달라집니다. 이 마지막 기간은 평년 2월은 8일, 윤년 2월은 9일이며, 30일과 31일로 이루어진 달은 각각 10일과 11일의 누적 기간을 갖습니다.

지금까지 배운 대로 교차 검증을 수행하고 이것이 어떤 영향을 미치는지 살펴보겠습니다. 먼저, 이 데이터로 Prophet 모델을 학습시켜야 합니다. 이전 예제를 수행해 왔다면 필요한 항목들은 이미 모두 불러왔을 것입니다.

```
df = pd.read_csv('/content/drive/MyDrive/Book7/data/rainfall.csv')
df.columns = ['ds', 'y']

model = Prophet(yearly_seasonality=4)
model.fit(df)
future = model.make_future_dataframe(periods=365 * 5)
future = future[future['ds'].dt.day.isin([1, 11, 21])]
forecast = model.predict(future)
fig = model.plot(forecast)
a = add_changepoints_to_plot(fig.gca(), model, forecast)
plt.show()
```

기억하겠지만 교차 검증은 미래의 알려지지 않은 기간과는 관련이 없습니다. 따라서 원칙적으로는 future 데이터프레임을 생성하고 그것에 대해 예측할 필요가 없습니다. 다만 이 예제에서 그렇게 한 이유는 4장 '일별 기준이 아닌 데이터 처리'에서 배웠던 첫 번째 잠재적 함정을 다시 상기시키기 위함입니다. 당시 규칙적인 누락 구간을 가진 데이터를 사용할 때 future 데이터프레임을 조정해 예측이 제약 없이 이루어지는 것을 막아야 했습니다. 여기서도 마찬가지로 미래 날짜를 매월 1일, 11일, 21일로만 제한하였습니다. 이러한 예측 결과는 다음과 같습니다.

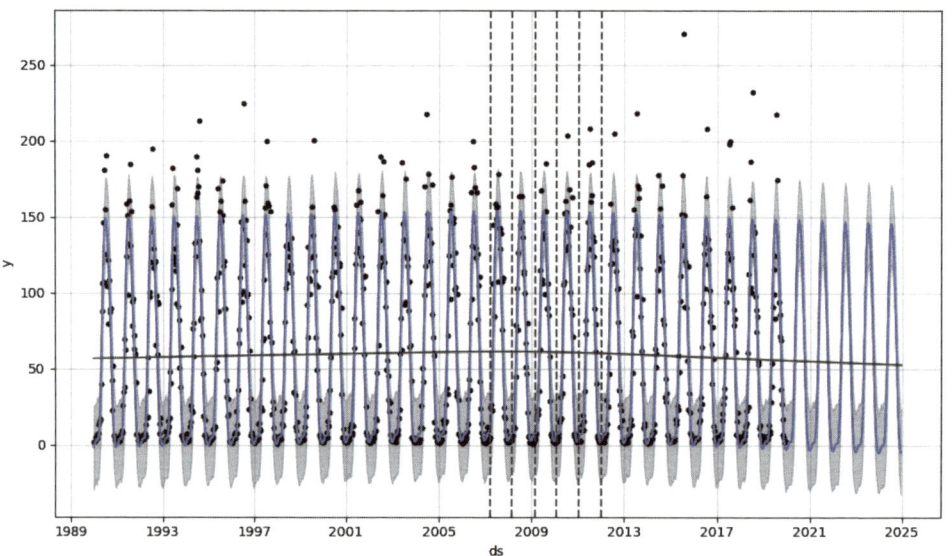

그림 13.5 강수량 예측

위 [그림 13.5]에서 추세는 전반적으로 평탄하지만 2010년까지 약간 상승한 뒤 하향세로 전환됩니다. 예상했듯이 이 모델은 연간 계절성의 영향을 크게 받아서 남반구의 여름인 12월에는 강수량이 거의 없고 6월에 최고치를 기록합니다.

이제 교차 검증 플롯을 생성해 보겠습니다. 90일(horizon)을 예측하고 30일(period)마다 새로운 폴드를 생성합니다. 초기 학습 기간은 1826일, 즉 5년입니다. 마지막으로는 RMSE를 시각화해 보겠습니다.

```
# 런타임 2분
df_cv = cross_validation(model,
                         horizon='90 days',
```

```
                        period='30 days',
                        initial='1826 days',
                        parallel='processes')
df_p = performance_metrics(df_cv)
fig = plot_cross_validation_metric(df_cv, metric='rmse')
plt.show()
```

Prophet은 horizon, period, initial을 사용해서 균등한 간격으로 분할된 컷오프(cut-off) 지점들을 계산합니다. 이 중 horizon은 각 폴드의 예측 구간 길이를 설정할 때 다시 사용되지만, period와 initial은 컷오프를 설정한 이후에는 더 이상 사용되지 않습니다.

Prophet이 자동으로 컷오프를 설정하도록 하면, 데이터 반영이 부족해서 컷오프가 잘못된 위치로 배정되는 문제가 생길 수 있습니다. 우리는 한 달에 단 3일치 데이터만 보유하고 있으며, 그 3일도 일관된 간격으로 분포되어 있지 않습니다. 이로 인해 교차 검증의 각 폴드는 사실상 데이터 내의 임의의 위치에서 시작하게 되고, 그 결과 horizon의 모든 날짜에 데이터가 존재하는 것처럼 보이는 플롯이 생성됩니다.

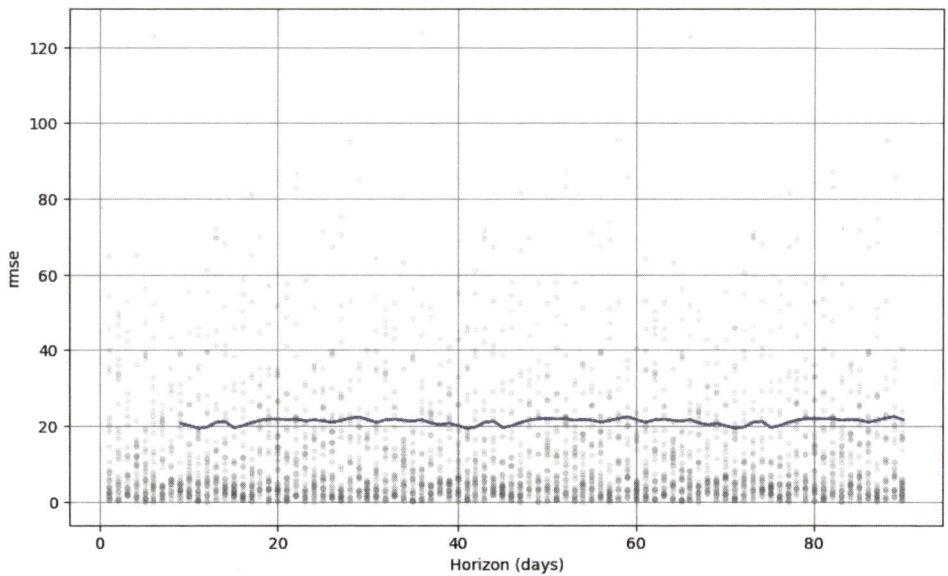

그림 13.6 자동 컷오프를 사용한 교차 검증

cross_validation 함수는 사용자가 지정한 컷오프 날짜 리스트를 받는 cutoffs 인자를 사용할 수 있습니다. 이는 initial과 period가 더 이상 필요하지 않음을 의미합니다. 이 코드 블록은 리스트 컴프리헨션을 사용하여 각 연도, 각 월, 그리고 매월 1일, 11일, 21일을 반복하며 판다스 라이브러리의 Timestamp 리스트를 생성합니다.

```
cutoffs = [pd.Timestamp('{}-{}-{}'.format(year, month, day))
            for year in range(2005, 2019)
            for month in range(1, 13)
            for day in [1, 11, 21]]
```

이제 우리가 교차 검증 결과를 다시 시각화할 때 이 컷오프 날짜 리스트를 전달하면 매우 다른 결과를 볼 수 있습니다.

```
# 런타임 2분
df_cv = cross_validation(model,
                         horizon='90 days',
                         parallel='processes',
                         cutoffs=cutoffs)
df_p = performance_metrics(df_cv)
fig = plot_cross_validation_metric(df_cv, metric='rmse')
plt.show()
```

이제 각 폴드는 우리가 데이터를 가지고 있는 날에서 시작됩니다. 데이터가 존재하는 다음 날은 8, 9, 10 또는 11일 후일 것입니다. 따라서 생성된 플롯은 horizon 내에서 예측이 수행된 네 개의 개별적인 날을 보여 줍니다.

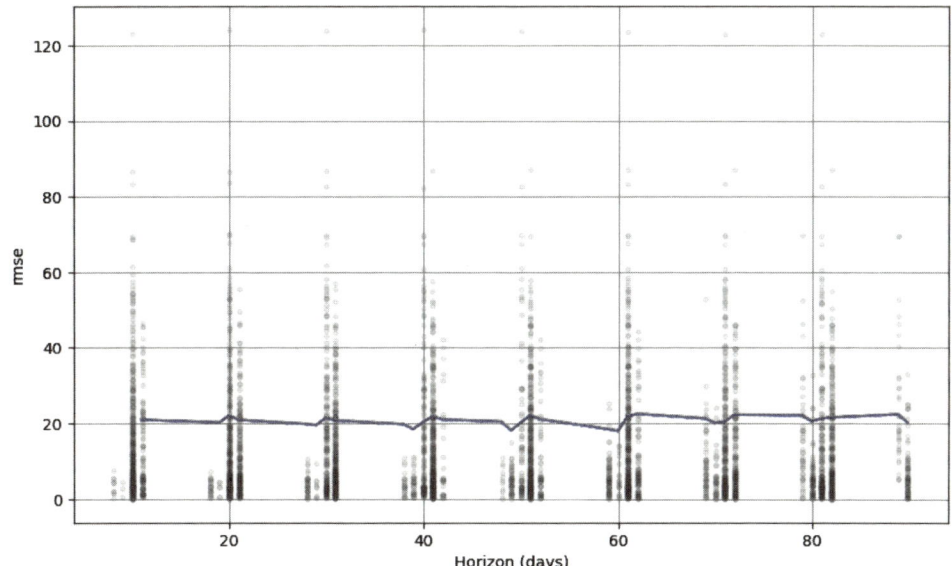

그림 13.7 커스텀 컷오프를 사용한 교차 검증

[그림 13.6]과 [그림 13.7] 모두 평균 RMSE가 20을 약간 넘는 수준으로 결과는 매우 유사합니다. 차이점은 단지 해석의 용이성과 일관성에 있습니다. 데이터가 월별로 기록되거나 혹은 월 단위의 배수로 기록되는 경우에는 이러한 상황을 자주 겪을 수 있는데, 이는 월마다 기간이 일정하지 않기 때문입니다.

13-4 그리드 서치로 하이퍼파라미터 튜닝

이 장의 마지막 부분에서는 그리드 서치(grid search)를 살펴보고 계속해서 강수량 데이터를 활용한 예제를 진행하겠습니다. 그리드 서치란 모든 타당한 하이퍼파라미터 조합을 모델에 입력하여 성능 지표를 확인한 후, 최종 모델 학습에 사용할 최적의 하이퍼파라미터 조합을 선택하는 방법입니다. Prophet을 사용하면 다음과 같은 하이퍼파라미터 및 값을 선택할 수 있습니다.

changepoint_prior_scale	seasonality_prior_scale	holiday_prior_scale	seasonality_mode
0.5	10	10	'additive'
0.1	1	1	'multiplicative'
0.01	0.1	0.1	
0.001	0.01	0.01	

그림 13.8 Prophet 그리드 서치 파라미터

<역자의 팁> **파라미터 vs 하이퍼파라미터**

파라미터는 모델이 학습 과정에서 데이터로부터 직접 학습하고 조정하는 변수입니다. 예로는 신경망에서의 가중치(Weights)와 편향(Bias), 선형 회귀 모델에서 기울기와 절편 등을 들 수 있습니다.

반면 하이퍼파라미터는 모델의 구조를 결정하고 학습 과정을 제어하는 변수로, 모델 학습 전에 설정하며 학습 과정 중에서는 조정할 수 없습니다. 예로는 딥러닝에서 학습률(Learning rate), 배치 크기(Batch size), 학습 에포크(Epochs) 등을 들 수 있습니다.

이러한 파라미터들을 사용하여 그리드 서치는 각 고유한 조합을 반복 작업을 수행하고 교차 검증을 통해 성능 지표를 계산하여 저장합니다. 그리고 최상의 성능을 보인 파라미터 값 조합을 출력합니다.

Prophet에는 파이썬의 사이킷런(scikit-learn 혹은 sklearn) 라이브러리에 내장된 그리드 서치 메서드가 없습니다. 하지만 파이썬에서 이를 쉽게 직접 구현할 수 있습니다. 그 첫 번째 단계는 파라미터 그리드를 정의하는 것입니다. [그림 13.8]의 그리드를 사용할 예정이며 모델에 공휴일을 포함하지는 않겠습니다. 왜냐하면 날씨 자체가 달력을 참고하지 않아서 휴일을 고려해서 강수량을 조정할 리가 없기 때문입니다. 따라서 공휴일 요소는 모델에서 제외합니다.

```
param_grid = {'changepoint_prior_scale': [0.5, 0.1, 0.01, 0.001],
              'seasonality_prior_scale': [10.0, 1.0, 0.1, 0.01],
              'seasonality_mode': ['additive', 'multiplicative']}
```

이제 파이썬의 itertools 패키지를 사용하여 그리드의 모든 조합을 반복 실행하고 각 고유한 조합 리스트를 생성해 보겠습니다. 먼저 itertools와 넘파이(numpy)를 같이 불러오겠습니다. 계산 작업 수행 시 넘파이 라이브러리가 필요하기 때문입니다. 또한 성능 지표로 RMSE를 선택했다고 가정하고 그 값을 저장할 빈 리스트도 하나 만들어 두겠습니다.

```
import numpy as np
import itertools

all_params = [dict(zip(param_grid.keys(), value))
              for value in itertools.product(*param_grid.values())]
rmse_values= []
```

Prophet에게 컷오프 기간(period)을 자동으로 설정하게 할 수도 있지만, 이 강수량 데이터에서는 우리가 컷오프(cutoffs)를 직접 설정해 보겠습니다.

```
cutoffs = [pd.Timestamp('{}-{}-{}'.format(year, month, day))
           for year in range(2010, 2019)
           for month in range(1, 13)
           for day in [1, 11, 21]]
```

그리드 서치를 실행하는 마지막 단계는 결과를 평가하기 전에 all_params 리스트에 저장된 각 조합을 반복하면서 모델, 교차 검증 데이터프레임, 성능 지표 데이터프레임을 생성하는 것입니다.

예를 들어 곡선을 부드럽게 유지하기 위해 yearly_seasonality=4를 사용하는 경우를 생각해 보겠습니다. 해당 설정에서 파라미터 조합을 반복하여 모델 생성을 완료합니다. performance_metrics 함수에서는 rolling_window=1을 사용합니다. 이는 해당 폴드의 모든 데이터를 대상으로 평균을 계산해서 지표를 계산한다는 의미이므로 일련의 값 대신에 단 하나의 값만 얻게 됩니다.

```
# 주의! 런타임 1시간 30분
for params in all_params:
    model = Prophet(yearly_seasonality=4, **params).fit(df)
```

```
df_cv = cross_validation(model,
                        cutoffs=cutoffs,
                        horizon='30 days',
                        parallel='processes')
df_p = performance_metrics(df_cv, rolling_window=1)
rmse_values.append(df_p['rmse'].values[0])
```

위 코드 블록은 실행에 매우 오랜 시간이 걸립니다. all_params 리스트가 32개의 조합을 원소로 가지므로 총 32개의 모델을 학습하고 교차 검증하게 됩니다. 이처럼 그리드 서치는 사용자가 입력한 모든 조합을 철저히 점검합니다. 구글 코랩에서는 1시간 반이 소요됐지만 전형적인 랩톱 컴퓨터에서는 코드 실행에 약 8~12시간이 소요될 수도 있습니다. 예제를 빠르게 진행하고 싶다면 param_grid 딕셔너리의 파라미터 수를 줄이는 것을 고려해 볼 수 있습니다. 예를 들어 param_grid = {'changepoint_prior_scale': [0.1, 0.01], 'seasonality_prior_scale': [1.0, 0.1]}와 같이 설정하면 총 네 개의 모델만 학습하고 교차 검증을 수행합니다. param_grid를 변경한 후에는 반드시 all_params 딕셔너리를 다시 생성해야 합니다.

이제 결과를 살펴보기 위해 파라미터 조합과 그에 대응하는 RMSE 값을 포함하는 데이터프레임을 생성한 후 그 일부를 출력해 보겠습니다.

```
results = pd.DataFrame(all_params)
results['rmse'] = rmse_values
results.head()
```

전체 데이터프레임에는 각 파라미터 조합마다 하나씩 생성된 총 32개의 행이 있으며 여기서는 처음 다섯 행만 살펴보겠습니다.

	changepoint_prior_scale	seasonality_prior_scale	seasonality_mode	rmse
0	0.5	10.0	additive	22.620084
1	0.5	10.0	multiplicative	23.048049
2	0.5	1.0	additive	22.619561
3	0.5	1.0	multiplicative	23.054899
4	0.5	0.1	additive	22.631168

그림 13.9 그리드 서치 데이터프레임

마지막으로 넘파이(약어로 np) 라이브러리를 사용하여 RMSE 값이 가장 낮은 파라미터를 찾아 출력하겠습니다.

```
best_params = all_params[np.argmin(rmse_values)]
print(best_params)
```

best_params를 출력하면 다음과 같습니다.

```
{'changepoint_prior_scale': 0.01,
 'seasonality_prior_scale': 1.0,
 'seasonality_mode': 'additive'}
```

그리드 서치로 찾은 최적 파라미터와 지금까지 사용해 온 파라미터의 가장 큰 차이점은 변경점 규제를 훨씬 강력한 수준으로 설정하는 것이 권장된다는 점입니다. 사전 스케일(prior scale)이 낮을수록 변경점의 크기(magnitude)는 작아지고 추세 곡선이 더 평탄해집니다. 직관적으로도 이는 적절해 보입니다. 특히 장기 예측에서 큰 추세 변화를 허용할 경우 먼 미래에 대한 비현실적인 강수량 예측이 발생할 수 있기 때문입니다.

여기서 튜닝해야 할 가장 중요한 파라미터는 아마도 changepoint_prior_scale일 것입니다. 이 값이 너무 작으면 추세가 분산을 과소적합하게 됩니다. 즉 추세로 설명되어야 할 분산이 노이즈 항으로 포함되어 모델링됩니다. 반대로 이 값이 너무 크면 추세가 지나치게 유연해져 연간 계절성 일부까지 포착할 수 있습니다. 때문에 대부분의 경우, 0.5에서 0.001 사이의 값이 적절합니다.

그리고 seasonality_prior_scale 파라미터는 아마도 두 번째로 영향력이 큰 파라미터일 것입니다. 이 파라미터는 일반적으로 규제가 없는 상태인 기본값 10부터 시작해서 규제가 강화된 0.01까지를 값으로 갖습니다. 이보다 더 작아지면 계절성이 거의 무시될 수준까지 규제가 강화됩니다. 또한 각 계절성을 False로 설정하고 add_seasonality를 사용해 사전 스케일(prior scale)을 개별적으로 설정할 수도 있지만, 이 경우 그리드 서치의 계산 시간이 기하급수적으로 증가하게 됩니다.

한편 푸리에 차수를 나타내는 fourier_order를 그리드 서치에 추가하는 것도 고려해 볼 수 있습니다. 하지만 기본 설정 모델을 빠르게 구축하고 구성 요소를 점검한 후, 여러분의 직관에 맞는 푸리에 차수를 직접 선택하는 것이 더 유용한 것 같습니다. 완전 자동화된 설정 사용 시 푸리에 차수를 기본값으로 유지해도 대부분 잘 작동합니다.

holidays_prior_scale 역시 조정 가능한 파라미터이며, seasonality_prior_scale과 유사한 특성을 많이 갖고 있습니다. 단, 많은 모델에서 공휴일 데이터를 포함하지 않기 때문에 그런 경우에는 이 파라미터를 사용할 필요가 없다는 점도 염두에 두기 바랍니다.

반드시 고려해야 하는 마지막 주요 파라미터는 seasonality_mode입니다. 이 책에서는 어떤 모드를 사용할지 결정하는 데 도움이 될 몇 가지 경험 법칙을 알려드렸지만, 대부분의 실무 현장에서는 모드 선택 기준이 명백하지 않습니다. 가장 좋은 방법은 시계열 그래프를 직접 살펴보며 계절성 변동의 크기가 추세와 함께 증가하는지 아니면 일정하게 유지되는지 확인하는 것입니다. 만약 구분이 어렵다면 seasonality_mode를 그리드에 추가하는 것이 좋습니다.

일반적으로 changepoint_range는 기본값인 80%가 적절합니다. 이는 추세가 적절한 시점에서 변화하도록 허용하면서도, (오류를 수정할 수 없는 구간인) 마지막 20%의 데이터에서 과적합되지 않도록 해 주는 균형 있는 설정입니다. 분석가가 직접 주의를 기울여 작업하는 경우 기본값 범위가 적절한지 그렇지 않은지 쉽게 확인할 수 있습니다. 하지만 완전 자동화된 설정에서는 보수적으로 접근하여 기본값인 80%를 그대로 유지하는 것이 좋습니다.

나머지 파라미터들은 그리드 서치에서 제외하는 것이 좋습니다. growth는 linear, logistic, flat 중 하나의 값을 가지며 분석가인 여러분이 직접 선택해야 합니다. logistic으로 설정하는 경우 cap과 floor도 함께 설정해야 합니다. 나머지 파라미터들 (예를 들어 n_changepoints나 연간, 주간, 일간 계절성 등)은 이미 그리드 서치에 포함된 changepoint_prior_scale이나 seasonality_prior_scale로 더 잘 조정할 수 있습니다.

마지막 파라미터인 mcmc_samples, interval_width, uncertainty_samples는 yhat에 아무런 영향을 주지 않으므로 성능 지표에도 영향을 미치지 않습니다. 이들은 오직 불확실성 구간을 조절하는 데만 사용됩니다.

그리드 서치를 수행할 때는 상식적인 판단이 중요합니다. 이 과정은 매우 오래 걸리기 때문에 모든 파라미터와 가능한 값을 하이퍼파라미터 그리드에 넣는 것을 추천하지 않습니다. 분석가가 취할 수 있는 가장 좋은 접근 방식은 직관과 감각적인 판단을 그리드 서치 설정에 반영하고 수치 연산은 컴퓨터에게 맡기는 것입니다.

이 책의 마지막 장인 다음 장에서는 Prophet 모델을 운영할 때 도움이 되는 Prophet 기법들을 소개합니다.

14장

Prophet 제품화

14-1 _ 모델 저장하기

14-2 _ 적합 모델 업데이트

14-3 _ Plotly로 인터랙티브 플롯 생성

축하합니다! 여러분은 이 책의 마지막 장에 도착했습니다. 이제 Prophet이 처리할 수 있는 모든 예측 과제를 수행할 준비가 되었습니다. 이 마지막 장은 Prophet을 운영하는 환경에서 도움이 될 몇 가지 추가 기능을 다룹니다.

이 장에서 여러분은 학습시킨 모델을 추후에 재사용하기 위해 저장하는 방법과 새로운 데이터 입력 시 모델 적합 속도를 높이는 방법을 배웁니다. 또한 여러분의 분석 결과를 더 많은 사람들에게 공유하기 위해 웹 대시보드용으로 사용 가능한 일련의 인터랙티브 플롯을 배울 것입니다.

이 장에서는 책의 깃허브에서 제공하는 chapter_14.ipynb 코랩 노트북 파일을 사용합니다.

14-1 모델 저장하기

11장에서 마르코프 체인 몬테 카를로(MCMC) 샘플링을 사용하여 볼티모어 시에서 하루 동안 발생하는 범죄 건수를 예측했습니다. 이 작업은 연산 시간이 오래 걸렸고 일별 데이터만 사용했습니다. 만약 Divvy의 시간별 데이터를 사용했다면 이는 10배 이상 더 용량이 많은 데이터셋이므로 연산 시간이 훨씬 많이 소요되었을 것입니다.

이 두 데이터셋은 여러분이 실무 환경에서 접하게 될 대부분의 데이터셋보다도 매우 작은 편에 속합니다. 만약 Prophet이 작업 저장 기능을 제공하지 않는다면, 모델을 학습한 후 그 결과를 사용하려고 하는 동안 내내 해당 모델을 컴퓨터 메모리에 상주시켜야 합니다. 이는 메모리 부족 현상을 초래합니다.

여러분은 파이썬 `pickle` 모듈을 들어 본 적이 있으신가요? 이 모듈은 예를 들어 사이킷런(`sklearn`) 라이브러리에서 학습된 모델을 저장하는 데 매우 유용합니다. 하지만 Prophet은 백엔드에서 Stan을 사용하여 모델을 구축하며 이러한 Stan 객체들은 `pickle`로는 잘 저장되지 않습니다.

다행히 Prophet은 모델을 JSON 형식으로 직렬화하고 나중에 다시 불러올 수 있는 몇 가지 함수를 제공합니다. 따라서 한 번 모델을 학습시키면 그날 작업을 마친 뒤 저장하고, 나중에 예측하고 싶을 때 언제든지 모델을 불러와 재사용할 수 있습니다.

> **<역자의 팁> 직렬화**
>
> 직렬화란 모델을 네트워크를 통해 저장하거나 전송할 수 있는 변환한 다음, 원래 모델을 다시 재구성하는 과정을 의미합니다.

모델을 저장하는 방법을 알아보기 위해 볼티모어 범죄 데이터를 다시 사용하겠습니다. csv 파일을 읽기 위해 판다스 라이브러리를 불러오고 이어서 모델을 구축하기 위해 Prophet을 불러옵니다. 그리고 파일을 저장하고 다시 열기 위해 json(코드를 언급할 경우만 소문자로 쓰겠습니다)도 불러옵니다. 모델 객체를 JSON으로 변환하고 다시 복원하는 기능은 Prophet의 `serialize` 패키지에서 불러옵니다.

```
import pandas as pd
from prophet import Prophet
import json
from prophet.serialize import model_to_json, model_from_json
```

이제는 익숙해진 데이터 불러오기와 모델 학습 과정을 실행해 보겠습니다. 또한 11장처럼 데이터에서 이상값을 제거하는 과정도 같이 진행하겠습니다.

```
df = pd.read_csv(
    '/content/drive/MyDrive/Book7/data/baltimore_crime.csv'
)
df.columns = ['ds', 'y']
df.loc[df['y'] > 250, 'y'] = None

model = Prophet()
model.fit(df)
```

이제 학습된 모델이 준비되었습니다. 이전에는 모델에 접근하려면 파이썬 커널을 계속 실행한 채로 모델을 메모리에 유지해야 했습니다. 이 상태로는 모델을 저장하고 컴퓨터를 종료한 뒤 퇴근하면 그때까지 작업한 모든 내용을 잃게 됩니다.

다음 코드에서는 with 구문을 사용하여 컨텍스트 매니저(context manager)를 생성함으로써 JSON 파일을 열 수 있게 합니다. 작업이 완료되면 파이썬이 자동으로 파일을 닫습니다. 다음 구문에서 사용된 'w'와 'r' 인자는 각각 쓰기(write)와 읽기(read)를 의미합니다. 이 코드 블록은 Prophet의 `model_to_json` 함수를 사용하여 모델 객체를 JSON 파일로 변환한 다음 이를 하드 드라이브에 저장합니다.

```
with open('baltimore_crime_model.json', 'w') as file_out:
    json.dump(model_to_json(model), file_out)
```

이제 파일이 저장되었으므로 안심하고 파이썬을 종료해도 됩니다. JSON 파일을 다시 모델 객체로 변환하려면 간단하게 `model_from_json` 함수를 사용하면 됩니다.

```
with open('baltimore_crime_model.json', 'r') as file_in:
    model = model_from_json(json.load(file_in))
```

모델을 다시 불러온 후에는 해당 모델을 재사용할 수 있습니다. 예를 들어 예측 결과를 시각화할 수 있습니다.

```
forecast = model.predict()
fig = model.plot(forecast)
```

참고로 여기서는 `future` 데이터프레임을 생성하지 않았기 때문에 [그림 14.1]에 보이는 것은 단지 적합 모델의 결과일 뿐입니다.

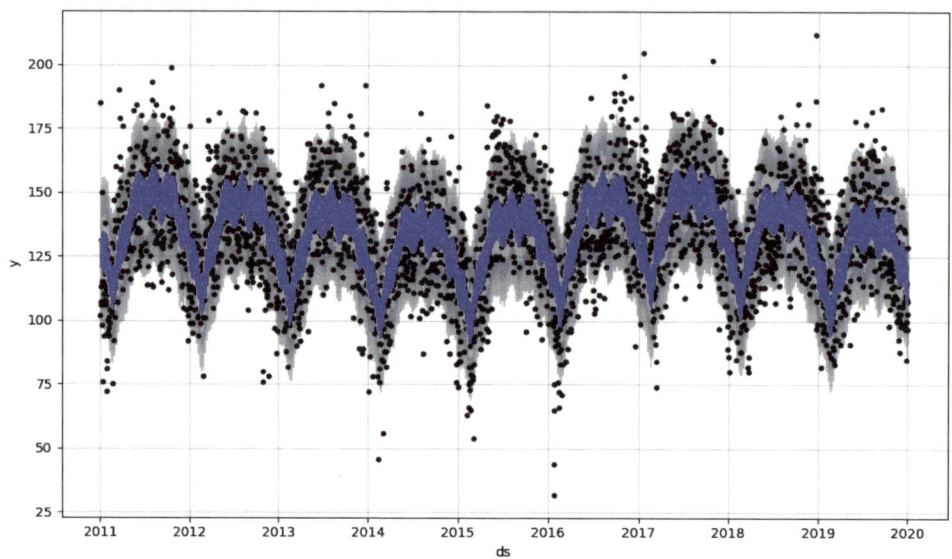

그림 14.1 볼티모어 범죄 예측

작업을 저장하고 다시 여는 기능은 꼭 필요한 기능입니다. 그러나 이 기능의 진정한 가치는 모델을 계속 유지하면서 매일 새로운 데이터로 업데이트할 때 느낄 수 있습니다. 다음 단계에서 이 작업을 수행하겠습니다.

14-2 적합 모델 업데이트

예측 모델에서 예측(forecasting) 작업은 고유한 특성을 갖습니다. 왜냐하면 예측 작업에서 데이터의 최신성이 중요하며, 시간이 지남에 따라 새로운 데이터가 지속적으로 생성되기 때문입니다. 예측 모델에서 흔히 필요한 작업은 새로운 데이터가 들어올 때마다 모델을 재학습시켜야 한다는 것입니다. 예를 들어, 볼티모어 시는 범죄 예측 모델을 사용하여 다음 날 발생할 것으로 예상되는 범죄 건수를 예측함으로써 경찰관을 미리 적절한 위치에 배치할 수 있습니다. 그리고 이튿날이 되면 기록된 실제 데이터를 입력하여 모델을 재학습시킨 후 그다음 날을 위한 예측을 수행할 수 있습니다.

Prophet은 온라인 데이터를 처리할 수 없기 때문에, 새로운 관측값을 하나씩 추가하여 모델을 빠르게 업데이트하는 것이 불가능합니다. Prophet은 오프라인 환경에서 학습되어야 하며 새로운 관측값을 기존 데이터셋에 추가한 상태에서 모델을 재학습합니다. 하지만 온전히 처음부터 재학습할 필요는 없으며 다음에 소개할 기법을 사용하면 재학습 시 많은 시간을 절약할 수 있습니다.

Prophet은 본질적으로 최적화 문제를 다룹니다. 코드 내부에는 Prophet이 초기 파라미터들을 선택하는 설정이 있습니다. Prophet은 이 초기 파라미터들이 실제 예측 곡선을 모델링하는 데 필요한 실제 파라미터와 거의 같을 것으로 예상합니다. 그런 다음 Prophet은 곡선을 생성하고 기존 데이터 포인트들과의 오차를 측정한 뒤, 오차를 줄이기 위해 파라미터를 업데이트하며 이 과정을 반복합니다.

Prophet은 최적의 파라미터 집합에 더 가깝게 도달하려고 수백에서 수천 번의 반복 작업(iteration)을 수행할 수 있습니다. 이때 어제 모델에서 이미 최적화된 파라미터를 가져와 오늘 모델의 초기값으로 사용하면 이러한 최적화 문제 풀이를 훨씬 더 빠르게 처리할 수 있습니다. 이 기법은 오늘 입력하는 데이터 포인트가 기존 모델을 크게 바꾸지 않으리라는 가정을 전제로 하며 이는 일반적으로 매우 타당한 가정입니다. 이제 이 기법이 어떻게 작동하는지 살펴보겠습니다.

먼저 볼티모어 범죄 데이터에서 최종 관측값을 제거한 데이터프레임을 생성하는 것부터 시작하겠습니다. 다음은 어제까지의 데이터인 `df_yesterday`입니다

```
df_yesterday = df[df['ds'] < df['ds'].max()]
```

이제 이 데이터로 `model1`을 학습시키겠습니다.

```
model1 = Prophet().fit(df_yesterday)
```

예를 들어 볼티모어 시는 이 모델을 사용하여 다음 날의 활동을 예측할 수 있습니다. 이제 다음 날이 도래했다고 가정해 보겠습니다. 우리는 그날의 범죄 수준을 기록하고 최종 데이터 포인트가 포함된 오늘자 데이터를 사용해서 모델을 업데이트하려고 합니다. 먼저 맨 처음부터 모델을 학습시키고 IPython의 `timeit` 함수를 사용해 이 과정이 얼마나 시간이 걸리는지 확인해 보겠습니다.

```
%timeit model2 = Prophet().fit(df)
```

이 책을 쓰는 시점에서 저자의 컴퓨터에서 이 과정은 약 865밀리초가 걸렸습니다.

```
865 ms ± 183 ms per loop (평균 ± 표준 편차, 7회 실행, 각 1회 반복)
```

이번에는 맨 처음부터 시작하는 대신 어제 모델의 파라미터 값을 Prophet에게 전달하여 모델 초기화를 수행합니다. 이렇게 출발하는 것을 웜 스타트(warm start)라고 합니다. 먼저 해당 파라미터들을 올바르게 포맷하기 위한 클래스를 정의해야 합니다.

```python
import numpy as np

class StanInit:
    def __init__(self, model):
        self.params = {
            'k': np.mean(model.params['k']),
            'm': np.mean(model.params['m']),
            'sigma_obs': np.mean(model.params['sigma_obs']),
            'delta': np.mean(model.params['delta'], axis=0),
            'beta': np.mean(model.params['beta'], axis=0)
        }
    def __call__(self):
        return self.params
```

이 클래스는 단순히 `model.params` 딕셔너리를 열어서 Stan 백엔드에서 요구하는 형식으로 관련 값들을 새로운 딕셔너리에 저장합니다. 이제 이 클래스를 사용하여 `model1`에서 파라미터를 추출하고 이를 `fit` 메서드에 전달하여 초기화를 수행하여 `model2`를 생성합니다. 그리고 이 과정에 걸리는 시간을 측정합니다.

```python
%timeit model2 = Prophet().fit(
    df,
    inits=StanInit(model1)())
```

이 명령어를 실행했을 때 학습 속도가 4배 이상 향상되는 것을 확인할 수 있습니다.

```
195 ms ± 90 ms per loop (평균 ± 표준 편차, 7회 실행, 각 1회 반복)
```

865 밀리초와 비교하여 195 밀리초는 극적인 개선입니다. 절약되는 시간은 여러 요인에 따라 달라지며, 동일한 실험을 반복하더라도 종종 달라질 수 있습니다.

그러나 이 방법에는 한 가지 주의 사항이 있습니다. 만약 변경점의 위치가 변경된다면 모델을 업데이트하는 것이 맨 처음부터 재학습하는 것보다 더 오랜 시간이 걸릴 수 있습니다. 그래서 이 방법은 이 예제처럼 기존 몇 년치 데이터에 단 하루(혹은 비슷한 짧은 기간)를 추가하는 등 기존 데이터에 비해 매우 적은 양의 새로운 데이터를 추가할 때 가장 잘 작동합니다.

방금 예제에서 수행한 MAP 추정에서는 각 반복 과정이 최적화 문제를 풀어 나갑니다. 이는 더 나은 초기화가 처리 속도를 크게 향상시킬 수 있다는 뜻입니다. 그러나 MCMC 샘플링의 경우 각 반복 과정은 마르코프 체인(Markov chain)의 모든 링크(link)를 실행해야 합니다(MAP 추정과 MCMC 샘플링의 차이를 복습하려면 11장을 참고하기 바랍니다).

이는 웜 스타트가 MAP 추정의 속도는 크게 높여 주지만, MCMC 샘플링의 속도는 높여 주지 않는다는 의미입니다. 그러나 웜 스타트는 각 마르코프 체인 반복 과정의 결과를 향상시켜 줍니다. 따라서 MCMC 샘플링에서 웜 스타트를 수행하면 결과 품질의 큰 저하 없이 `mcmc_samples` 수를 줄일 수 있습니다.

`mcmc_samples`의 이러한 감소는 새로운 모델에서 MCMC 샘플링 속도를 높일 기회를 제공합니다. 기본 아이디어는 MAP 추정을 사용하여 초기 모델을 학습한 뒤, 그 모델을 사용하여 MCMC 샘플링을 수행하는 모델을 웜 스타트 하는 것입니다. 이때 일반적으로 사용하는 `mcmc_samples` 수보다 더 적은 값을 사용합니다.

```
# 런타임 3분 30초 소요
model1 = Prophet().fit(df)
model2 = Prophet(mcmc_samples=200).fit(
    df,
    inits=StanInit(model1)())
```

앞의 코드 블록에서는 MAP 추정과 전체 데이터를 사용하여 초기 `model1`을 생성했습니다. 그런 다음 해당 `model1`의 파라미터를 사용하여 MCMC 샘플링을 사용하는 `model2`를 웜 스타트로 수행했습니다. 이때 `mcmc_samples=200`으로 설정하였으며, 이는 11장에서 사용한 300보다 적은 값입니다. 그 결과 이전과 거의 동일한 성능을 유지하면서도 학습 시간은 약 3분의 2로 줄어든 MCMC 샘플링 모델을 얻을 수 있습니다.

요약하자면, MAP 추정(`mcmc_samples=0`)과 함께 웜 스타트를 사용하는 경우 모델 학습 속도를 높일 수 있습니다. 다만 `mcmc_samples`가 0보다 큰 경우에는 웜 스타트가 모델 속도를 높여 주지 않습니다. 하지만 이런 경우에도 MAP 추정으로 모델을 빠르게 학습한 다음, `mcmc_samples`를 줄인 값으로 입력해서 웜 스타트를 실행하면 결과 품질 저하 없이 학습 시간을 절약할 수 있습니다. 다음으로는 Prophet을 사용하여 인터랙티브 플롯을 만드는 방법을 배워보겠습니다.

14-3 Plotly로 인터랙티브 플롯 생성

이 책의 마지막 절에서는 Plotly 라이브러리를 사용하여 인터랙티브 플롯을 생성하겠습니다. Plotly는 지금까지 이 책에서 사용해온 맷플롯립 패키지와는 완전히 다른 시각화 패키지입니다. Plotly로 만든 플롯은 마우스를 관심 대상에 가져가면(호버링, hovering) 툴팁(tooltip)이 나타나고, 플롯을 확대하거나 축소할 수 있으며 다양한 형태의 상호작용이 가능한 풍부한 대화형 기능을 제공합니다.

Tableau나 Power BI에 익숙한 분이라면 Plotly가 이들과 유사한 수준의 상호작용성을 파이썬 환경에서 제공한다는 것을 알 수 있을 것입니다. 또한 Plotly 팀은 웹 기반 대시보드를 만들 수 있는 Dash 라이브러리도 개발했습니다. 해당 대시보드를 만드는 튜토리얼은 이 책의 범위를 벗어납니다. 그럼에도 불구하고 Prophet 예측 결과를 더 넓은 사람들과 공유하고 싶은 분은 이 유용한 도구에 대해 알아보기를 추천합니다.

Prophet은 Plotly를 필수 항목으로 자동 설치하지 않기 때문에 사용자의 컴퓨터에 Plotly를 별도로 설치해야 합니다. 설치 과정은 간단하며 `conda` 또는 `pip`을 통해 수행할 수 있습니다. 아래는 `conda`를 사용한 설치 명령어입니다.

```
conda install -c plotly plotly=5.11.0
```

만약 Anaconda 또는 Miniconda를 설치하지 않았다면 다음과 같이 **pip**를 사용해야 합니다.

```
pip install plotly==5.11.0
```

그리고 주피터 노트북이나 주피터랩에서 주로 작업한다면, 몇 가지 지원 패키지를 추가로 설치하는 것이 좋습니다. 이는 아래와 같이 conda를 통해 설치할 수 있습니다.

```
# Jupyter Notebook support
conda install "notebook>=5.3" "ipywidgets>=7.5"

# JupyterLab support
conda install "jupyterlab>=3" "ipywidgets>=7.6"

# JupyterLab renderer support
jupyter labextension install jupyterlab-plotly@5.11.0

# OPTIONAL: Jupyter widgets extension
jupyter labextension install @jupyter-widgets/jupyterlab-manager plotlywidget@5.11.0
```

conda가 설치되어 있지 않다면, 대신 **pip**을 사용해도 됩니다.

```
# Jupyter Notebook support
pip install "notebook>=5.3" "ipywidgets>=7.5"

# JupyterLab support
pip install "jupyterlab>=3" "ipywidgets>=7.6"

# JupyterLab renderer support
jupyter labextension install jupyterlab-plotly@5.11.0

# OPTIONAL: Jupyter widgets extension
jupyter labextension install @jupyter-widgets/jupyterlab-manager plotlywidget@5.11.0
```

이 명령어 실행 중 문제가 발생하면 Plotly 공식 문서(https://plotly.com/python/getting-started/)를 참조하기 바랍니다.

여러분은 이미 이 책의 여러 예제를 통해 Prophet의 `plot` 패키지에 있는 다양한 시각화 함수들을 학습했습니다. 여기서 아직 다루지 않은 함수가 네 가지 있습니다. 이들은 이미 학습한 맷플롯립 라이브러리의 함수들과 동일한 키워드를 많이 사용하면서도 Plotly 차트를 출력합니다.

> **<중요 팁>**
>
> 이 책에서는 Plotly 그래프의 정적 이미지만 제공되지만, 예제 코드를 코랩(혹은 주피터 노트북)에서 실행하면 보다 풍부하고 인터랙티브한 환경에서 이미지를 조절할 수 있습니다.

이러한 도구를 시연하기 위해 Divvy 데이터를 다시 사용하고 기온을 추가적인 설명 변수(regressor, '설명 변수'를 줄여서 '변수'로 지칭하겠습니다)로 사용하겠습니다. 이 절에서는 맷플롯립 라이브러리를 전혀 사용하지 않으므로 같은 라이브러리를 별도로 불러올 필요가 없습니다. 앞 절에서 이미 판다스와 Prophet을 불러온 상태지만, 여기에서는 몇 가지를 추가로 더 불러와야 합니다.

9장에서 우리는 날씨 조건을 추가 변수로 사용하면서 2주 뒤를 예측하기 위해 인위적으로 학습 데이터를 2주만큼 줄였습니다. 여기서도 동일한 작업을 진행합니다. 이를 위해 파이썬 클래스인 `timedelta`를 불러와야 합니다. 그리고 가장 중요한 것은 Plotly 패키지 안의 `plotly.offline` 모듈을 불러오고 노트북 모드를 초기화하는 것입니다.

```
from datetime import timedelta
import plotly.offline as py
py.init_notebook_mode()
```

이제 데이터를 불러와서 데이터프레임에 저장하겠습니다. 이번 예제에서는 `temperature`(기온)라는 변수 하나만 추가하여 사용할 것입니다.

```
df = pd.read_csv('/content/drive/MyDrive/Book7/data/divvy_daily.csv')
df = df[['date', 'rides', 'temperature']]
df['date'] = pd.to_datetime(df['date'])
df.columns = ['ds', 'y', 'temp']
```

이제 이전과 마찬가지로 모델을 구축합니다. temperature 변수를 생성한 후 마지막 2주를 제외한 데이터로 모델을 적합시킵니다. 이후 future 데이터프레임에서 학습에 사용되지 않은 temperature 데이터 2주치를 활용하여 2주치 미래 예측을 수행합니다.

```
model = Prophet(seasonality_mode='multiplicative',
                yearly_seasonality=6)
model.add_regressor('temp')

model.fit(df[df['ds'] < df['ds'].max() - timedelta(weeks=2)])

future = model.make_future_dataframe(periods=14)
future['temp'] = df['temp']
forecast = model.predict(future)
```

지금까지의 내용은 Plotly를 불러와 초기화하는 부분을 제외하면 복습의 성격이 강합니다. 이제 plot 패키지에서 다음과 같은 네 가지 함수를 불러 보겠습니다.

```
from prophet.plot import (
    plot_plotly,
    plot_components_plotly,
    plot_forecast_component_plotly,
    plot_seasonality_plotly
)
```

이 함수들을 하나씩 차례로 살펴보겠습니다.

14.3.1 Plotly 예측 플롯

먼저 소개할 함수는 plot_plotly입니다. 이 함수를 사용하려면 모델과 예측 결과(forecast 데이터프레임)를 인자로 전달하면 됩니다. 플롯에 추세선을 포함하기 위해 trend=True 인자도 함께 사용합니다. 또한 changepoints=True 인자를 추가할 수도 있으며, 이는 add_changepoints_to_plot이라는 맷플롯립 함수와 완전히 동일한 기능을 수행합니다. py.iplot(fig) 구문은 맷플롯립의 plt.show() 구문과 비슷한 역할을 합니다.

```
import plotly
import plotly.io as pio
pio.renderers.default = 'colab'

fig = plot_plotly(model, forecast, trend=True)
py.iplot(fig)
```

아래 화면에서 특정 시점에 마우스를 가리키면 추가 정보가 나타납니다.

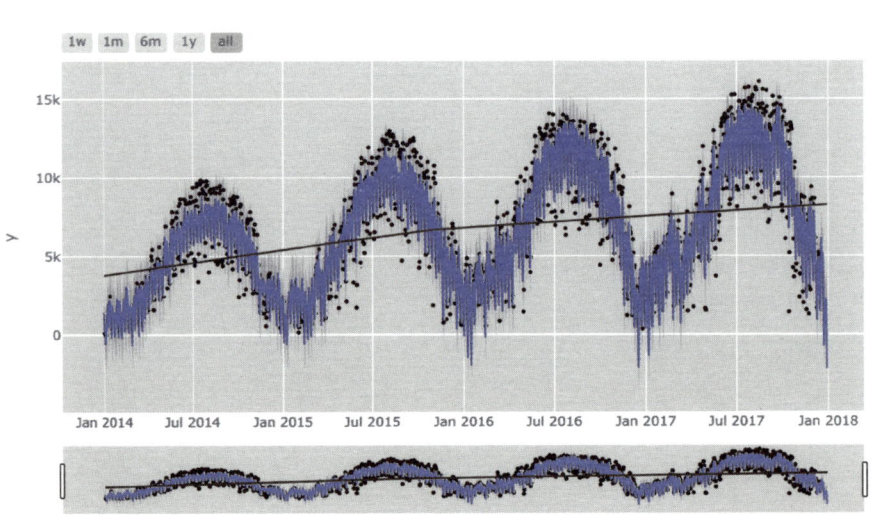

그림 14.2 Plotly 플롯

14.3.2 Plotly 구성 요소 플롯

다음으로 Plotly 구성 요소 플롯을 살펴보겠습니다. 이 그래프는 맷플롯립 버전과 거의 동일하지만 인터랙티브 기능이 추가되어 있습니다. 이 플롯의 크기를 약간 줄이기 위해 `figsize` 인자도 함께 사용합니다.

```
fig = plot_components_plotly(model, forecast, figsize=(800, 175))
py.iplot(fig)
```

이 플롯은 `plot_components`와 동일한 서브플롯을 보여 줍니다.

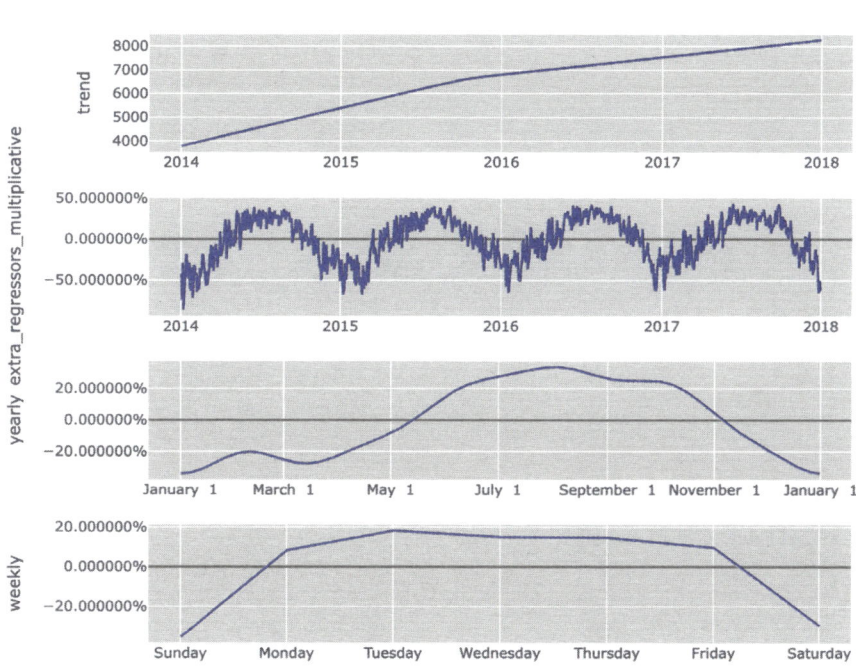

그림 14.3 Plotly 구성 요소 플롯

14.3.3 Plotly 단일 구성 요소 플롯

이 예제에서 Divvy 데이터를 사용한 이유는 추가 기온(temp) 변수를 사용할 수 있기 때문입니다. `plot_components_plotly` 함수로 [그림 14.3]에 있는 어떤 서브플롯도 그릴 수 있지만 추가 변수만은 시각화할 수 없습니다. 이러한 변수를 시각화하려면 `plot_forecast_component_plotly` 함수를 사용해야 합니다. 여기서는 temp 구성 요소를 전달합니다.

```
fig = plot_forecast_component_plotly(model, forecast, 'temp')
py.iplot(fig)
```

이 절의 다른 플롯과 마찬가지로 정적인 이미지는 원래 담고 있는 데이터를 다각도로 보여 주지 못합니다. Plotly는 대시보드 같은 인터랙티브한 환경에서 사용하도록 설계된 도구이며, 인쇄된 책을 참조하기보다는 대시보드에서 사용하는 것이 좋습니다.

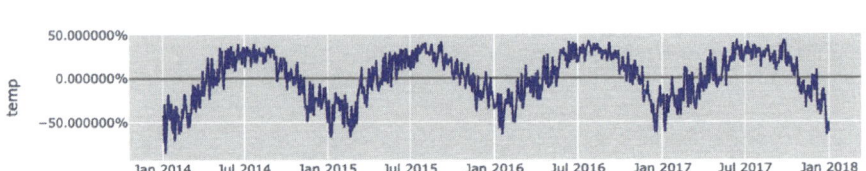

그림 14.4 Plotly 기온 플롯

14.3.4 Poltly 계절성 플롯

마지막 Plotly 함수로 `plot_seasonality_plotly` 함수를 사용하여 연간 계절성을 시각화하겠습니다

```
fig = plot_seasonality_plotly(model, 'yearly')
py.iplot(fig)
```

Plotly 툴바는 책 지면을 절약하기 위해 구성 요소 플롯에서는 제외했지만, 다른 그래프에도 포함되어 있습니다. 이 툴바는 [그림 14.2], [그림 14.4], [그림 14.5]의 오른쪽 상단에서 확인할 수 있습니다.

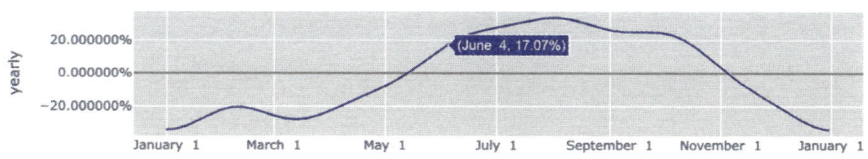

그림 14.5 Plotly 계절성 플롯

이 플롯들을 직접 실습해 보기를 권합니다. 만약 유용하다고 느낀다면 Dash 라이브러리를 활용하여 대시보드 형태를 구축하는 것도 고려해 보기 바랍니다. 온라인에서는 이와 관련된 튜토리얼이 많습니다.

이 책의 마지막 장은 다른 장과 비교해서 옵션에 가까운 항목을 다뤘습니다. 그러나 Prophet 모델 운영 환경에서 자주 작업하는 분들에게는 이 장에서 다룬 도구가 매우 유용할 것입니다.

부록

Prophet 설치

이 책을 읽는 독자분들에게는 Prophet을 구글 코랩에서 실행하기를 추천합니다. 코랩을 사용하면 쉽고 빠르게 Prophet을 실행할 수 있습니다. 참고로 이하 내용은 Prophet을 자신의 컴퓨터에 직접 설치하기를 원하는 독자분들을 위한 설치 과정 설명입니다.

Prophet은 Stan 프로그래밍 언어에 의존하고 있어서 이를 파이썬에서 사용하기 위해서는 전용 인터페이스 PyStan을 여러분 컴퓨터에 설치해야 합니다. 다만 설치 과정이 쉽지만은 않습니다. 왜냐하면 PyStan이 여러 비표준(non-standard) 컴파일러를 필요로 하기 때문입니다.

하지만 걱정하지 않아도 됩니다. 여러분 컴퓨터의 운영체계와 상관없이 Prophet 및 관련 설정을 설치하는 쉬운 방법이 있습니다. 그것은 바로 아나콘다(Anaconda)를 사용하는 것입니다. 아나콘다는 데이터 과학에 필요한 수백 개의 추가적인 파이썬 패키지와 이러한 패키지에 대한 관리 시스템인 conda가 함께 제공되는 무료 파이썬 배포판입니다. 이는 파이썬을 https://www.python.org/ 소스로부터 직접 설치하는 방법과는 다릅니다. 후자의 경우 pip이라는 디폴트 파이썬 패키지 관리자가 제공됩니다.

후자의 방법을 선택해서 pip을 사용하여 새로운 패키지를 설치할 경우, 관련 파이썬 패키지의 호환성(즉 종속성) 여부를 점검하지 않고 설치합니다. 특히 하나의 패키지가 특정 버전에 종속되어 있고, 다른 패키지는 그와 다른 버전을 필요로 하는 경우 호환성 문제가 발생할 수 있습니다. 예를 들어 특정 버전의 파이썬 넘파이(NumPy) 패키지를 사용하는 구글의 텐서플로(TensorFlow) 패키지를 사용하고 있다고 가정해 보겠습니다. 이때 pip를 사용하여 다른 버전의 넘파이가 필요한 새 패키지를 설치할 수 있습니다.

그러면 새로 설치된 넘파이 버전이 기존 버전의 넘파이를 덮어씁니다. 이 경우 텐서플로가 정상적으로 작동하지 않거나, 아예 실행되지 않을 수도 있습니다. 반면에 conda는 현재 환경을 분석해서 기존에 설치된 모든 패키지에 대해 호환되는 버전의 종속성 세트를 설치하는 방법을 스스로 찾아냅니다. 그리고 이를 수행할 수 없을 경우 사용자에게 경고 메시지를 출력합니다.

PyStan을 포함한 다수의 파이썬 도구는 C 언어로 작성된 컴파일러를 필요로 합니다. 이러한 종속성 항목은 pip에서는 설치가 불가능하지만, 아나콘다에는 이미 기본적으로 포함되어 있습니다. 따라서 아나콘다를 먼저 설치하는 것이 바람직합니다.

이미 만족스러운 파이썬 환경을 사용 중이고 아나콘다 전체 배포판을 설치하고 싶지 않다면 간소한 아나콘다 버전인 미니콘다(Miniconda)를 설치하면 됩니다. 미니콘다는 오직 conda, 파이썬, 그리고 최소한의 필수 패키지만 담고 있습니다. 기술적으로는 아나콘다 혹은 미니콘다 없이도 Prophet 및 관련 종속성 항목을 설치하는 것도 가능하긴 합니다. 그러나 이 경우 설치가 매우 까다롭고 사용하는 컴퓨터 운영체계 및 환경에 따라 설치 방법이 다르기 때문에 모든 시나리오별로 설치 가이드를 제공하는 것이 사실상 불가능에 가깝습니다.

이 책의 원서에서는 파이썬 버전 3 이상과 아나콘다(혹은 미니콘다)를 설치하는 것을 전제로 합니다. 아나콘다와 미니콘다 중 어떤 것을 설치할지 고민된다면 우선적으로 아나콘다를 설치하는 것이 좋습니다. 다만 전체 아나콘다 배포판은 약 3GB의 용량을 차지합니다. 따라서 용량이 문제가 된다면 미니콘다 설치를 고려할 수 있습니다.

> **<중요 팁>**
>
> Prophet 버전 0.6부터는 파이썬 버전 2를 지원하지 않습니다. 아울러 여러분이 파이썬 버전 3.7 이상을 사용하고 있는지 점검하기 바랍니다. 다만 앞에서도 언급했듯이 이 번역서에서는 구글 코랩을 사용하는 것을 추천합니다. 다행히 구글 코랩은 위의 파이썬 버전 조건을 충족합니다. 그리고 구글 코랩을 사용하면 이 책의 코드 실행을 위해 아나콘다 혹은 미니콘다를 설치할 필요도 없습니다.

윈도우에서의 설치

윈도우 환경에서 아나콘다 혹은 미니콘다를 먼저 설치합니다. 아나콘다 설치 문서는 https://docs.anaconda.com/anaconda/install/windows/에서 확인할 수 있으며 미니콘다 설치 과정도 해당 URL을 참조하기 바랍니다.

윈도우에서는 [그림 A.1]처럼 아나콘다를 디폴트 파이썬 버전으로 등록하는 체크박스를 선택합니다. PyStan을 온전히 설치하려면 이 절차가 필수적입니다. 파이썬 버전은 자주 업데이트되므로 화면에 파이썬 3.7이 아닌 3.8 이상의 더 최신 파이썬 버전이 표기될 수도 있습니다.

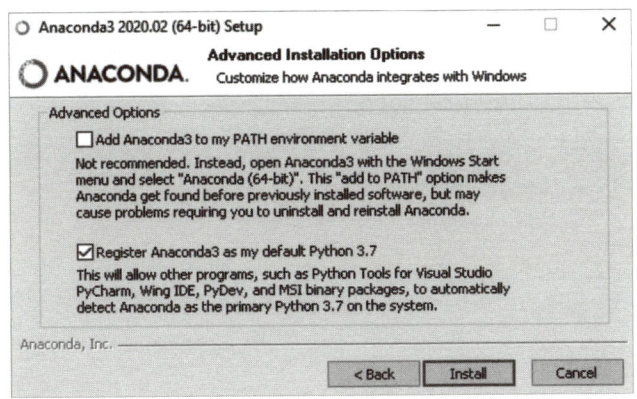

그림 A.1 아나콘다를 디폴트 파이썬 버전으로 등록

아나콘다 혹은 미니콘다 설치가 완료되면 conda 패키지 관리자(package manager)를 사용할 수 있습니다. 이 패키지 관리자는 윈도우 환경에서 PyStan 설치 시 발생하는 문제들을 해결하여 Prophet 설치를 간단하게 마칠 수 있게 도와줍니다. 먼저 PyStan이 필요로 하는 컴파일러 모음인 gcc를 설치한 후, 다음 두 개의 명령어를 커맨드 프롬프트에 입력해서 Prophet을 설치하면 PyStan도 자동으로 함께 설치됩니다.

```
conda install gcc
conda install -c conda-forge prophet
```

위의 두 번째 명령어 conda에는 Prophet 파일을 conda-forge 채널에서 찾도록 지시하는 추가 구문이 포함되어 있습니다. conda-forge는 개발자가 자신의 소프트웨어를 conda 패키지로 배포할 수 있도록 지원하는 커뮤니티 개발 프로젝트입니다. 디폴트 아나콘다 배포판에는 Prophet이 포함되어 있지 않지만, 페이스북(현 메타) 팀이 conda-forge 채널을 통해 Prophet 설치를 지원합니다. 때문에 이 채널을 통해 conda 명령어만으로도 간편하게 Prophet 설치를 마칠 수 있습니다. 설치가 완료되면 바로 Prophet을 시작할 수 있습니다.

맥OS에서의 설치

맥OS에서 아나콘다나 미니콘다를 아직 설치하지 않은 경우, 이 둘 중 하나를 먼저 설치하기 바랍니다. 맥OS용 아나콘다 설치 가이드는 https://docs.anaconda.com/anaconda/install/mac-os/에 있는 아나콘다 공식 문서를 참조하기 바랍니다. 맥OS용 미니콘다 설치 과정도 해당 URL을 참조하기 바랍니다. 두 경우 모두 디폴트 설치를 선택하십시오. 아나콘다 혹은 미니콘다가 설치된 후에는 conda를 사용해서 Prophet을 설치할 수 있습니다. 맥의 터미널에서 다음 두 커맨드를 통해 gcc를 먼저 설치하고 그 후 Prophet을 설치합니다. 설치가 완료되면 바로 Prophet을 시작할 수 있습니다.

```
conda install gcc
conda install -c conda-forge prophet
```

리눅스에서의 설치

리눅스에 아나콘다를 설치하려면 윈도우나 맥OS에 비해 몇 가지 추가 절차를 더 밟으면 됩니다. 리눅스에서의 아나콘다 설치 문서는 https://docs.anaconda.com/anaconda/install/linux/를 참조하고 미니콘다 설치 과정도 해당 URL을 참조하기 바랍니다.

리눅스는 다양한 배포판이 존재하기 때문에, Prophet 설치에 대한 완벽하고 포괄적인 가이드를 작성하는 것이 사실상 불가능합니다. 그러나 이미 리눅스를 사용하고 있는 분이라면 이러한 복잡성을 어렵지 않게 처리할 수 있다고 봐도 무방할 것입니다.

먼저 python-dev와 python3-dev 같은 파이썬 개발 도구와 gcc, g++ 컴파일러, build-essential 패키지가 설치되어 있는지 확인하기 바랍니다. 만약 사용 중인 리눅스 배포판이 Red Hat 계열이라면 gcc64와 gcc64-c++도 추가로 설치해야 합니다. 그 이후에는 conda를 사용해 Prophet을 설치하면 됩니다.

```
conda install -c conda-forge prophet
```

모든 과정이 문제 없이 완료되었다면, 이제 Prophet을 사용할 수 있습니다.

찾아보기

번호

11년 주기	104

A

add_changepoints_to_plot 함수	146, 155, 179
add_country_holidays 메서드	122
add_regressor 메서드	200
Air Passengers(항공 승객) 데이터셋	67, 86
Anaconda	307
analyst-in-the-loop 예측	51
apply 메서드	108
ARCH	26

C - D

cap	156, 296
changepoint_prior_scale	175, 184, 185, 249, 295
changepoint_range 인자	180, 296
conda	306, 307, 315
condition_name 인자	109
count	103
COVID-19	233
cross_validation 함수	271
cutoffs 인자	290
daily_seasonality	100
Dash 라이브러리	306, 313
Dask 라이브러리	274
datetime 패키지	201
diagnostics 패키지	270, 276, 281
Divvy	71
ds	40, 96, 108

F - G

FARIMA(Fractional ARIMA)	25
figsize 인자	82
fit 메서드	69
floor	160, 296
forecast 데이터프레임	19, 42
freq 인자	70
frequency	110
GARCH	27
gca 메서드	147
get_dummies 메서드	199
GreyKite	34

H - L

holidays 인자	230, 231
holidays 패키지	122
holidays_prior_scale	138, 184, 200, 296
horizon	270, 271, 289
initial	270, 271, 289
interval_width 인자	227, 250
ISO 코드	122
is_weekend 함수	108
itertools 패키지	293
k-폴드 교차 검증	263, 265
lower_window	132, 188, 236
LSTM(Long Short-Term Memory)	27

M

MAE	278
magnitude	175, 219, 255
make_future_dataframe 메서드	42, 71, 129
make_holidays_df	128
MAP 추정	244, 305
MAPE	278
MCMC	207
MCMC 샘플링	251, 255, 305
mcmc_samples 인자	207, 252, 297, 305
MdAPE	279
metrics 인자	283
Miniconda	307

찾아보기

model_to_json 함수	301
MSE	277
multiplicative	109
MyDrive/Book7/data 폴더	68

N – O

NaN	134, 142
n_changepoints	180
NeuralProphet	32
offset	57
Orbit	34

P

parallel 인자	273
performance_metrics 함수	281
period	270, 271, 289
periods 인자	70
pickle 모듈	299
piecewise	55
pip	306, 307, 315
plot 메서드	42, 69
plot 함수	72
plot_cap 인자	163
plot_components 메서드	46
plot_components 함수	72
plot_components_plotly 함수	312
plot_cross_validation_metric 함수	281
plot_forecast_component 함수	136
plot_forecast_component_plotly 함수	312
Plotly 라이브러리	306
plotly.offline 모듈	308
plot_plotly	310
plot_seasonality 함수	82
plot_seasonality_plotly 함수	312
plot_weekly 함수	100
predict 메서드	42, 69

prior	113
prior_scale 인자	118
Prophet	29
ProphetStepWise 클래스	170
PyStan	251, 315

R – S

R 제곱값(R^2)	97
regressor_coefficients 함수	209
RMSE	277
rolling 메서드	225
rolling_window	284
SARIMAX	25
SciPy(사이파이) 라이브러리	223
Seasonal ARIMA(이하 SARIMA)	25
seasonalities 속성	105
seasonality_mode	69, 100, 200, 296
seasonality_prior_scale	114, 184, 295
serialize 패키지	300
set_changepoints	192
SilverKite	34
SMAPE	279
Spurious Correlations	21
Stan	32, 172, 243, 299
stats 패키지	223
sub-daily	72

T – U

Taste of Chicago	133
threshold 인자	179, 256
timedelta	201, 308
Timedelta 형식	271
timeit 함수	303
uncertainty_samples 인자	246, 254
upper_window	132, 188, 236
utilities	205

찾아보기

V - Z

VARIMA(Vector ARIMA)	25
weekly_seasonality	100, 190
window 인자	132
winsorize	223
y	40
ŷ	45
yearly_seasonality	100, 190
yhat	45
yhat_lower	44, 273
yhat_upper	44, 273
zscore 함수	224

ㄱ

가산형 계절성	86
가산형 회귀 모델	29, 46
가짜 상관관계	21
값(value)	105
개별 공휴일 규제	141
객체	41, 87
건수 데이터	103
검증 데이터셋(validation set)	264
결측값	76, 142
계절성	25, 59
계절성 규제	112
계절성 모드	92, 123
계절성(seasonality)	53
계층적 시계열(hierarchical time series)	197
곱셈형 계절성	85, 88, 176
공휴일	61
공휴일 규제	137
공휴일 효과	122
공휴일(holidays)	53, 124
과소적합	112
과적합	97, 112
교차 검증	140, 263
구간별 선형 모델	55
구글 드라이브 경로	40
구글 코랩	37, 252
구성 요소 플롯	73
국소적 계절성 규제	118
국소적 최고점	79
규제(regularization)	112
규칙적인 누락 구간(gap)	76
그리드 서치(grid search)	140, 291

ㄴ - ㄹ

넘파이(NumPy) 라이브러리	246, 293
누락 구간(gap)	67
누적(stacked)	197

찾아보기

눈금(tick)	105
대칭적 평균 절대 백분율 오차	279
데이터의 종속성(dependency)	20
데이터 포인트	78, 211
돌턴 최저점(Dalton Minimum)	104
등분산성(Homoscedasticity)	26
딕셔너리(dictionary)	105
라이브러리	39, 82
랜덤 시드(random seed)	246
로우 패스(low-pass)	61
로지스틱 성장	57
로지스틱 함수	149
로지스틱(logistic)	167
리스트 컴프리헨션	126

ㅁ-ㅂ

마르코프 연쇄 몬테 카를로	207
마우나로아 데이터셋	68
마우나로아(Mauna Loa)	38
맷플롯립(matplotlib)	39
메서드	41
메타	50
모듈	39
몬테 카를로 시뮬레이션	244
미니콘다(Miniconda)	316
백분위수(percentile)	221
버크 스트리트 몰	233
벡터	55
변경점 그리드(격자)	192
변경점의 크기(magnitude)	295
변경점(changepoints)	52, 174, 219
변동성	77
병렬 교차 검증	273
불리언 인덱싱	201
불리언(Boolean)	107
불확실성	243

불확실성 구간	116, 217, 227, 249
불확실성 영역	73

ㅅ

사이킷런(sklearn)	34
사전 분포(prior distributions)	244
사전 스케일(prior scale)	113, 137, 138, 183, 200
사전 확률 분포	113, 137
사후 분포(posterior distribution)	244
서브플롯(subplot)	207
선형 성장	54, 146
선형 회귀	97
선형(linear)	167
성장률	54
수용가능 용량(carrying capacity)	57
순방향 연쇄 교차 검증	266
순방향-연쇄(forward-chaining) 교차 검증	263
순환신경망(Recurrent Neural Networks, RNN)	27
스파이크(spike)	124, 213
시간별(hourly) 계절성	106
시계열	19
시그모이드 함수	150
시차 차수(lag order)	25
시차(lag)	23

ㅇ

아나콘다(Anaconda)	315
연간 계절성	46
연간 계절성 푸리에 차수	123
연간 주기성	75
연간(yearly) 계절성 플롯	75
연속형 변수(continuous regressor)	197, 203
연속형 시계열 모델	81

찾아보기

예측	19
오프셋 파라미터	57
용량(capacities)	52
월별 데이터	67
웜 스타트(warm start)	304
위상(phase)	60, 98
윈도우 크기(window size)	23, 225
윈저화(Winsorization)	221, 223
이동평균(moving average)	22, 225, 227
이분산성(Heteroscedasticity)	26
이상값	211
이상값 자동 탐지	221
이진값 변수	197
이진값 설명 변수(binary regressor)	197
인덱스	125
인스턴스	41
인스턴스화	87
일간(daily) 계절성 플롯	76
일별 기준	67

ㅈ

자기회귀 조건부 이분산성	26
적합도(goodness of fit)	97
전역적 계절성 규제	114
전역적 공휴일 규제	137
정상성(stationary)	222, 228
조건부 계절성	106
주간(weekly) 계절성	46, 95
주기(period)	60, 98
주별(weekly) 계절성 플롯	75
준주기성(quasi-periodic) 사이클	101
중앙값 절대 백분율 오차	279
지수평활법(Exponential Smoothing)	23
직렬화	300
진폭(amplitude)	60, 98

ㅊ - ㅋ

차분 차수(degree of differencing)	25
차수(Fourier order)	60
초기화	87
최고점(peak)	103
최대 사후 확률 추정	244
최적 파라미터	295
추세 불확실성	244
추세(trend)	46, 95
추세(trend) 플롯	75
커버리지(coverage)	280
커스텀 계절성	101
커스텀 공휴일	130, 187
커스텀 변경점	189
커스텀 추세	168
컷오프(cutoff)	270, 272, 293
코랩	37
코랩 노트북 파일	50
클래스	39
클리핑(clipping)	221
킬링 곡선(Keeling curve)	38
키(key)	105

ㅌ

태양 흑점 주기	101
태양 흑점 활동 데이터	102
테스트 데이터셋(test set)	264
튜바	313
툴팁(tooltip)	306
트리밍(Trimming)	222
특별 이벤트	229
틸더(~) 연산자	108

찾아보기

ㅍ

파라미터	292
파라미터 평활화(smoothing parameters)	53
파이썬 SciPy	224
판다스 시리즈(pandas series)	193
판다스(pandas)	39
패키지	39, 82
페이스북	50
평균 절대 백분율 오차	278
평균 절대 오차(mean absolute error)	278
평균 제곱근 오차(root mean squared error)	277
평균 제곱 오차(mean squared error)	277
폴드	265, 266
표준편차	224
푸리에 급수(Fourier series)	60, 97
푸리에 차수(Fourier order)	75, 87, 97, 99
플랫 성장	163
플랫(flat)	167

ㅎ

하루보다 짧은 주기	72
하이퍼파라미터	292
하이퍼파라미터 튜닝	291
학습 데이터	263
학습 데이터셋(training set)	264
현대 최고점(Modern Maximum)	104
홀드아웃 검증(hold-out validation)	264
회귀식	112